揭秘 HR的心思

INTERVIEW DECODING

辛普森————著

上海大学出版社

图书在版编目(CIP)数据

面试解码：揭秘 HR 的心思 / 辛普森著. -- 上海：
上海大学出版社，2025.7. -- ISBN 978-7-5671-5290-8

Ⅰ. C913.2-49

中国国家版本馆 CIP 数据核字第 2025EA8726 号

责任编辑　王　聪　颜颖颖
特约编辑　朱静蔚
封面设计　缪炎栩
技术编辑　金　鑫　钱宇坤

面试解码：揭秘 HR 的心思

辛普森　著

上海大学出版社出版发行
(上海市上大路99号　邮政编码200444)
(https://www.shupress.cn　发行热线021-66135112)
出版人　余　洋

*

南京展望文化发展有限公司排版
句容市排印厂印刷　各地新华书店经销
开本 787mm×1092mm　1/32　印张 11.5　字数 238 千
2025 年 7 月第 1 版　2025 年 7 月第 1 次印刷
ISBN 978-7-5671-5290-8/C·153　定价　66.00 元

版权所有　侵权必究
如发现本书有印装质量问题请与印刷厂质量科联系
联系电话：0511-87871135

目录 CONTENTS

前言　学会面试，人生才能 10 倍速成长 ·················· 001

第 1 章　面试必胜之"道"——"三心二力法" ·············· 001

1.1　重新认识面试：面试不是考试，而是筛选 / 002

1.2　过不了面试，不是不努力，而是方法不对 / 005

1.3　如何在面试中做到知己知彼？/ 009

1.4　面试核心心法："三心二力法" / 013

1.5　面试失败，90% 的原因在于没做好准备 / 019

1.6　面试频繁被拒，是因为没站在 HR 的视角 / 022

第 2 章　面试必胜之"术"——面试准备 4P 法则 ············· 027

2.1　Positioning（定位），才能人岗匹配 / 028

2.2　Profiling（画像），才能破解面试密码 / 033

2.3　Progress（迭代），面试准备 10 倍速秘诀 / 036

2.4　Practicing（练习），如何在面试中做到知己知彼 / 040

第3章 面试实战题精讲——知己篇 ······ 045

3.1 接到面试别狂喜,首先要做到"知己" / 046
- 3.1.1 请简单地做个自我介绍 / 047
- 3.1.2 你认为自己的核心竞争力是什么? / 050
- 3.1.3 你的朋友是怎么评价你的? / 054
- 3.1.4 请分享一个曾经令你骄傲的职业成就 / 058
- 3.1.5 你的过往经历对这个岗位有什么帮助? / 062
- 3.1.6 案例剖析:如何拿到顶级投行 J.P. Morgan 的 offer? / 066

3.2 直面短板,如何谈论优缺点 / 070
- 3.2.1 你认为你最大的优点是什么? / 071
- 3.2.2 你认为你最大的缺点是什么? / 074
- 3.2.3 你如何看待你不是名牌大学毕业生这件事? / 078
- 3.2.4 如果你不具备岗位要求的技能,会怎么办? / 082
- 3.2.5 你曾犯过最大的错误是什么? / 085
- 3.2.6 案例剖析:如何从双非本科逆袭拿到四大会计师事务所的 offer? / 089

3.3 好的面试,一定是用故事打动 HR / 093
- 3.3.1 你遇到过的最大挑战是什么? / 095
- 3.3.2 分享一个成功解决复杂问题的例子 / 098
- 3.3.3 面对失败的经历,你是如何调整的? / 102
- 3.3.4 谈一下你是如何推动某个项目获得成功的? / 106
- 3.3.5 你曾经如何在短时间内掌握一个技能? / 110
- 3.3.6 案例剖析:靠这一招,三年拿到七个 offer / 113

第4章 面试实战题精讲——知彼篇 · 119

4.1 面试答案，HR其实已经告诉了你 / 120
- 4.1.1 你为什么选择投递这个岗位？/ 120
- 4.1.2 你对我们公司了解多少？/ 124
- 4.1.3 你对这个岗位的未来发展怎么看？/ 128
- 4.1.4 你认为这个岗位最重要的三项能力是什么？/ 132
- 4.1.5 你对我们公司的某个产品有什么看法？/ 136
- 4.1.6 案例剖析：普通211大学毕业，如何拿到腾讯的offer？/ 139

4.2 人岗匹配，是HR选人的核心标尺 / 143
- 4.2.1 我们为什么要录用你？/ 144
- 4.2.2 可以讲一下你上段工作的主要内容吗？/ 147
- 4.2.3 如果上级给你安排了一项不擅长的工作，你会如何应对？/ 151
- 4.2.4 在试用期中，你会如何安排你的工作？/ 155
- 4.2.5 你如何看待AI对于申请岗位的影响？/ 159
- 4.2.6 案例剖析：本科生如何拿到Google百万元年薪offer / 163

4.3 展现团队协作，是进入大厂的"金钥匙" / 166
- 4.3.1 谈谈如何与团队合作完成一项复杂任务？/ 167
- 4.3.2 在团队出现意见分歧时，你是如何处理的？/ 171
- 4.3.3 你更倾向于在团队中担任什么角色？/ 175
- 4.3.4 如果你带领团队完成某个任务，你会如何激励员工？/ 178

4.3.5 如果同事对你的工作提出了批评,你会如何处理? / 182

4.3.6 案例剖析:群面评分第一,如何拿下汇丰银行offer? / 186

第5章 面试实战题精讲——过去篇 189

5.1 巧用"故事库",面试持续成功的秘诀 / 190

5.1.1 你过去的职业经历中,最关键的转折点是什么? / 193

5.1.2 你离职的原因是什么? / 197

5.1.3 你在上段工作遇到了哪些困难,是如何克服的? / 200

5.1.4 你的职业生涯中最满意的一份工作是什么? / 204

5.1.5 在取得某个结果的过程中,你的角色是什么? / 208

5.1.6 案例剖析:如何在一次秋招中拿到八个 offer? / 211

5.2 面试不自夸,数据自会说话 / 215

5.2.1 请你分享一个过去的成就,并说明你的贡献 / 216

5.2.2 你如何帮助团队提升工作效率? / 220

5.2.3 你有没有经历过失败之后的改进,最终结果如何? / 223

5.2.4 如果你在一个岗位从零开始,如何证明你的快速成长? / 227

5.2.5 上段工作带给你的最大成长是什么? / 231

  5.2.6 案例剖析：如何拿到顶级投行——德意志银行的 offer？ / 234
5.3 没有可讲的，是因为不会提炼"亮点" / 237
  5.3.1 如何评价你在上一份工作中的表现？ / 238
  5.3.2 用三个词形容自己，你会选择哪些词，为什么？ / 241
  5.3.3 你的实习经历这么少，如何证明和这个岗位相匹配？ / 245
  5.3.4 谈谈过去工作中你遇到的瓶颈以及是如何突破的 / 248
  5.3.5 你在过去工作中做过哪些创新？ / 251
  5.3.6 案例剖析：背景普通，如何拿到欧莱雅和联合利华双 offer？ / 255

第 6 章 面试实战题精讲——未来篇 259

6.1 "职业规划三步法"，轻松勾勒职业未来 / 260
  6.1.1 你的职业发展规划是什么？ / 261
  6.1.2 你当下选择新工作，最看中的三个要素是什么？ / 265
  6.1.3 如何证明自己可以胜任这个工作？ / 269
  6.1.4 如果加入公司，你的第一年目标是什么且如何实现？ / 272
  6.1.5 谈一下你对于某个行业及技术发展趋势的理解 / 275

6.1.6 案例剖析：如何拿到咨询公司——埃森哲的 offer? / 279

6.2 没有经验不可怕，用未来价值打动 HR / 282

6.2.1 你认为这个岗位最大的挑战是什么，如何应对？/ 283

6.2.2 如果你在这个岗位遇到瓶颈，你会如何突破？/ 287

6.2.3 你如何处理工作中的压力？/ 290

6.2.4 上司给你安排了一个不属于你的工作，你如何处理？/ 293

6.2.5 当你和上级观点不一致时，会如何处理？/ 296

6.2.6 案例剖析：如何零经验成功上岸全球四大会计师事务所之一的安永？/ 299

6.3 面试收尾，谈判与提问的双赢策略 / 302

6.3.1 你的期望薪资是多少？/ 303

6.3.2 你有什么想问我的问题吗？/ 306

6.3.3 你的入职时间怎么安排？/ 309

6.3.4 作为面试者，你会如何给自己打分？/ 311

6.3.5 你对这次的面试有什么感受？/ 314

6.3.6 案例剖析：如何从 20 次被拒，到收获国家电网、中粮集团的双 offer? / 317

第 7 章 掌握全场：不同类型面试突破全攻略 ·········· 321

7.1 海外求职：面试如何从 0 开始准备？/ 322

7.2 一对一面试：如何精准击中面试官的痛点？/ 325

7.3 VI 面试与 AI 面试：如何让屏幕前的你突破面试算法？/ 328

7.4 群体面试：如何从 10 个人中脱颖而出？/ 332

7.5 压力面试：如何在高压中稳住阵脚？/ 336

第 8 章 从失败到成功：面试复盘与提升全攻略 ············ 341

8.1 换个角度看，从来都没有失败的面试 / 342

8.2 面试被拒，高效复盘五步法 / 344

8.3 后面试阶段：入职前需要做的 10 件事 / 349

前言

学会面试，人生才能 10 倍速成长

为什么有些人刚毕业就能拿到名企高薪，而有些人求职半年仍然一无所获？

为什么毕业于同样的学校、同样的专业，甚至拥有同样的实习经历，几年之后的职场分水岭却截然不同？

很多人认为，人生的成败取决于"努力"，但如果你观察足够多的人，就会发现——**努力很重要，但远远不够。**

我们在过去 6 年，追踪了超过 8 万名大学生的求职路径，并帮助了至少 1 万名学生进入国内外顶级企业。数据告诉我们：三年小分水岭，五年大分水岭，十年之后，物是人非。有些人一路乘风破浪，快速进入行业头部，而有些人却被困在低薪、低成长的环境中，越走越难。

为什么？

很多人坚信"努力就会有回报"，但现实并非如此。在这个时代，努力只是基本门槛，真正拉开差距的,是选择、信息、资源、认知。

我们出生在怎样的家庭?父母懂不懂规划?有没有人在关键时刻帮我们做出正确的选择?这些因素,往往决定了一个人的人生起点,甚至比大学四年的努力更重要。

那么一个学生,到底如何在求职赛道上赢在终点?

我们曾辅导过一位在欧美国家留学的本科生,她的成功几乎是"被规划出来的"。她的父母从高一就开始为她设计大学申请方案,确保她能进入名校。进入大学后,在大一就开始规划求职路径,提前锁定目标行业,并通过家庭资源,在大一、大二时就拿到了中英两地顶级500强企业的实习机会。

三年后,她毕业时,手上有五个顶级公司的offer,最终选择了一家起薪70万元的顶级投行。她的父亲曾说:"我不会强制安排她的人生,但我希望能帮她铺好一条路,让她有更多的选择权。"

这就是典型的"规划型成长路径"。她不一定比别人更努力,但比别人更早知道该做什么,更早拿到了关键资源。

但问题是,我们当中的大多数人,都没有这样的家庭背景。

很多人到了大三才开始焦虑地找实习,甚至有些人到了毕业后才开始考虑找工作的事情,更不用说提前三年做规划了。这就是不公平之处——有人一毕业就直通高薪名企,而有人在毕业后才发现自己已经落后了三四年。

但,职场赛道依然公平。尽管起点不同,但这个时代也给了我们一个弯道超车的机会——校招。

大学毕业后,每个人都会进入一条更复杂的职场赛道,普通人很难跨越阶层,但在校招阶段,每个人的起跑线相对接近。无论你是毕业于双非还是985大学,无论你是否有名企实习经验,校招给了你一次重新洗牌的机会。如果你能在校招中获得更好的平台、薪资、资源和成长路径,你就能大幅领先同龄人,进入职场的快车道。

而在校招中,面试几乎决定了一切。

过去六年,我们见过太多"同样背景、同样经历"的同学,在校招中拿到了截然不同的结果。有人进入了顶级大厂,有人却连面试都过不了。

差距在哪里?在于"面试力"——**你能否用最短的时间,让HR相信你是那个最合适的人。**

我们辅导过这样一位学生,学历是普通双非本科,英国硕士,化学工程专业。原本想转行进金融行业,但他的背景很普通,既没有相关实习,也没有金融专业的教育经历,简历几乎没有任何竞争力。

秋招时,他投出了五十多份简历,几乎都石沉大海。好不容易拿到了一次银行面试机会,却因为准备不足,在"请你做个自我介绍"这一题就磕磕巴巴,HR几乎没有追问,面试十分钟就结束了。

他意识到自己不能再"随缘求职",而是需要真正掌握面试技巧。他重新整理了面试策略,学会了用数据化方式展现自己的逻辑分析能力,并针对行业高频面试题进行了高强度训练。仅仅一个月后,他的面试表现就彻底不同,他不再紧张,而是能够精准传递自己的优势,讲述经历时逻辑清晰、重点突出,并且能够预测HR的问题方向,主动引导对话。最终,他拿到了某家顶级金融公司的 offer，第三年就实现了年薪翻倍。从最开始的"连面试都过不了"，到最终进入顶级平台，他的职业发展轨迹发生了巨大的改变。

他曾对我们说："如果没有这次系统的面试训练，我可能会随便找个和专业相关的工作，然后在不感兴趣的行业里消磨几年。但现在，我真正进入了自己喜欢的行业，并且站在了一个更高的起点。"

过去，我们见过很多这样的例子：有人大学四年成绩优秀，却因为面试表现平庸，最终只能进入一般的公司；也有人普通本科毕业，但凭借出色的面试技巧，拿下了大厂 offer，直接跨越了职业发展的前几个台阶。

这就是面试的力量。它不仅是进入好公司的敲门砖，更是影响你职业生涯发展速度的决定性因素。

遗憾的是，大多数大学生从未真正学习过系统的面试技巧，甚至连面试官到底在考察什么都不清楚。而编写本书的目的，就是用最系统、最实战的方式，用"面试心法＋案例拆解"由浅及深地带你彻底掌握名企面试诀窍。需要说明的是，本书收录案例中的当事人姓名均为化名。

在这本书中，你将学到：

（1）校招和社招面试的底层逻辑——HR 的选人标准是什么？他们最关注的是哪些点？

（2）高频面试题全解析——如何在面试中精准击中 HR 的得分点？

（3）不同面试类型的应对策略——群面、单面、结构化面试，各有什么套路?

（4）如何复盘和提升——如果被拒了,如何高效调整,让自己下次表现得更好?

在求职过程中的同学们,学会面试,是你大学生涯的"最后一课",也是你进入职场的"第一课"。相信无论你的背景如何,你都可以通过掌握面试技巧,打开名企的大门,进入职业的快车道。

让我们一起,用这本书,拿到最好的 offer,开启 10 倍速人生成长之路。

第 1 章

面试必胜之"道"——"三心二力法"

1.1 重新认识面试：面试不是考试，而是筛选

面试不是考试，按照考试思维来应对绝对通过不了面试。

很多求职者一听到"面试"两个字，脑子里瞬间浮现出一场"生死战"，他们总觉得这是一场考试，HR像是考官，而自己就是那个要尽力答对每一道题的学生。为了表现得完美，他们在网上搜索"标准答案"，生怕说错一个字。但真正进入面试之后，他们往往会发现，自己精心准备的"完美回答"并没有带来好结果，有时候甚至连面试官的兴趣都没能引起。

这时，他们才开始疑惑：明明准备充分，为什么还是被淘汰？

这是因为，他们对面试的理解一开始就错了，HR并不会像阅卷老师一样，按照固定的评分标准给你的回答打分。面试不是考试，不存在唯一正确的答案，甚至大多数时候，压根没有标准答案。

公司为什么要面试？

面试的本质，是公司在挑选最合适的人才。

从简历上来看，你的学历、经验、技能都符合岗位要求，那为什么还需要你来面试？原因很简单，简历能证明你的"硬实力"，但它无法展现你的个性、沟通能力、学习能力、职业规划等更深层次的匹配度，而这些，恰恰是HR在面试时最关心的部分。换句话说，HR并不是在找"最优秀"的人，而是在找"最适合"公司

的人。

如果想要打通面试的"任督二脉",我们需要站在 HR 的角度去思考他们筛选的核心目标是什么,根据我们过去和超过 600 名海内外 HR 打交道的经验,归结出面试的核心目标其实就三个:

第一,你能不能胜任这份工作?

这是最基本的考察点,公司希望确保你具备完成这份工作的能力。如果你申请的是数据分析师岗位,他们会问你是否掌握了数据分析工具;如果你申请的是咨询岗位,他们会问你是否了解案例拆解的基本逻辑。总而言之,你的专业技能、工作经验、解决问题的能力,都是 HR 需要验证的内容。

第二,你愿不愿意长期做这份工作?

公司不想招一个人进来,花时间培训,结果三个月后就递交辞职信。稳定性对公司来说非常重要,所以 HR 会关注你的职业规划是否和这个岗位匹配。如果你在面试中表现得很犹豫,或者你的回答让 HR 觉得你只是把这份工作当成跳板,那你很可能会被淘汰。

第三,你适不适合公司的文化?

这一点看起来很虚,但是对于公司招聘来说,特别重要。每家公司都有自己的工作风格,有的公司鼓励创新和快速执行,有的公司强调团队协作和稳健推进。如果你的个性和公司的文化格格不入,哪怕你能力再强,也很难融入团队。因此,HR 需要判断你能否在这家公司长期待下去,是否能和团队成员良好合作。

很多人在面试失败后会感叹:"我明明表现得不错啊,为什么还是被拒了?"但如果你理解了面试的本质,就不会有这样的困感。你可能在专业能力上没问题,但HR觉得你不够稳定;你可能沟通表达流畅,但HR认为你的求职动机不够明确;你可能表现得很聪明,但HR发现你对公司的业务根本没兴趣。这些因素,都会成为你被淘汰的原因。

如果你还是觉得面试像考试,那不妨想象这样一个场景:你是一个公司的老板,手上有一个急需招聘的岗位,现在有两个候选人站在你面前。

第一个候选人能力不错,背景优秀,但他说不清楚自己未来想做什么,也不知道这家公司能给他带来什么,他的表达很完美,但总感觉像是提前背好的答案,让人摸不透他的真实想法。

第二个候选人能力可能稍逊一筹,表达不算流利甚至稍微有些卡壳,但他非常清楚自己为什么想加入这家公司,也能精准说明自己的优势。他不仅讲述了自己如何胜任这份工作,还能举出具体案例,证明自己的学习能力和适应能力很强。

你会选谁?

大多数HR都会选择第二个人。因为他不仅展现了能力,更传递出了明确的职业意愿和文化契合度。能力可以培养,但如果一个人对岗位本身没有真正的兴趣,或者不符合公司的长期需求,那么这个人再优秀也不会成为最终的选择。

所以,准备面试的第一步不是搜寻题目或者背题,而是了解面试的本质和HR的真正动机。HR并不是我们的对立面,他们也不是来"刁难"我们的,他们的目标是找到一个最合适的候选人,而我们要做的,就是在面试中让他们相信:"我就是你要找的人。"

面试从来都不是一个"考察答题能力"的过程，而是一个"寻找匹配度"的过程。当你带着这样的认知去准备面试，你会发现，自己不再害怕"答错问题"，而是更专注于如何真实、清晰地表达自己的价值。而这才是面试真正的成功之道。

1.2 过不了面试，不是不努力，而是方法不对

许多求职者在面试屡屡受挫后，都会陷入自我怀疑。"是不是我不够聪明？""是不是我的简历太普通？""是不是公司不喜欢我？"有的人越挫越勇，不断投递新的公司，希望通过数量弥补质量；有的人则变得消极，认为自己天生不适合求职，甚至干脆选择"摆烂"，放弃名企梦。

但如果你问那些已经进入名企的求职者，他们往往会告诉你："面试通过率和个人能力的关系并没有你想象中那么大。"

事实上，在校招面试中，失败的原因往往不是能力，而是方法。

为什么很多人努力了，还是拿不到 offer？

在我们帮助过的上万名求职者中，我们发现一个典型现象：许多同学认为，只要在面试中"如实回答问题"，就能让 HR 认可自己。他们觉得，"我很努力，我的经历是真实的，我的专业知识扎实，只要我把自己经历讲出来，就一定能打动面试官。"

然而，现实往往是——面试官听完之后，表情礼貌，点头微笑，然后在面试评价表上写下"表现一般"，最后的结果是"感谢您

的参与"。

这是因为,面试并不是一个"你讲,我听"的过程,而是一个信息传递和匹配的过程。不是所有的努力,都会自动被 HR 看见和认可。

我们辅导过很多高学历、高能力的学生,他们的背景足够优秀,实习经历也很丰富,但在面试中表现平平,甚至频频被淘汰。总结下来,他们的失败原因往往集中在以下三个方面:

第一种错误:把面试当"考试",以为有标准答案。

很多求职者习惯性地去找"标准答案",甚至在网上搜索"面试万能回答模板",试图通过一套完美答案来应对所有问题。

比如,HR 问:"你最大的优点是什么?"

他们回答:"我是一个很有责任心的人,在团队合作中,我总是主动承担重要任务。"

听起来没有问题,但问题在于——这样的回答太过普通,没有任何具体内容,也无法让 HR 记住你。HR 每天听几十个人说自己"有责任心""团队合作能力强",这些套话对他们来说毫无信息量。

面试不是考试,HR 不需要听一个完美的"标准答案",他们更想听到真实、有故事、有逻辑的回答。

那么正确做法是什么? 如果你要表达自己有责任心,不要只说一句话,而是要用案例支撑,比如:

"在××实习期间,我曾负责一个数据分析项目,项目临近截止日期时,我们团队的数据模型出现了偏差,导致结果不稳定。当时项目负责人已经下班,而客户第二天早上就要看报告。我主动留下来调整模型,重新核对数据,最终在凌晨完成了修正,确保了项目按时交付。"

这样的回答,既展示了"责任心",又用具体案例支撑,让 HR 直观地看到你的价值。

第二种错误:只讲经历,不讲结果。

很多求职者在回答面试问题时,喜欢把重点放在"我做了什么",而不是"我做出了什么成果"。他们的自我介绍和项目经历听起来像是一篇流水账,缺乏亮点。

比如,HR 问:"能否介绍一下你在××公司的实习经历?"

他们回答:"我在××公司实习了三个月,主要负责数据分析,学习了 SQL 和 Python,并协助团队做了一些市场研究。"

这段回答的问题在于,它只是描述了一系列"动作",但 HR 并不能从中看到你真正的价值。你学习了 SQL,但你解决了什么问题?你做了市场研究,但你的研究有没有带来实际影响?

那么正确做法是什么?我们在讲述经历时,一定要强调成果和影响,比如:

"在××公司实习期间,我独立完成了一项数据分析任务,优化了客户流失预测模型。通过调整算法,我们的预测准确率提升了 15%,并且帮助公司制定了针对性的营销策略,最终将客户留存率提升了 5%。在这个过程中,我不仅提升了数据分析能力,还学会了如何将数据洞察转化为商业决策。"

相比之下,这个回答不仅展现了你的技能,还强调了你给公司带来的实际影响,这才是 HR 真正想听的内容。

第三种错误:不会"引导"HR,让面试官主动追问你的优势。

很多人觉得面试是一个被动答题的过程,HR 问什么,我就答什么。但真正优秀的面试者,会主动引导 HR,把对话带向自己擅长的方向。

举个例子来说,如果你在某个领域有很强的经验,但 HR 没有主动问,你可以在回答其他问题时"埋个钩子",引导 HR 继续追问。

比如,HR 问:"你遇到的最大的挑战是什么?"你可以这样回答:

"我在××实习期间,曾经遇到过一个棘手的问题,需要在短时间内对上千条数据进行清洗和分析。当时公司内部并没有成熟的工具,而人工处理效率很低。我决定自己写一个自动化脚本,最终成功减少了 50% 的数据处理时间,这件事也让我意识到了数据分析能力的重要性。"

为什么这个回答更有优势?

因为你不仅回答了问题,还"顺便"提到了你的数据分析能力,并且用具体案例展示了你的主动学习和问题解决能力。大多数 HR 听到这样的回答后,会顺势追问:"你是如何学会写这个脚本的?"这样,你就成功地把面试内容引导到了你的优势领域,有助于 HR 更深入地了解你的能力。

求职中,方法大于努力,只有方法对了,面试才不会频频收到"好人卡"。很多求职者在面试失败后,都会感到挫败,但他们往往没有意识到,失败并不是因为自己不够优秀,而是因为信息传递出了问题。

如果你在面试中没有突出自己的核心优势,HR 不会帮你"猜"你的能力;如果你没有用数据和案例证明自己的价值,HR 不会自动给你加分。

而真正的面试高手,往往不是那些"最聪明、最厉害"的人,而是那些懂得用合适的方法展现自己优势的人。他们知道如何运用结构化的方式回答问题,知道如何用案例让 HR 记住自己,知道如何引导面试官往有利的方向提问。

方法不对,努力白费;方法对了,面试才会事半功倍。

在接下来的章节,我们会用 5 年来辅导同学冲击名企的经验帮你详细拆解面试的核心逻辑,并通过高频面试题的逐一解析,帮助你真正掌握面试的技巧,让你的每一次面试,都是一次精准的自我营销。

1.3 如何在面试中做到知己知彼?

小胡是我们曾经辅导过的一位求职者,他的履历非常优秀:国内 985 大学本科,英国 LSE 金融工程硕士,拥有知名券商的实习经验,英语流利,沟通能力也很好。可以说,他的简历是标准的"名企候选人模板"。

但令人意外的是,他在秋招中连续被 3 家顶级投行拒绝,最终连进入终面的机会都没有。

"我的面试表现并不差,回答得也很流畅,但 HR 就是不给我机会。"小胡非常困惑,直到我们帮他复盘面试,他才发现自己的最大问题——**不了解公司的真实需求。**

在面试某家外资投行时,HR 问:"你为什么选择我们公司?"

小胡回答:"贵公司是全球领先的投行,拥有卓越的交易业务和丰富的国际资源,我希望在这样的平台学习成长。"听起来没有任何问题,但面试官并没有追问,而是很快进入了下一个问题。几天后,他收到了拒信。

问题出在了哪儿?

实际上,这家投行的强项并不在交易业务,而是近几年大力发展的并购咨询和资本市场业务。如果小胡在面试前做过更深入的公司调研,他就不会泛泛地提"全球领先",而是能结合公司的发展方向,精准表达自己对岗位的理解。

后来,他在准备另一家投行的面试时,做了更充分的研究,仔细分析了公司的业务重点,并在面试中强调了自己在财务建模和行业研究方面的能力,最终顺利拿到 offer。

他的经历证明了一个事实:哪怕你的背景再好,表达能力再强,如果你不"知己知彼",面试结果依然可能是失败。

我们过去见过相当多背景很好、表达很好的候选人却拿不到心仪的 offer,其失败的两大原因基本都是:**要么不了解自己,要么不了解对方。**

这就导致很多求职者的面试失败,并不是因为能力不行,而是因为对自己没有清晰认知,或者对公司和岗位了解不足。他们以为只要"如实回答问题",HR 就能看出自己的优势,但事实上,HR 每天要面试几十个人,没有时间去"挖掘"你的亮点。只有你主动呈现,才能让他们看到你的价值。

而主动呈现的前提,就是你要既了解自己,也了解公司。

首先,我们需要"知己"——了解自己,找到自己的核心优势。

HR 最怕的求职者,就是"自己都说不清楚自己"的人。我们在辅导中经常遇到这样的情况：HR问："你最大的优势是什么？"候选人回答："我学习能力强，适应能力好，做事认真。"

这些话听起来没有问题，但也没有任何信息量，HR无法从中判断你的真正价值。那我们怎样才能更了解自己，进而精准找到自己的核心竞争力？其实我们可以从以下四个方面入手：

（1）你的专业技能是什么？你是否有某项硬技能，比如数据分析、编程、市场研究、财务建模？

（2）你的核心软实力是什么？你的逻辑思维、沟通能力、跨文化合作经验，哪一项最突出？

（3）你的项目或实习经历有什么亮点？你是否在某个项目中取得了具体的成果？是否能用数据量化你的贡献？

（4）你的职业目标是什么？你希望往哪个方向发展？这份工作对你的职业规划有什么意义？

这些内容你可以花一个下午的时间梳理并记录下来，这就相当于是你求职中的Story Bank（故事银行），在准备面试或者正式面试中你可以抽取出来结合自身经历，用案例展现自己的能力。比如你申请的是市场营销岗，你可以这样说：

"我最大的优势是数据驱动的市场分析能力。在××公司实习期间，我通过数据分析优化了社交媒体投放策略，最终将广告转化率提升了20%。我相信，在贵公司的市场团队，我可以用数据分析能力提升营销效果，为品牌增长提供支持。"

这样的回答，不仅明确了自己的核心竞争力，还提供了具体案例，HR很容易记住你的亮点。

但是,只做到知己还是不够的,我们还需要做到"知彼"——了解公司,知道公司想要什么人。

很多求职者在面试前,只是简单地看了公司官网,或者翻了一下招聘岗位描述,就觉得自己"了解公司"了。但在真正的面试中,他们的回答往往暴露出对公司缺乏深入研究。

最典型的例子就是——HR问:"你为什么选择我们公司?"如果你只是回答:"贵公司是行业领先企业,我希望在这里学习成长。"

那么很遗憾,HR的内心想法可能是:"这些空话和我们业务有什么关系?你真是真心想来我们这里工作还是只是把我们当一个跳板?"

因此我们在面试前,甚至要在投递前了解这家公司,它是否真的符合我们的要求,并且要认真吃透这家公司招人的"画像",通常有以下四个渠道,比如:

(1)查阅官网和招聘信息——公司的核心业务、发展方向、招聘要求。

(2)搜索行业新闻——公司最近有哪些业务调整、行业动态?

(3)分析企业文化——公司更倾向创新型人才,还是更注重执行力?

(4)咨询内部员工——如果有学长、朋友在这家公司或者像我们这样的求职机构,向他们请教一线信息。

当我们做完这两部分工作,在面试中,我们就可以结合自身经历和公司需求,去展现我们的匹配度了。比如你申请的是某家快消公司市场部的岗位,你可以这样说:

"我一直对品牌营销充满兴趣,特别关注贵公司在数字营销方面的创新。贵公司最近推出的××产品,在社交媒体上的传播策略非常有趣,我深入研究过它的投放方式,并尝试分析它的目标人群和效果。我希望能加入贵公司,用自己的市场分析能力,为品牌增长提供新的思路。"

这样的回答,才能让 HR 感受到你的研究深入程度,并且能体现你对岗位的真实兴趣。

知己,让你知道自己的核心竞争力,清晰地表达自己的优势。

知彼,让你理解公司和岗位的需求,有针对性地展现自己的价值。

很多求职者认为,面试就是一个单方面的"推销"过程,但实际上,面试的本质是一个双向匹配的过程。HR 在寻找合适的候选人,而你也在寻找最适合自己的平台。

无数经验论证下来,真正优秀的求职者,在面试中不会只是"回答问题",而是会有意识地引导 HR,让对方看到自己与岗位的高度匹配。

当你真正掌握了这两点,你的面试就不再是"被动应对",而是一次精准的职业匹配。你不再害怕面试,而是能够自信地进入每一场对话,让 HR 看到你的潜力,并最终拿到你想要的 offer。

1.4 面试核心心法:"三心二力法"

王凯参加的所有秋招面试,几乎全军覆没。

他是美国约翰·霍普金斯大学计算机专业毕业生,成绩优异,实习经历丰富,甚至还拿过编程竞赛的奖项。但他投出的十几份简历,最终只有两家大厂给了他面试机会,而这仅有的两次机会,他都在终面被淘汰了。

在复盘面试经历时,他百思不得其解:"我专业能力不差,表达也流畅,为什么HR不选我?"

后来,他终于从面试官的反馈中找到了答案:"你的能力很强,但给我们的感觉是,你只是一个优秀的技术选手,而不是我们需要的工程师。"

王凯在面试中犯了一个很多人都会犯的错误——他认为面试是一个"能力展示"的过程,但实际上,面试真正考察的,是你是否"匹配岗位需求"。许多同学都会犯这个错误,因此在辅导了上万名求职者之后,我们总结出了一套能有效提升面试通过率的方法——"三心二力法"。

什么是"三心二力法"?

真正的面试高手,在面试过程中始终具备三种心态和两种能力:

(1) 三心(心态层面):自信心、匹配心、换位心。

(2) 二力(能力层面):表达力、应变力。

如果你具备了这五个核心要素,你的面试通过率至少能提升一倍。

自信心——HR不相信你,是因为你自己都不相信自己。

王凯的另一个问题,是在终面时变得畏畏缩缩,连自己说出口的答案都缺乏信念感。他本以为自己的技术能力已经足够,结果终面遇到CTO，CTO直截了当地问："你觉得你的代码能力和我们公司的标准相比，处于什么水平？"

王凯一愣，不确定地回答："呃……我觉得我的能力还可以吧，但可能还需要一些提升。"

CTO听完，笑了笑，没有再追问。而结果也很明显——他被淘汰了。

很多求职者在面试中最致命的问题，不是简历不好，也不是能力不够，而是自己都不相信自己能胜任这份工作，而阅人无数的HR一眼就能看出你有没有信心。没有自信的人，往往表现出这些特征：要么说话犹犹豫豫，句子里充满"可能""大概""应该"这类模糊词汇；要么语速过快，想赶紧把答案讲完，生怕HR追问；要么遇到不熟悉的问题时，开始语无伦次，越解释越混乱。

但真正的面试高手，他们的自信来源于：对自身能力的认可、对行业的了解、对面试节奏的掌控。那么，我们如何提升面试中的自信？

首先，我们要相信自己的经历，无论你的实习、项目还是校园经历，都是你的竞争力，HR不怕能力欠缺的人，最怕的是"自己都不相信自己"的人。

其次，在面试中，我们可以放慢语速，给自己思考空间，因为语速快不会让你听起来更聪明，反而容易让人觉得你紧张。

最后是尽可能地坦诚，接受自己不知道的事情——遇到不会的问题，坦然承认，然后展示你的学习和思考能力。

我们需要记住的是，面试是一个让HR相信你的过程，而

HR 不会比你自己更相信你。

匹配心——面试不是"炫技",而是精准对接岗位需求。

王凯最大的失误,不是他能力不够,而是他没有"岗位匹配度"。

他的回答总是围绕自己的技术能力展开,但他没有意识到,公司要招聘的不是"技术竞赛冠军",而是能高效解决业务问题的工程师。

许多同学不知道的是,HR 最常在面试评价表上写的评语是:"××能力不错,但不适合这个岗位。"因此我们在面试中要具备匹配心,其核心逻辑是:**面试不是你"表现得有多优秀",而是你"表现得有多适合"。**

那么,我们到底如何培养自己的匹配心?

首先,我们需要深度研究岗位描述,岗位描述里写的每一条要求,都是 HR 希望在候选人身上看到的特质,所以要把关键词找出来。

其次,让回答围绕岗位需求展开,比如 HR 问你"你最大的优势是什么?"时,不要回答"我的 PPT 做得很好",如果岗位不需要 PPT 能力,你的回答就没有意义。

最后,用匹配思维讲述经历,这点尤其重要,在讲项目经历时,不要只讲你做了什么,而要强调你的经验如何符合这个岗位的要求。

换位心——HR 为什么要选你,而不是别人?

我们一定要记住,HR 的工作不是挑"最优秀的人",而是挑"最符合岗位需求的人"。

换句话说，HR 的 KPI 是找到最适合公司的人，如果你能让 HR 觉得你能让他的工作更轻松，那你基本上就赢了一半。

那么，我们如何培养自己的换位心？

首先，站在 HR 的角度想问题。HR 最怕的候选人是"不稳定"和"无法胜任"的人，所以你的回答一定要消除 HR 的这些顾虑。

其次，回答问题时，考虑 HR 真正想听的是什么——HR 问"你未来三年的职业规划是什么？"并不是想听你"要去环游世界"，而是想知道"你会不会短期离职"。

最后，让你的回答"对 HR 有意义"。面试官的时间很宝贵，不要说"我喜欢这个行业"，而是说"我喜欢这个行业，并且已经在某个项目中做出了哪些成果"。

以上的"三心"是我们在面试前和面试中从心态上出发的能力点，而下面的"两力"则更偏向于面试技巧方面。

表达力——让 HR 听懂你的价值。

面试不是考试，面试是一场沟通，这是我经常对学员说的话，如果 HR 听不懂你的回答，再好的经历都白搭。

那么，我们如何提升自己的表达力？

首先，我们的回答要有逻辑。比如使用 STAR 法则（情境、任务、行动、结果），让你的回答更清晰。

其次，用数据提升可信度。比如"我优化了市场投放策略"VS"我优化了市场投放策略，让转化率提升了 15%"，后者显然更有说服力。

最后，练习"高效表达"，无关要点不要过分强调。我们面试回答基本要控制在1—2分钟内,冗长的回答会让HR失去耐心,较短的回答反而会让面试官感兴趣。

应变力——遇到突发问题,如何不慌?

面试官最喜欢做的一件事,就是"打破你的舒适区"。

他们会突然问一些你没准备过的问题,比如:"你的专业和这个岗位没太大关系,你觉得你能胜任吗?""你在××项目中的贡献具体是什么?其他人是不是也做了同样的事情?""如果我们现在就让你做个市场分析,你怎么做?",等等。

而很多求职者遇到这些问题,会瞬间慌乱,但真正的面试高手,知道如何用应变力化解这些挑战。

那么我们如何提升自己的应变力?

首先,接受突发问题的存在。面试不可能100%准备好,但你的思维方式可以准备好。

其次,争取时间思考,不要着急回答,面试不是一个"抢答比赛"。"这是个好问题,我之前没有思考过,但如果从我的经验来看,我会这样分析……"

最后,保持冷静,逻辑清晰,平常心面对面试。即使一开始回答得不完美,也要稳住节奏,逐步拆解问题。

以上就是我们在面试实战中的"三心二力法",从我们5年来的辅导经验来说,正确掌握并运用这套方法的同学,可以在1个月内取得面试能力的多倍提升。因为,当你真正掌握了"三心二力法",你就不会再害怕面试,而是能主动掌控面试节奏,让HR看到你就是那个"最合适的人"。

1.5 面试失败，90%的原因在于没做好准备

我们曾辅导过一个学生，他是悉尼大学经济学专业学生，想进咨询行业。但他曾经在秋招时，连续面试了五家咨询公司，全部失败。

他的失败原因，就是"准备不充分"，在面试前，他只简单浏览了公司的官网，对公司的业务模式、竞争优势完全不了解。在面试中，他的回答没有结构，导致面试官很难听出他的核心优势。最后，进入群面环节时，他不清楚咨询行业的讨论标准，导致自己在小组讨论中的发言完全脱离重点。

后来，他决定系统准备。他研究了目标公司的案例分析模式，找我们安排的大厂导师进行一对一模拟面试，把自己的回答拆解成清晰的逻辑框架，甚至给自己的面试表现录音复盘。

三个月后，他重新进入春招，顺利拿到了某顶级咨询公司的offer。

他的经历告诉我们，面试不是靠运气，而是靠准备。这样的情况并不少见，在我们辅导的案例中，90%的面试失败，都可以归结为一个核心原因——准备不足。

但是，"准备"不是简单地"背标准答案"，也不是"浏览一下公司官网"那么简单，而是一个系统性的过程。

那么，一个真正高效的面试准备，究竟应该包括哪些关键步骤？

首先,真正的求职高手不会海投,他一定会选择自己适合的岗位。

《孙子兵法》说,胜者先胜而后求战,败者先战而后求胜,面试这场战役的第一步,不是练习回答问题,而是先确认自己投递的岗位,是否和自己的背景、能力匹配,如果你选择的岗位并不适合你,即使你表现再好,HR 也不会录用你。

那么,如何做岗位定位?

第一,我们应该仔细研究岗位职责,岗位描述上写的每一条职责,都是面试考察的重点。你要确保自己的经历,能匹配这些需求。

第二,我们要分析过往的面试经验,去求职论坛看看这个岗位的面试经验,了解 HR 最关注的能力点。

第三,筛选最适合自己的岗位,如果你发现某些岗位的核心要求与你的背景匹配度不高,那就需要及时调整目标,而不是勉强去面试。

其次,许多人不知道的是,面试并不是一个割裂的环节,好的面试一定是从简历开始"埋点",去引导面试官追问。

很多求职者的面试失败,其实在投递简历时就已经埋下了隐患。HR 在面试前,都会先看简历,形成第一印象。如果你的简历没有清晰展示你的核心能力,HR 在面试时就不会主动问你的优势,而是会不停地挖掘你的短板,这无疑会让你的面试难度倍增。

那么,我们如何优化简历?

第一,要在简历中突出你的核心竞争力,比如简历的前三行就要展现你的亮点，如某个关键实习经历、特别突出的技能等。

第二，不要讲空话，而要去量化成果，比如"负责××工作"这样的表述没有信息量，而"优化××流程，提升效率20%"才是HR想看到的。

第三，让简历和岗位需求匹配，如果你申请的是市场岗位，那你的简历就应该多强调数据分析、营销策划等相关能力，而不是堆砌和岗位无关的信息。

简历对于面试至关重要，直接决定了HR在面试时对你的期待值。如果你的简历已经足够有吸引力，面试时HR会更倾向于挖掘你的长处，而不是找你的短板。

最后，针对岗位进行精准准备，同时应该意识到，面试不是"背答案"，而是"有策略地拆解问题"。

很多求职者在面试前，都会疯狂背面试题答案，但面试时，HR稍微改变一下问法，他们就完全乱了阵脚。真正高效的面试准备，不是背诵，而是掌握"答题框架"。

比如，当HR问"你最大的优势是什么？"时，这道题的背后核心是HR在通过这道题判断我们和岗位到底是否"人岗匹配"。这时，我们可以用STAR法去讲述一个具体的故事，比如："我的优势是数据分析的能力，在××公司实习期间，我通过数据分析优化了社交媒体投放策略，最终将广告转化率提升了20%。"

这个回答不是只能适用于一个问题，对于其他问题也同样适用，比如"你过去做过最有成就感的事情是什么？""你上段工作取得的重大突破是什么？"这些问题，本质都是在评估"人岗匹配"，我们在回答中完全可以迁移。

这才是真正有效的面试准备逻辑——拆解问题,例子迁移。因此,同样的逻辑,在准备面试问题时,不能只背答案,而是要学会拆解问题的逻辑,让自己的回答更加精准。

面试的本质并不是"随机应变",而是"精心准备"。没有那么多的随口而答,高分面试一定是系统准备的结果。

1.6 面试频繁被拒,是因为没站在 HR 的视角

为什么有人每次面试,都觉得自己表现不错,但大多都以失败告终?

李航连续被三家公司拒绝,他完全想不明白为什么。他是 985 大学毕业生,成绩优秀,实习经历也不错,每次面试都回答得流畅完整,逻辑清晰,甚至连 HR 都在面试过程中频频点头。可最终结果却是:"抱歉,你的综合表现未达到我们的录用要求。"

在经历了第三次失败后,他找我们复盘面试,试图找到问题所在。我们听完他的回答后,一下子明白了他的症结所在——从头到尾,都只在展示自己,而没有站在 HR 的角度思考问题。

HR 最常见的一个评价是:"××能力不错,但不符合我们的岗位需求。"这句话的本质就是——你回答得很好,但不是我们要找的人。

面试并不是你单方面展示自己,而是一个匹配过程。如果你没有站在 HR 的视角思考他们真正想要的人选,单纯靠背答案、展现自己,那你的回答再完美,HR 也不会选你。

我们在过去5年中,专门安排教研团队深入研究过这个问题,归结起来,"没有HR视角"主要体现在下面三种误区:

第一种误区,回答"自嗨",但与岗位无关。

比如HR问"你最大的优势是什么?"

求职者答:"我思维活跃,喜欢创新,做事喜欢挑战传统方式。"即使加上一些例子证明了自己具备这些能力,但也不一定是好的回答。因为如果你面试的是财务、运营、审计等讲求规范的岗位,HR会觉得你的风格和岗位需求不匹配,甚至可能担心你"不够稳重"。

比如面试运营岗,我们需要拆解运营所需的核心能力,进而结合岗位需求回答,比如:"我最大的优势是数据分析能力。在××公司实习期间,我优化了××流程,使得数据处理效率提升了30%。我相信这项能力能帮助贵公司提升运营效率。"这样,HR才能明确你和岗位的匹配度。

第二种误区,过度强调"个人成长",忽略企业需求。

HR问:"你为什么选择我们公司?"

求职者答:"我希望进入贵公司,因为这里的平台很大,我能学到很多东西。"

这个回答并不能凸显出我们的"谦虚好学",HR的内心可能会想:"你是来学习的话,那公司能从你身上得到什么呢?"

我们一定要注意的是,面试时,HR更关心的是:"你能给公司带来什么?"而不是"公司能给你带来什么?"

那么,正确的回答也许是:"贵公司在××领域有领先优势,而我在××方面有一定的积累。我希望能将我的经验和贵公司的资源结合,为团队创造更大价值。"

这样,HR会觉得你是来贡献价值的,而不是单纯来"学习镀金"的。

第三种误区,观点站在了HR的角度,但是例子并没有证明。

有些求职者习惯用"标准答案"回答,比如HR问:"你遇到过最大的挑战是什么?"

求职者答:"我在实习中曾遇到时间紧、任务重的情况,但最终通过团队协作,顺利完成了任务。"

这个回答没有错误,但HR每天听过几十个类似的回答,完全没有记忆点。

而正确的做法是,使用"具体案例+数据",让HR真正认同你的观点进而认可你的能力。

比如:"在××实习期间,我们需要在5天内完成3 000份数据的清洗和分析,原流程需要8天。我主动优化了数据处理方式,写了一个自动化脚本,最终将效率提升了40%,按时完成了任务。"

这样的回答,不仅具体,还能展示你的主动思考和实际贡献,让HR更愿意给你机会。

只知道误区是远远不够的,我们还需要知道解决办法。那么,我们到底如何站在HR的角度回答问题?我给大家提供几个"锦囊妙计"。

第一,如果有可能,你的回答中要尽可能体现"人岗匹配"。只要不那么牵强生硬,都要把答案和岗位需求联系起来,让HR觉得你就是他们要找的人。

第二,主要强调你能"为公司带来什么"。HR 不想听你的成长故事,而想知道你能给公司带来什么贡献。表达时,尽量用"我能为团队提升××",而不是"我希望在这里学习××"。

第三,回答要具体,而且要有数据支撑。尽量使用"具体案例+数据"呈现你的能力,不要让回答停留在空洞的描述。

以上我们详细地从"心法层面"重新认识了面试,在第 2 章,我们将进一步拆解"如何精准准备面试",让你的每一次面试,都变成一次精准的自我营销。

第 2 章
面试必胜之"术"——面试准备 4P 法则

如果把面试比作一场战役，那么绝大多数求职者都像是没有战略的士兵——他们带着简历、穿着正装、满怀期待地走进面试，却在 HR 的几轮提问下迅速败退。

他们失败的原因，不是因为不聪明，也不是因为能力不够，而是因为没有做好面试前的系统准备。

而我们过去辅导的那些最终拿下名企 offer 的求职者，他们的面试之所以游刃有余，不是因为他们天生擅长，而是因为他们早已按照一套系统的方法，完成了充分的面试前准备。

这套方法，我们总结为**"面试准备 4P 法则"**，它涵盖了面试前的四个核心准备环节：

（1）**Positioning(定位)**，找到最适合自己的岗位
（2）**Profiling(画像)**，深度研究目标公司和岗位
（3）**Progress(迭代)**，不断优化准备，让面试能力倍速提升
（4）**Practicing(练习)**，通过高效模拟，提升实战表现

在这一章，我们将拆解"4P 法"的每一步，帮助你从求职初期的迷茫，到进入面试时的全盘掌控，让你的面试不再是"碰运气"，而是有计划、有策略的高效出击。

2.1　Positioning(定位)，才能人岗匹配

王晨在秋招时投了 100 多份简历，最终却只拿到了不到 10 次的面试机会。

他以为自己履历不错，985大学硕士，电子信息专业，做过几段实习。但当他开始正式求职时，才发现简历石沉大海，面试邀约寥寥无几。他开始怀疑，是不是HR根本不看简历？还是行业竞争太激烈？但真正的问题并不在这里，而在于他压根儿没想清楚自己适合做什么，只是盲目地到处投递。

在求职论坛上，他看到别人进互联网大厂，他就跟着投；听说投行工资高，他也去试试；甚至连快消、地产、半导体行业，他都想碰碰运气。行业跨度巨大，岗位更是五花八门，从算法工程师到市场营销，他全都投了一遍。最终的结果显而易见，投递了100多份简历，但根本不会被HR当成"精准匹配"的候选人，连面试机会都很难拿到。

王晨的问题，正是许多求职者都会犯的典型错误——**没有清晰的职业定位，导致简历匹配度低，面试通过率极低**。

面试不是找工作的第一步，而是"人岗匹配"过程的终点。如果你的定位不精准，那即使面试表现再好，HR也不会选择你。

再次强调，面试不是"选最优秀的人"，而是"选最合适的人"。

很多求职者误以为，面试是一个单向筛选的过程，HR会挑出"最聪明、最优秀"的候选人，但事实并非如此。HR并不是在挑"全能选手"，而是在找"最适合岗位需求"的人。换句话说，面试的核心不是你有多强，而是你和岗位的匹配度有多高。

在筛选简历时，HR关注的不是你是不是985大学硕士，不是你是不是拿过竞赛奖项，而是你的经历和能力，能否符合这个岗位的需求。如果你的简历没有针对岗位需求做出优化，HR看完后唯一的想法就是："这个人能干什么？"

同样的逻辑适用于面试。如果你在面试中无法用明确的表达让 HR 看到你的匹配度,那么就算你的表现再好,HR 也不会选择你,这就是很多人面试发挥得不错,却依然被拒的根本原因。

回到王晨的例子,他的失败很大程度上是因为他没有明确自己的求职方向,简历也缺乏针对性。很多求职者和他一样,把求职当成了一场投机游戏,觉得只要多投递几家公司,总有机会中标。

但 HR 最怕的,就是"随便试试"的求职者。

面试不是"哪里有面试机会就去哪",而是你必须先找到最适合自己的行业和岗位,确保自己的背景、能力和兴趣都与目标岗位相匹配。如果连你自己都不清楚为什么投这个岗位,那 HR 怎么可能对你有信心?

另一方面,求职者在选择行业时,往往只关注薪资、发展前景,而忽略了自身的核心能力。比如,有些人看到投行工资高,就想进投行,但其实自己完全没有财务背景;有些人想进互联网大厂,但对技术毫无兴趣;有些人喜欢咨询的高成长空间,但完全没有培养过结构化思维。行业再好,岗位再高薪,如果你和岗位需求匹配度太低,最终也只能是竹篮打水一场空。

求职成功的第一步,不是投简历,而是确定方向,这也是我们把 Positioning(定位)放在第一步的原因,包括在我们的辅导中,无论背景如何、难点如何,进来之后的第一步永远都是做一对一的求职规划。

而一个精准的求职定位,必须考虑三个因素:**行业、岗位和个人能力**。

首先，选对适合的行业。 行业决定了你的长期发展路径，也决定了你的成长空间。选择行业时，不仅要考虑薪资水平，更要看行业的前景、发展趋势以及自己的兴趣度，但这并不意味着盲目追求高薪行业，而忽略自身匹配度，否则最终只会在面试中暴露短板。

其次，确定适合的岗位。 即使在同一个行业，不同的岗位对能力的要求也完全不同。互联网行业可以做产品经理、数据分析、市场运营；金融行业可以做投行、风控、财富管理。每个岗位需要的核心能力不同，而你的经历必须和目标岗位对齐，才能让HR认为你是合适的人选。

最后，优化适合的简历，提高匹配度。 很多求职者的问题在于，他们的简历没有突出和目标岗位相关的经历，导致HR看完简历后完全抓不住重点。如果你的简历看上去像是"什么都做过一点"，但没有一个明确的方向，HR很难相信你能胜任这个岗位。

真正的求职高手，他们的简历都是有"策略性"的，他们会根据岗位需求，调整简历中的关键词；他们会用数据呈现过往经历，增强说服力；他们会精准展示自己的核心技能，让HR一眼就看到匹配点。如果你的简历能够精准匹配目标岗位，即使竞争再激烈，你也有更高的概率进入面试环节。

继续回到王晨的例子，他在经历了初期的失败后，重新调整了策略，不再盲目投递，而是认真研究了几个自己真正感兴趣、能力也符合的岗位。他筛选了互联网、半导体和咨询三个行业，最终发现自己在互联网的数据分析方向最具竞争力。于是，他调整了简历,把过往的实习经历重新包装,突出自己在数据处理、建模和商业分析方面的经验。

调整后,他重新投递了30多家公司,最终拿到了12次面试机会,远超之前100投10中的效率。更重要的是,他在面试时,能够更自信地向HR表达自己为什么选择这个岗位,为什么自己是合适的人选,最终成功拿到了某互联网大厂的offer。

这个例子告诉我们,面试不是靠"多投递"拿下的,而是靠"精准匹配"拿下的。求职的本质,不是去"试试看",而是去"拿下目标岗位"。当你清楚自己想做什么、适合做什么,并精准调整自己的简历和表达,你的面试之路才会变得顺畅。

看完本节,请大家留出30分钟的时间梳理下面问题,开启属于自己的精准求职定位:

(1)选定行业:找出你感兴趣且有前景的行业,至少筛选2—3个方向,并详细写明原因。

(2)明确岗位:把你的过往实习经历和校园经历罗列出来,分析你的技能和经历,选择最匹配的岗位,并写明原因。

(3)优化简历:重新审视你的简历,让你的经历和岗位需求高度匹配,突出你的核心能力。

当你完成这一步,面试就不再是"随缘而行",而是一次精准的机会匹配,只有这样,求职才不会成为一场概率游戏,而是将变成一场精心策划的战役。

在下一节,我们将深入探讨Profiling(画像):如何深度研究目标公司和岗位,精准破解面试密码,确保你在面试中真正打动HR。

2.2 Profiling(画像)，才能破解面试密码

李然的面试之所以失败，并不是因为能力不够，而是因为他的准备远远不够。

在某家快消公司的市场部终面，他自信满满地坐在面试席上，回答流畅，表达自如。面试官点头听着，似乎一切顺利。但当被问到："你对我们的品牌有哪些了解？"时，他的回答显得有些泛泛："贵公司是行业龙头，市场占有率高，品牌知名度大。"

HR微微一笑，没有追问，气氛一下子变得微妙。

这个问题之后，李然感觉到面试的节奏变了，HR的兴趣似乎降了一些，后续的问题变得机械，他也隐隐觉得自己好像"掉分了"，但又不知道问题到底出在哪。几天后，他收到了拒信，HR的评价是："表达清晰，但对公司和行业认知不足，匹配度不高。"

对比之下，另一位求职者张凯在同样的面试中却表现得游刃有余。

他同样被问到品牌认知的问题，他的回答是："我研究过贵公司最近推出的××产品，这款产品在年轻消费者中的接受度很高，但市场渗透率在二三线城市还有待提升。我查阅了最近的市场数据，发现贵公司在线下渠道的投放策略相对保守，我认为未来可以考虑增加社交媒体与短视频营销，进一步打开年轻用户市场。"HR听完，眼神明显亮了起来，接连追问了几个更深入的问题。

最终，张凯顺利拿到 offer，而李然则止步于此。

很多求职者在面试时表达得很流畅，自信十足，回答问题的逻辑也很清晰，但最终依然被淘汰，他们不知道：面试失败，往往不是因为表达不好，而是因为"信息差"。这种情况往往不是因为他们的沟通能力有问题，而是因为他们对公司和岗位的研究不够深入，HR 可以接受某些问题回答得不够完美，但他们无法接受一个对公司和行业一知半解的求职者。

面试的本质，是一场"信息对称"的博弈。

你知道得越多，你的竞争力就越强。相反，如果你对公司、行业、岗位的了解仅限于公司官网上的几行介绍，那你在 HR 眼里就是"没做功课"的人，而这样的求职者，很难获得他们的青睐。

因此，面试准备绝对不是在面试前看看公司官网、熟悉一下岗位描述、准备几个常见问题的回答，就算是做了充分准备，在 HR 眼里，这些远远不够。他们更希望看到的是，你对公司有深度的理解，你的职业目标与你所应聘的岗位高度契合，你不仅是来找工作，更是想为公司创造价值。

根据我们过去 5 年的辅导经历来看，那些被淘汰的求职者，通常存在三个明显的问题。

首先，信息太浅，只停留在表层认知。 许多求职者在回答"你为什么选择我们公司"时，往往会说："贵公司是行业领先者，发展前景好。"但这个答案缺乏具体内容，HR 每天都能听到无数次，完全无法证明你的求职意向。相比之下，如果你能结合公司的业务战略、市场动态，甚至是他们最近的产品或品牌策略，提供一个有针对性的回答，HR 会立刻对你刮目相看。

其次，对岗位的理解不够深入，回答脱离实际需求。 在被问到"你认为这个岗位最重要的能力是什么"时，很多求职者会根据自己的想象回答，比如："市场营销需要创造力，能够策划好的营销活动。"这个回答表面上看没问题，但如果你申请的是数据营销岗，HR 可能会觉得你对岗位的理解不够精准。一个更好的回答应该是："数据营销需要精准的数据分析能力，以数据驱动营销决策。我在某公司实习期间曾用数据分析优化投放策略，最终 ROI 提升了 30%。"这样，HR 能明确感受到你的经历与岗位需求高度匹配。

最后，对行业缺乏认知，无法提供有深度的见解。 很多 HR 喜欢问："你如何看待行业未来的发展趋势？"这个问题的核心并不是让你预测未来，而是考察你对行业的理解。如果你的回答只是"行业在持续增长，竞争越来越激烈"，HR 不会对你有任何兴趣。相反，如果你能结合市场数据、竞品分析，甚至是最近的行业事件，给出更有逻辑的见解，HR 会立刻觉得你是一个真正关注行业的人，而不是"随便找个工作"的人。

因此，要想在面试中脱颖而出，你必须深度研究公司、岗位和行业，让自己比其他求职者更了解这家公司，下面给大家提供三个实用的方法。

首先，研究公司时，不要只停留在官网上的"关于我们"页面，而要深入了解公司的业务模式、核心产品、市场表现，以及最近的重大新闻或战略调整。可以查阅公司的年度财报，看看它的业务重点在哪里；可以关注行业新闻，了解它最近在市场上的动态；甚至可以通过社交媒体、求职论坛，看看在职员工对公司的评价。

其次，在研究岗位时，除了阅读招聘岗位描述，还要分析岗位的核心能力要求,并思考自己过去的经历如何匹配这些需求。如果岗位强调"跨部门协作",你就需要准备一个相关的案例;如果岗位要求"数据分析能力",你就要展示自己在数据驱动决策方面的经验。只有当你的回答能够精准对接岗位需求时,HR才会觉得你是"适合的人"。

最后,研究行业时,可以查阅行业报告、市场研究数据,甚至关注行业领袖的演讲或访谈,从而形成自己的行业见解。这样,在面试中当HR问到行业相关的问题时,你不仅能给出精准的回答,还能展现出你的专业度和思考深度。

我们继续回到张凯的案例,他的成功并不是偶然,而是由于他在面试前做了充分的研究。他不仅了解公司的市场策略,还对行业动态有深入的思考,这让HR看到了他的求职诚意,也证明了他的岗位匹配度。相比之下,李然虽然表达能力不错,但他的回答过于表面,缺乏深度,最终错失了机会,这样的问题一定是我们在面试前必须去克服的。

下一节,我们将讲解Progress(迭代):如何通过高效迭代,让面试准备速度提升10倍,让你的求职成功率大幅提高,让你在短时间内,打造一套高效的面试提升体系,让每一次面试都比上一次更有竞争力。

2.3 Progress(迭代),面试准备10倍速秘诀

王浩和刘宇同时开始秋招,他们的起点几乎相同。

两人同为 KCL（伦敦大学国王学院）的毕业生，专业相同，实习经历相似，投递的公司也大致相同。起初，他们都遇到了不少拒信，面试表现也不尽如人意。但一个月后，两人的面试轨迹出现了明显分化——王浩的面试成功率越来越高，最终斩获伦敦顶级投行公司的 offer；而刘宇依旧在不断碰壁，面试机会越来越少，最后勉强拿到了一家普通公司的录用。

他们的区别在哪？

王浩在第一场面试失败后，我们就安排老师带着他有意识地总结问题，并不断调整自己的面试策略。他会回顾每一次面试的提问，分析自己回答中的不足，优化表达方式，并主动找我们进行模拟面试，每一次面试，他的表现都比上一次更好。

而刘宇呢？他每次面试完，只是简单总结几句"今天发挥还不错"或者"有点紧张"，然后继续参加下一场面试。他以为多参加几次面试就会自然变好，但现实是，他的错误在一次次重复，毫无提升。

错误的面试方式，面试 100 次，只是错误重复了 100 次。

我们一定要记住，面试的成长，不是靠积累次数来实现的，而是靠每一次迭代优化来完成的。那些面试成功率越来越高的人，并不是因为他们比别人聪明，而是因为他们掌握了正确的面试迭代方法，让自己在短时间内不断提升。这就是本节要讲的核心：如何通过高效的面试迭代，让你的面试能力 10 倍速提升？

HR 的提问、你的回答、面试中的互动，甚至 HR 的反应，都是宝贵的信息。如果你能从每一次面试中吸取经验，并有针对性地调整策略，那么即使你的起点不占优势，你依然可以通过高效迭代，实现面试能力的迅速提升。

那么，许多同学面试能力一直停滞不前的原因是什么？

首先，很多人没有真正复盘面试。他们往往只是凭感觉总结自己的表现，比如"我今天回答得还行"或者"我感觉面试官不太满意"，但并没有细化到具体问题，也没有去拆解哪些地方可以改进。

其次，缺乏真实的外部反馈。有些人只凭自己的判断来衡量面试表现，殊不知，自己认为的"完美回答"，在 HR 看来可能并不合适，因为他们缺少模拟面试或外部导师的反馈，导致自己在错误的路线上越走越远。

最后，没有策略地调整面试准备。很多求职者在面试失败后，只是简单地换一家公司再试，而不是针对自己出现的问题，调整自己的准备方式。如果你每次面试的错误点都差不多，但没有针对性优化，那么无论你面试多少次，结果都不会有明显改善。

知道了这些误区后，如果我们想在短时间内大幅提高面试成功率，就需要掌握一套系统的面试迭代策略，其实很简单，一共三个步骤。

第一步：精准复盘，每次面试都是成长的机会。

面试结束后，你不能只是简单地回顾，而应该系统性地拆解面试过程，找出优化点，下面是我们一般需要回顾的内容：

(1) 哪些问题自己答得不错？为什么？

(2) 哪些问题自己表现得不好？问题在哪？

(3) 面试官对哪个回答最感兴趣？有没有追问？

(4) 有哪些问题是自己没有准备过的？以后怎么优化？

用这样系统的方法才能快速提升,如果你只是凭感觉总结,那么你很难在下次面试中做出有针对性的提升。真正高效的求职者,会建立起自己的"面试复盘表",把面试中遇到的问题、自己的回答、HR 的反馈全部记录下来,并针对性地优化。

第二步:获取外部反馈,让别人帮你发现盲点。

一个人的认知是有限的,很多时候,你以为自己回答得很好,但 HR 的角度可能完全不同。最有效的方式,就是找一个靠谱的面试搭档或是求职咨询机构,帮你模拟面试,并给出真实的反馈。让他们告诉你:

(1)你的表达是否清晰?

(2)你的逻辑有没有漏洞?

(3)你的回答有没有真正匹配岗位的需求?

如果你只是自己练习,而没有外部反馈,你可能会在错误的方向上越走越远。而通过模拟面试,你可以提前发现问题,在正式面试前就进行调整,避免在真正面试时"翻车"。

第三步:优化面试策略,不断迭代改进。

每次面试失败后,你应该问自己:"如果再给我一次机会,我会怎么回答?"

比如,你在一场面试中,被 HR 问到"你认为自己最大的优势是什么?"你的回答是:"我学习能力强,适应力好。"

如果 HR 的反应很一般,你就要思考,是不是回答得太笼统了?能不能加上具体案例和数据?

在下一次面试前,你就可以优化回答,换成:"在××实习期间,我在两周内学习了某项新技能,并通过它帮助团队提升了×

×%,这证明了我的快速学习能力。"

面试的失败并不可怕,怕的是一直重复这个错误,因此我们需要在每一次失败后迅速调整,让自己的表现越来越精准。就像王浩和刘宇的最终面试结果完全不同,根本原因就在于王浩掌握了高效的面试迭代方法。他不会让自己在相同的问题上"栽两次跟头",而是每次面试后都进行复盘,调整策略,并不断优化表达方式。

我们跳出来看,求职的本质是一个动态的成长过程。如果你不进行迭代,你的面试表现不会有本质变化;但如果你能快速优化,你就会在面试中越来越自信,最终才能在众多竞争者中脱颖而出。

下一节,我们将进入"Practicing(练习):如何在面试中做到知己知彼",拆解如何通过高质量的模拟练习,让你的面试能力在正式面试前就达到最佳状态。

2.4　Practicing(练习),如何在面试中做到知己知彼

李昂已经经历了五场面试,每一次都觉得自己发挥不错,但最终的结果总是收到无情的拒信。

他的简历很出色,海归背景,实习经历也很丰富,平时沟通能力也不错,朋友们都觉得他一定能拿到好 offer。但现实是,他屡战屡败,甚至连 HR 的反馈都模棱两可——"你表现不错,但我们找到了更合适的候选人。"

这让他百思不得其解,为什么自己面试时回答得流畅、表达得自信,HR却还是不选他?直到他找到我们,做了一次深度模拟面试后,他才意识到自己的问题所在——他在面试时的回答虽然完整,但缺乏真正的"针对性"。

他以为自己表现得很好,但站在HR的角度,他的回答并没有精准击中岗位需求,表达方式也不够紧凑,缺乏重点。而更大的问题是,他每一次面试都靠临场发挥,没有进行过真正的练习和调整,导致自己反复犯同样的错误而不自知。

很多人误以为面试是"沟通能力测试",但实际上,面试更像是一场竞技比赛,只有最精准的表达、最符合HR期待的答案,才能赢得胜利。

问题是,很多求职者根本没有进行系统性的练习,他们在面试前最多就是看几道面试题,想象自己会怎么回答,然后就直接上场了。真正的高手,早在面试前就已经经历过多次模拟,对各种问题的回答已经打磨得足够精准,他们不仅熟悉自己的优势,还清楚HR最想听到什么。

更关键的是,高效的面试练习不仅能提升表达能力,还能让你习惯"高压环境"。

面试时,HR可能会突然打断你,可能会抛出一个出乎意料的问题,如果你平时没有练习过这些场景,你很容易因为紧张而答得磕磕巴巴,甚至完全不知道如何应对。但如果你提前演练过这些情况,你在正式面试时就能保持冷静,精准回答,展现出更强的竞争力。

有些求职者知道练习的重要性,也做了一些准备,比如对着镜子自言自语,或者找朋友帮忙问几个问题。但最终的面试表现并没有明显提升,甚至有时候感觉越练习越僵硬。

这背后的原因,并不是练习无效,而是练习的方式出了问题。

很多人练习时,只是不断地重复自己的回答,但从不复盘,也不考虑优化。他们会觉得"只要多说几遍,就能自然变好",但事实是,如果你练习的方式不对,哪怕练100遍,你的回答还是会存在问题。

还有些人,以为练习就是背答案。他们在网上找到各种"标准答案",背得滚瓜烂熟,但真正上场时,HR稍微换个问法,他们就完全蒙了。面试不是考试,HR不会按照你的"预设答案"来走,而是会根据你的回答进行深入追问。如果你的回答缺乏真正的逻辑思考,HR一旦打破你的节奏,你就会不知所措。

练习的目标,不是让你背熟答案,而是让你的回答更有逻辑、更符合岗位需求,并且能够在任何场景下保持流畅自信地表达。

那么,我们如何通过高效练习,真正提升面试能力?

首先,你需要模拟真实的面试场景。 面试练习最好的方法,就是创造一个"真实面试"的环境,让你的每一次练习都像正式面试一样高质量,而不是简单地"自己问自己"。找一个朋友或者学长学姐,甚至是专业求职机构,真正地坐下来,进行一次完整的模拟面试,要求他们全程用正式面试的语气来提问,并根据你的回答进行追问,这样才能让你提前适应HR的思维方式。

其次,每次模拟面试后,你需要自己或者请人帮你进行深度复盘。 回想HR的每个问题,你的回答是否足够精准?你的表达是否清晰流畅?有没有哪几个问题,自己答得不够好?如果有,可以试着重新组织回答方式,直到找到最好的表达方式为止。

一个很有效的方法,即录音或录像。很多人在面试时以为自己表现得很好,但回听之后才发现,自己的语速可能太快、表达可能有很多口头禅,甚至有些地方逻辑不够清晰。如果你能反复听自己的回答,并不断优化,那你的面试能力一定会快速提升。

此外,你还需要刻意训练你的思维反应速度。 HR 有时候会突然抛出一个"难题",比如:"如果你发现自己的某个决策造成了项目失败,你会怎么办?"这类问题很难用标准答案来回答,你需要有灵活的思维能力,才能给出有逻辑的回应。为了训练这种能力,你可以让朋友给你出一些"临场反应题",不断练习如何在短时间内组织语言,确保自己的回答既有逻辑,又不显得慌乱。

练习得当,面试就会成为我们的主场。

李昂在调整了练习方式后,他的面试能力产生了质的飞跃。他不再只是靠感觉回答,而是每次面试完都会复盘,总结 HR 的提问方式,并针对性优化自己的表达方式。5 次模拟面试之后,他已经能流畅地应对大部分问题,即使遇到 HR 的追问,也能自信从容地给出回应。最终,他顺利拿到了心仪大厂的 offer,而他自己也深刻意识到,面试的成功,不是靠运气,而是靠科学的练习。

因此,与其参加更多的面试,不如先把面试练习做到极致。这样,当你真正走进 HR 办公室时,你已经是那个最有竞争力的候选人。

下面的第 3 章,我们将进入真正的实战环节——面试中的高频问题解析,让你学会如何用精准的回答,赢得 HR 的认可,拿下梦寐以求的 offer。

第 3 章

面试实战题精讲——知己篇

3.1　接到面试别狂喜,首先要做到"知己"

收到面试通知时,你的第一反应是什么?

很多求职者在收到面试邀约的瞬间,会激动不已,甚至立刻和朋友分享:"我拿到××公司的面试了!"然后呢?他们可能会稍微看看公司介绍,翻翻岗位描述,甚至花点时间准备几个常见的面试问题,但本质上,他们并没有真正做好准备。

更可怕的是,很多人会觉得"先去试试",结果一次次被刷,最终落入"面试攒经验"的恶性循环。面试不是考试,不是参加的次数多了就一定能过,而是应该通过一次次的精准调整,让自己从一开始就具备胜出的优势。

面试的第一步,不是准备答案,而是先搞清楚自己是谁,自己的竞争力在哪。

你可能觉得这个问题很简单,"不就是自我介绍吗?"但事实是,大多数求职者在面试中对"自己是谁"这个问题的理解是模糊的。他们能流畅地描述自己的学校、专业、实习经历,但当 HR 问起:"你最大的优势是什么?""你和其他候选人比,有什么特别之处?"时,他们往往支支吾吾,说不出真正有竞争力的答案。

而真正的"知己",是让你在面对 HR 时,能够精准地展现自己的核心竞争力,让 HR 觉得你就是他们要找的人。这一章,我们将通过拆解高频的"自我认知类"面试问题,帮助你真正做到

"知己",让你的面试表现从第一分钟起就让 HR 眼前一亮。

3.1.1 请简单地做个自我介绍

题目拆解——HR 为什么要问这个问题?

"请你简单地做个自我介绍"几乎是所有面试的开场第一题,它看似简单,但实际上是决定你面试基调的关键问题。HR 通过你的回答,快速判断你的职业定位、核心竞争力、岗位匹配度,从而决定后续交流的方向。如果你的自我介绍缺乏重点,HR 可能对你失去兴趣,甚至直接在心里做出淘汰决定。

首先,这个问题的核心考察点包括:

(1)背景清晰——你是谁?你的专业背景和经历是什么?

(2)亮点突出——你最大的优势是什么?你有什么值得注意的经验?

(3)匹配岗位——你为什么适合这个职位?你的求职意愿是什么?

优秀的自我介绍,不仅让 HR 快速了解你,还能引导 HR 对你的优势产生兴趣,从而主动追问你的强项,让面试往你擅长的方向发展。

错误示例——这些回答方式会让 HR "出戏"

很多人以为自我介绍就是简单描述自己的简历,但如果你的回答方式不对,很可能会让 HR 听了一遍但记不住你是谁。以下是三种常见的错误回答方式：

错误示例1：背简历型

"您好，我叫××，毕业于××大学××专业，实习经历有××公司××岗位，主要负责××工作，我性格开朗，喜欢团队合作，希望能在贵公司学习成长。"

HR内心会想："这些内容简历上都有，能不能讲点让我记住你的东西？"这个回答没有亮点，全是HR已经知道的信息。

错误示例2：信息堆砌型

"我大学期间成绩优秀，曾获××奖学金，也参加了××比赛，还担任社团干部，实习经历有××公司和×××公司，在实习中做了××项目，涉及××领域，平时也很喜欢阅读和运动。"

HR内心会想："到底哪部分和岗位相关？听了半天不知道他的核心优势是什么。"这个回答信息量过大，而且没有重点。

错误示例3：冗长啰唆型

"我出生在一个普通的家庭，大学期间参加了很多活动，对市场营销逐渐产生兴趣，所以后来自学了相关知识，并在一次比赛中获得了不错的成绩，后来进入××公司实习……"（讲了两分钟还没进入正题）

HR的内心会想："这个候选人表达能力不太行，重点抓不住。"HR的时间有限，过于啰唆会让他们失去耐心。

高分解析——怎样回答才能让HR眼前一亮？

一个好的自我介绍，应该具备以下三大要素：

（1）背景清晰——你是谁？

（2）亮点突出——你有什么值得关注的优势？
（3）岗位匹配——你为什么适合这份工作？

根据我们过去的辅导经验，推荐使用"背景＋亮点＋匹配"三步法来构建自我介绍。

高分示范 1：针对四大会计师事务所

"您好，我是××，毕业于××大学数学专业，对数据分析和财务管理有浓厚兴趣。在××公司实习期间，参与了内部审计支持工作，主要负责数据整理和异常分析，协助团队完成了财务合规性检查。此外，曾在大学期间选修了财务会计课程，并通过自学掌握了基础财务报表分析方法。这些经历让我在逻辑分析、数据处理和财务理解方面积累了经验。希望能在贵公司的审计团队中发挥自己的数据分析优势，同时不断深化财务专业能力。"

这个回答为什么加分？因为该同学首先用"数学专业＋对财务的兴趣"精准概括了背景，其次用"实习经历＋数据分析经验"的具体案例展示了自身的亮点，最后用"财会课程＋自学能力＋对审计岗位的兴趣"强调了岗位的匹配度。因此，这个回答不仅让 HR 清楚地了解你的背景，还表明了即使不是财会专业，也可以通过学习和实习积累相关经验，从而胜任审计岗位。

高分示范 2：针对管理咨询公司

"您好，我是××，毕业于××大学物理专业，擅长数据分析和结构化问题解决。在××公司实习期间，我参与了一项运营优化项目，负责搭建数据模型，帮助团队分析成本降低方案，最终实现了 8% 的成本优化。此外，我在求学过程中培养了强大的逻辑推理能力，并曾在全国商业案例竞赛中获得二等奖。这些经历让我对咨询行业有了深入了解,同时也锻炼了我在复杂问题拆解和高效沟通方面的能力。希望能在贵公司进一步提升自己的分析能力,并帮助客户找到高效的商业解决方案。"

这个回答首先用"物理专业+数据分析能力"清晰地表达了专业背景,其次用"成本优化项目+商业案例竞赛"的案例呈现咨询思维,最后明确表达了对咨询行业感兴趣的求职动机。因此,这个回答不仅展现了求职者的经验和能力,还强调了逻辑思维、数据分析和解决复杂问题的能力,这正是咨询公司最看重的核心能力。

实战练习——请简单地做个自我介绍

试着写下自我介绍,并对照以下三个标准进行优化:

(1)时间控制在1分钟以内,内容精炼不啰唆。

(2)能突出自己的亮点,而不仅仅是介绍背景。

(3)回答能与目标岗位高度匹配。

建议用"背景+亮点+匹配"三步法,试着写一个适用于自己求职方向的自我介绍,并找朋友或自己录音练习,听听是否流畅自然。如果你的回答能在1分钟内吸引HR的兴趣,让他们愿意继续了解你,那这道题就已经拿到了高分。

3.1.2 你认为自己的核心竞争力是什么?

题目拆解　HR为什么要问这个问题?

这道题看似是在夸自己,但其实,它是HR用来筛选真正优秀候选人的关键问题之一。

HR想通过这个问题去判断：

（1）你是否清楚自己的优势？——一个连自己核心竞争力都讲不清楚的人，如何让HR相信你适合这份工作？

（2）你的竞争力是否符合岗位需求？——你的优势再多，但如果和岗位无关，HR也不会感兴趣。

（3）你的表达是否有说服力？——一个有竞争力的求职者，应该能用清晰的逻辑和数据支撑自己的优势，而不是空谈"我很努力、我很认真"。

很多人回答这个问题时，容易掉入几个常见的陷阱，比如"说得太空泛""罗列一堆优点但没有重点""没有数据和案例支撑"。优秀的回答，应该用清晰的逻辑和具体案例，让HR一听就觉得"这个人确实很匹配"，而不是说一堆毫无说服力的漂亮话。

错误示例　这些回答方式会让HR"出戏"

错误示例1：泛泛而谈型

"我的核心竞争力是学习能力强，做事认真负责，也很有团队精神。"

HR的内心会想："这三个特点，几乎每个求职者都会说，那你和别人有什么不同？"这个回答基本就是空话的堆砌，如果你的回答没有具体案例支撑，HR不会相信你真的具备这些竞争力。

错误示例2：优点堆砌型

"我有很强的逻辑思维能力、数据分析能力、沟通能力、抗压能力、执行力，也很自律。"

HR内心会想:"到底哪一个是你的核心竞争力?如果全是,那就等于没有。"当你罗列太多优点时,HR反而会觉得你没有真正的核心竞争力。面试的时间有限,你要抓住最能打动HR的1—2个优势,并用案例证明它们,而不是像背简历一样堆砌各种优点。

错误示例3:没有匹配岗位需求

"我最大的竞争力是写作能力,我曾在学校公众号发表多篇文章,阅读量很高。"

HR的内心想法:"写作能力很好,但和我们的岗位有什么关系?"HR想听的不是你的所有优点,而是"你的优点如何让你胜任这份工作",如果你的优势和岗位需求没有关系,那再强也没有意义。

高分解析 怎样回答才能让HR眼前一亮?

一个高质量的回答,应该具备:

(1)清晰的核心竞争力(背景)——直接点出你的核心优势,不要含糊。

(2)用具体案例支撑(亮点)——通过实习、项目、比赛等案例,证明你的竞争力。

(3)和岗位需求匹配(匹配)——让HR看到,你的优势正好符合他们的招聘需求。

根据我们过去的辅导经验,我们来看两个针对不同岗位的高分示范。

高分示范1:针对四大会计师事务所(审计岗)

"我认为我的核心竞争力是严谨的逻辑思维和数据分析能

力,这在审计工作中至关重要。在××公司财务部实习期间,我负责审查财务报表数据,发现了一项金额异常的支出。经过数据比对,我定位到了数据录入错误,最终协助团队修正了财报,使公司避免了10万元的错误损失。

我的逻辑思维让我能够迅速发现数据异常,而数据分析能力让我可以深入追溯问题的根源。这些能力正是审计工作的核心要求,因此我相信,我能够胜任贵公司的审计岗位。"

首先,该同学直接点出核心竞争力(逻辑思维+数据分析),让HR一听就明白他的优势。其次,他用实际案例证明自己的能力,强调自己曾在财务数据中发现问题并解决问题,增强说服力。最后,回答与岗位需求高度匹配,让HR相信这些能力正是他们需要的。

高分示范2:针对管理咨询公司(咨询顾问岗)

"我最大的核心竞争力是快速学习能力和结构化思维,这在咨询行业尤为重要。在××公司的实习中,我曾参与一个新兴行业的市场调研项目,最初对该行业完全不了解,但在短时间内,我阅读了多篇行业研究报告,并对比了10家竞品的数据,最终撰写了一份30页的行业分析报告,帮助客户制定了市场进入策略。

这个经历让我体会到,咨询行业需要快速学习新知识,并将复杂信息结构化呈现。我相信,这种能力能让我更快适应贵公司的咨询项目,并为客户提供高质量的解决方案。"

为什么这个回答会得到高分?首先,该同学直接点出了自己的核心竞争力:快速学习、结构化思维,正是咨询公司最看重的能力。其次,他用具体项目经历证明自己在短时间内掌握新知识,并产出高质量分析。最后,他强调了这些能力如何帮助自己在咨询行业中发挥作用,与岗位完美匹配。

实战练习　你的核心竞争力是什么?

看完这些解析,你可以试着写下自己的答案,并对照以下标准进行优化:

(1) 回答要有重点,只突出 1—2 个核心优势,不要泛泛而谈。

(2) 用具体案例支撑你的竞争力,而不是简单地说"我很强"。

(3) 确保你的优势和岗位需求匹配,不要讲无关的优点。

你可以用"背景+亮点+匹配"三步法来写出你的答案,并找朋友或自己录音练习,看看表达是否流畅,是否能让 HR 一听就记住你的优势。

3.1.3　你的朋友是怎么评价你的?

题目拆解　HR 为什么要问这个问题?

别被这个问题骗了,HR 可不是随口一问。

当 HR 问"你的朋友是怎么评价你的?"时,他并不是对你的朋友圈有兴趣,而是在考察你的自我认知、软技能以及你和岗位的匹配度。说白了,他想通过你朋友的视角,看看你是不是真的像你自己描述的那么优秀,也想知道你的性格和工作方式,是否能融入他们的团队。

如果你的回答过于笼统,比如"朋友觉得我人很好""朋友说我特别幽默",HR 只会觉得你在敷衍,或者根本没有认真思考过这个问题。更糟糕的是,如果你的回答和岗位需求完全对不上,比如你申请的是快节奏、高强度的金融行业,但朋友对你的评价是"温和佛系,喜欢稳定",那 HR 大概率会直接把你淘汰掉。

所以,这道题看似简单,实则暗藏玄机。你的回答,既要真实,又要对自己的求职目标有加分作用,才能让 HR 对你更感兴趣。

错误示例 这些回答会让 HR"出戏"

错误示例 1:搞笑型回答

"我的朋友说我特别幽默,聚会时总是负责活跃气氛。"

HR 内心可能会想:"我们要招的是××岗,不是脱口秀演员,这个回答跟工作有什么关系?"这个评价和工作能力没有关系,HR 听完不知道你适不适合岗位。面试不是朋友聊天,HR 问这个问题不是想知道你的社交魅力,而是想了解你在团队中的角色。如果你的回答完全偏离工作场景,HR 很可能直接忽略这个回答。

错误示例 2:模糊型回答

"我的朋友觉得我挺靠谱的,人也不错。"

HR 内心可能会想:"到底是哪里靠谱?为什么你的朋友会这么评价你?有没有具体的例子?""靠谱"是个好评价,但如果你不说明具体的行为,HR 不会知道你的靠谱体现在哪些方面,也无法判断这是否是岗位需要的能力。

错误示例 3:和岗位需求不匹配

"朋友们说我性格温和,做事情不着急,喜欢慢慢来"。

HR 内心可能会想："慢慢来？我们这里的项目周期短、节奏快，他能跟上吗？"如果岗位需要高效执行力，这个回答会让 HR 直接怀疑你的适配度。

高分解析　怎样回答才能让 HR 眼前一亮？

一个好的回答，应该让 HR 听完后觉得你确实具备某些关键的软实力，并且这些软实力正是岗位需要的。推荐用"评价＋案例＋岗位匹配"三步法来回答。

高分示范 1：针对数据分析岗

"我的朋友们都说我是个特别细心、爱钻研数据的人。记得大学时，我们小组在做数据分析作业时，大家总是把复杂的数据建模工作交给我，因为他们知道我不仅能做好，还能发现他们没注意到的细节错误。在××公司的实习中，我也因为这份细心，成功优化了一份数据报表，帮团队发现了一组错误数据，最终让模型的准确率提高了 15％。

这也正是我认为自己适合数据分析岗位的原因——我喜欢深入研究数据，并从中找到问题和优化空间。"

这个回答之所以让 HR 眼前一亮，是因为它没有空谈"朋友觉得我很细心"，而是通过真实的案例，把"细心"这个特质具象化。朋友在学业场景中的信任，加上实习中的实际贡献，形成了完整的逻辑链，让 HR 能清楚看到求职者的软实力和岗位匹配度。最关键的是，求职者在最后总结了一句"这正是我适合数据分析的原因"，主动帮 HR 建立起他的个人优势和岗位需求之间的联系。

高分示范 2：针对咨询岗

"我的朋友们形容我是'永远在找答案的人'，他们说无论什么问题，我都会想办法找到最合理的解决方案。记得有一次，我们在做商业案例比赛时，遇到了市场分析的数据缺失问题，大家一时没头绪。但我通过交叉比对公开资料，结合用户访谈的数据推测出一个合理区间，最终让我们的方案获得了评委的高度认可。

这也让我更加坚定自己适合咨询行业——我擅长解决复杂问题，也乐于深入分析，找到最佳的业务策略。"

这个回答之所以出彩，是因为它不仅展现了求职者的学习能力，还体现了咨询行业最看重的逻辑分析能力和解决问题的能力。HR 听完后，很容易对求职者的思维方式产生兴趣，并且从这个回答中看到了"咨询思维"的雏形。更重要的是，求职者的总结精准到位，让 HR 相信他确实适合这个岗位，而不是简单地在"夸自己"。

实战练习　你的朋友是怎么评价你的？

试着写一个符合自身情况的回答，并检查以下三个关键点：

（1）你的回答是否具体？有没有真实案例支撑？

（2）你的回答是否展现了岗位相关的关键能力？

（3）你的朋友的评价，能否帮助 HR 更好地理解你的竞争力？

你可以这样开头："我的朋友们形容我是＿＿＿＿＿＿＿＿，因为……（举例）"

然后，看看你的回答是否足够有说服力，能否让 HR 记住你的特质。如果答案还是很泛泛，那就回去调整，再练习几遍，直到你能用一句话清晰展现你的个人竞争力。

3.1.4 请分享一个曾经令你骄傲的职业成就

题目拆解　HR 为什么要问这个问题？

这道题看似是让你讲自己的光辉事迹，实际上，HR 并不是单纯想听你的成功故事，而是想通过你的回答，判断你的实际业务能力、问题解决能力以及如何看待自己的成就。

如果你随便讲一个和岗位无关的经历，或者只是简单地描述"我完成了某个任务"，那 HR 听完后不会对你有太深的印象。因为真正能让 HR 眼前一亮的回答，不只是"我做了什么"，而是"我做这件事的过程，遇到了哪些挑战，采取了哪些行动，最终取得了什么成果"。HR 想听的是，你在这个经历中是否展现了岗位所需的核心能力，而不是流水账式的回顾。如果你的回答能清晰地展现你的思考过程和影响力，那么你在 HR 心中的分数会立刻上升一个档次。

错误示例　这些回答会让 HR "出戏"

错误示例 1：模糊不清，没有实质内容

"我觉得自己最大的职业成就是在实习期间，认真完成了所有的工作任务，并且得到了领导的认可"。

HR 内心可能会想："你的任务是什么？你的贡献是什么？'认真完成'不就是基本要求吗？"这个回答没有具体细节，HR 根本无法判断你的真实能力。

错误示例 2：过于日常，没有含金量

"我在公司组织了一次团队建设活动，大家玩得很开心，这让我觉得很骄傲。"

HR 内心可能会想："OK，你的组织能力不错，但这对我们要招的这个岗位有什么帮助？"这个经历和岗位需求毫无关联，HR 听完后很难对你产生兴趣。

错误示例 3：讲了一堆过程，但没有结果

"在××公司实习时，我负责××项目，前期调研了××个市场，采访了××个客户，整理了××页数据报告，最后完成了方案。"

HR 内心可能会想："你只是参与了这个项目，还是你的某个决定真正影响了结果？"HR 要听的不是过程，而是结果。

高分解析　怎样回答才能让 HR 眼前一亮？

一个高质量的回答，应该按照"挑战→行动→结果"的逻辑展开。这样能让 HR 清楚看到你遇到了什么问题，是如何解决的，以及最终带来了什么影响。这不仅能展现你的能力，也能让你的故事更具吸引力。

高分示范 1：针对市场营销岗

"在××公司的市场部实习期间，我曾负责优化社交媒体投放策略。当时，公司在社交媒体上的广告投放成本过高，但 ROI

（投资回报率）一直不理想，领导希望找到优化方案。

我先分析了过去三个月的投放数据，发现某些广告渠道的点击率很高，但转化率较低，说明流量质量有问题。于是，我建议调整投放策略，把预算从低效渠道转移到转化率更高的平台。同时，我优化了广告文案，使其更符合目标用户的偏好。最终，这个调整让投放成本降低了20%，ROI提升了35%。

这是我最骄傲的成就之一，因为它不仅优化了公司的投放策略，也让我第一次真正感受到数据驱动营销的价值。"

这个回答之所以让HR眼前一亮，是因为它用清晰的逻辑展现了求职者的思考过程：先发现问题，再提出优化策略，最后展示数据化的成果。HR听完后，能立刻判断出求职者的分析能力、数据驱动思维和解决问题的能力。这些正是市场营销岗最看重的能力。

高分示范2：针对投行IBD岗位

"在××银行投行部的实习期间，我协助团队完成了一项IPO项目的行业研究。当时，我们的客户是一家科技公司，正在准备上市，团队需要撰写招股说明书中的行业分析部分。但由于该行业较新，市场数据较为零散，我们面临着信息收集的挑战。

为了补充数据，我查阅了多份券商研究报告和行业数据库，整理了市场增长趋势、主要竞争对手的市场占有率，并分析了可比公司在上市前后的估值变化。此外，我还运用Excel搭建了可比公司估值表，为团队提供更直观的数据支持。最终，我的研究成果被直接应用到招股说明书的行业分析部分，并在项目汇报时获得了VP的认可。

这是我最骄傲的成就之一,因为它不仅让我深入理解了 IPO 流程,也让我意识到,在投行工作中,数据的完整性和行业分析的深度对项目推进至关重要。"

这个回答之所以加分,是因为它精准地落在了投行实习生能实际参与的任务上,同时展现了投行 IBD 需要的核心能力。求职者首先强调了自己在 IPO 项目中的角色,明确了"行业研究"这一核心任务,并清晰描述了所面临的挑战(市场数据零散)。其次,通过"查阅券商报告+行业数据库+估值分析"展现了自己的研究能力和数据处理能力,最后以"研究成果被直接应用+VP 认可"作为结果,突出了自己的贡献。这样,HR 可以清楚地看到求职者的行业分析能力、数据处理能力、Excel 建模能力以及细致严谨的工作态度,这些正是投行 IBD 岗位最看重的素质。

实战练习　请分享一个曾经令你骄傲的职业成就

试着写一个符合自身经历的答案,并检查以下三个关键点:

(1) 你的回答是否有"挑战→行动→结果"的逻辑?
(2) 你的成就是否和岗位需求相关?
(3) 你的回答是否能体现你的核心竞争力?

你可以这样开头:"在××公司/项目中,我曾负责××××,当时遇到的挑战是××××,于是我采取了××××行动,最终实现了××××结果。"

然后,看看你的回答是否具有足够的冲击力,是否让 HR 听完后觉得你是一个能创造价值的人。如果你的回答还停留在"我认真完成了工作""我努力做了××事"的层面,那就需要做优化,把重点放在影响力和成果上。

面试不是讲故事,而是向 HR 证明你是一个能带来实际价值的人,让你的回答充满数据、影响力和逻辑,你就能真正吸引 HR 的注意。

3.1.5 你的过往经历对这个岗位有什么帮助?

题目拆解　HR 为什么要问这个问题?

当 HR 问你这个问题时,他真正关心的并不是你的过往经历有多辉煌,而是想知道你的这些经历,如何帮助你胜任这份工作。

换句话说,HR 需要看到你的经验和岗位的匹配度,同时评估你是否能快速上手。如果你的回答只是简单地复述简历,而没有解释这些经历培养了你哪些能力、为什么这些能力对岗位有用,HR 会觉得你的答案没有实际价值。他们想听的是,你的过去如何塑造了你的现在,并如何为未来的这份工作提供支持。

所以,这道题的正确回答方式,不是简单地罗列过往的实习、项目,而是要清晰地展示:

(1)你做过什么?(经历)

(2)在这个经历中你学到了什么?(能力)

(3)这些能力如何帮助你在目标岗位上获得成功?(匹配)

一个好的回答,应该既具体又有逻辑,让 HR 听完后,自然而然地认为:"是的,这个人的背景确实很适合我们的岗位。"

错误示例　这些回答会让 HR"出戏"

错误示例 1：简历复读机

"我曾在××公司实习，负责市场数据分析、用户增长策略等工作。这些经历让我对市场营销有了一定的了解，我认为它们对这个岗位有帮助。"

HR 内心可能会想："这不就是简历上的内容吗？和这个岗位的匹配点在哪？"

错误示例 2：和岗位需求无关

"我在大学期间组织过很多活动，比如校园歌唱比赛和社团招新，这让我学会了团队合作和沟通技巧"。

HR 内心可能会想："你的沟通能力可能不错，但这和我们的岗位需求有什么关系？"如果你面试市场、运营类岗位，这个回答还勉强能沾边，但如果是应聘技术岗、金融岗或咨询岗，那么与这些经历的直接相关性就不那么显著。

错误示例 3：泛泛而谈，没有具体细节

"我在上一份实习中，做了很多项目，学到了很多东西，培养了很强的分析能力和解决问题的能力，这对这个岗位很有帮助。"

HR 内心可能会想："听起来你好像做了很多事，但一点细节都没有，我怎么判断你是不是真的有能力？"如果你的回答缺乏具体内容，HR 是无法评估价值的。你的目标是让 HR 相信你真的具备某些关键能力，而不是靠一堆"听起来很厉害"的形容词蒙混过关。

高分解析　怎样回答才能让 HR 眼前一亮？

一个优秀的回答,应该用"经历—能力—匹配"三步法展开,先讲述一段具体的经历,然后提炼出核心能力,最后精准地把能力和岗位需求关联起来。

高分示范 1：针对产品经理岗

"在××互联网公司产品部的实习期间,我负责用户调研和需求分析。我们的团队当时在开发一款新的社交功能,但在测试阶段,用户反馈他们不清楚如何使用新功能,导致使用率远低于预期。

为了找出问题所在,我设计了一份用户调研问卷,并通过 A/B 测试分析用户的行为数据。结果发现,主要问题是引导页面的设计不够直观,导致用户无法理解功能点。基于这个分析,我建议优化新功能的引导流程,并与设计师合作调整 UI 布局,最终使用率提升了 30%。

这次经历让我锻炼了数据分析、用户研究以及跨团队协作的能力,而这些正是贵公司产品经理岗位的核心技能。我相信,这些经验能够帮助我快速理解用户需求,并推动产品优化。"

这个回答能够打动 HR,是因为它不仅展现了求职者的产品思维,还清晰地展示了他在实习期间如何通过数据驱动决策,并最终对产品产生了实质性影响。HR 听完后,很容易建立起"这个人能在我们公司做出类似贡献"的认知,从而增强对他的信任感。

高分示范 2：针对供应链管理岗

"在××公司的供应链部门实习时,我负责优化供应商交付流程。当时,公司在某个供应商的交付环节经常出现延误,导致生产线无法按时运转,增加了库存成本。

我首先收集了过去六个月的交付数据,并与仓储管理人员、物流团队和供应商代表进行了商谈,发现问题的主要原因是供应商端的生产排期和我们的订单需求之间存在信息不对称。于是,我建议建立一套实时更新的订单可视化系统,让供应商能更精准地调整生产计划。最终,这项调整让交付准时率提高了15%,并减少了库存积压。

这次经历让我对供应链运作有了更深入的理解,并锻炼了数据分析、流程优化和跨部门沟通能力。这些能力能够帮助我在贵公司的供应链管理岗位上更快地适应,并推动更高效的运营流程。"

这个回答之所以让HR眼前一亮,是因为它不仅展示了求职者的供应链优化能力,还体现了他在实习期间如何发现问题、分析问题,并最终推动解决方案落地的能力。更重要的是,它的最终成果"交付准时率提高15%"让HR一听就觉得"这个人是有实打实的业绩的",而不是只会空谈。

实战练习 你的过往经历对这个岗位有什么帮助?

试着写一个符合自身经历的答案,并检查以下三个关键点:

(1)你的回答是否清晰地展示了"经历—能力—匹配"的逻辑?

(2)你的经历是否和目标岗位的核心能力相关?

(3)你的回答是否具体、有数据、有影响力,而不是泛泛而谈?

你可以这样开头:

"在××公司的实习中,我负责××××。当时,我们遇到了××××问题,于是我采取了××××措施,最终实现了××××结果。这次经历让我积累了××××能力,而这些能力正是贵公司××××岗位所需要的。"

然后,看看你的回答是否足够精准,能否让 HR 听完后觉得你正是他们需要的人才。如果你的回答还停留在"我学到了很多东西""我的经历对这个岗位有帮助"这样的表述,那就继续优化,让它更具体、更具冲击力。

3.1.6 案例剖析:如何拿到顶级投行 J.P. Morgan 的 offer?

故事的主人公是 Ethan,一个来自英国某 G5 大学金融专业的学生。在进入秋招之前,他的背景可以说是完美的——G5 本科,几段知名投行的实习经历,参加过多个金融相关比赛,GPA 也足够亮眼。

他对自己的实力非常自信,甚至在拿到 J.P. Morgan 的面试邀约后,和朋友开玩笑说:"这场面试基本就是走个流程,VP 大概率会对我感兴趣。"

但现实给了他当头一棒。

J.P. Morgan 的面试官在一对一面试中对他的经历发起了连环追问:

(1)"你的实习主要做了哪些具体的工作?"

(2)"在这个项目里,你的个人贡献是什么?"

(3)"你觉得这段经历如何体现你的优势?"

Ethan本以为自己是"面霸",但当面试官深挖他的经历时,他开始结巴,甚至答非所问。他的回答充满了泛泛而谈的套话,比如:"我在实习期间学到了很多金融知识""我很擅长团队合作"之类的,但当面试官追问"具体来说,你如何在团队中贡献价值?"时,他却无话可说。

最终,J.P. Morgan的面试结果毫无悬念——拒绝。

Ethan百思不得其解,他明明在其他公司的面试中表现很好,甚至已经拿到了几个不错的银行offer,为什么J.P. Morgan直接淘汰了他?

在面试失败后,Ethan来找我们做辅导。第一次沟通时,他的第一句话就是:"我的简历明明很好,为什么我会被刷?"

这个问题暴露了他的核心问题——他认为简历优秀就能拿offer,但却忽略了"知己"的重要性。

什么是"知己"?

不是"我知道我的简历很强",而是"我知道我的简历里哪些点最能打动面试官"。

于是,我们从两个步骤帮他做了深度优化:

第一步:深挖自己的经历,找到真正的核心竞争力

Ethan之前的回答的最大问题是——他知道自己做了很多实习和项目,但他并不知道哪一部分是最能打动J.P. Morgan的。

我们带他从上一段面试经历中复盘:J.P. Morgan更关注的

是什么？

(1) 不是你实习的公司有多大，而是你在实习中有没有真正做出价值。

(2) 不是你经历过多少项目，而是你如何解决问题、如何思考和决策。

所以，我们帮他把简历里的一些"表面亮点"筛选掉，挑选出两个真正能证明他能力的经历，并深挖细节，让他能在面试中作出更有层次感的回答。

举个例子，他原本的回答是这样的：

"我在某投行的 ECM（股权资本市场）部门实习，主要协助团队进行 IPO 交易的文件准备和市场研究。"

这个回答看似正常，但问题是——他只是"协助"，并没有展现自己在项目中的实际贡献，对 J.P. Morgan 的面试官来说，这个回答几乎没有价值。

于是，我们引导他更具体地拆解他的经历：

"在某投行 ECM 部门实习期间，我协助分析了一家医疗科技公司的 IPO 交易。当时，团队需要为客户准备一份投资者推介材料（Investor Presentation），但由于该行业较为新兴，市场对其商业模式的认可度不高。我负责整理全球同类公司的 IPO 数据，并分析它们在上市前后的市场表现。此外，我研究了 sell-side（卖方）分析师的报告，提炼了投资者最关注的财务指标，并将这些数据整合进推介材料中。最终，这份报告在路演中得到了投资者的积极反馈。"

经过调整后，Ethan 的回答变得更有说服力，因为它展现了

三个 J.P. Morgan 看重的能力:

(1) 行业研究能力:主动研究同类公司的 IPO 数据,而不是机械地整理资料。

(2) 数据分析能力:能够筛选出投资者最关注的关键财务指标。

(3) 实际贡献:分析结果被用于投资者推介,而不是单纯"参与"。

第二步:研究 J.P. Morgan 的面试偏好,打造专属的面试策略

J.P. Morgan 的面试,并不像一般投行那么"公式化"。很多银行喜欢结构化面试,而 J.P. Morgan 更看重"对话式面试",面试官希望你能用自然的方式讲述你的经历,而不是像背稿子一样输出标准答案。

所以,我们帮 Ethan 训练了"故事化表达"的技巧,让他在讲述自己的经历时,不再像列清单一样说"我做了 A、B、C",而是用更有逻辑、更有节奏的方式展开。比如,我们教他用"情境—挑战—行动—结果"(STAR 法则)来组织回答,让他的故事听起来更流畅,也更有吸引力。

在做完这些优化后,第二年,Ethan 重新进入 J.P. Morgan 的面试。

这次,他在面试时不再只是机械地复述简历,而是用"情境—挑战—行动—结果"的方式,自然地讲述了自己的经历。

当面试官问:"你能举一个你在实习中遇到的挑战,并描述你是如何解决的吗?"

Ethan 不再是简单地回答:"我参与了某个项目,做了市场分析。"

而是这样说：

"在××投行 ECM 部门实习时，我协助团队处理一宗医疗科技公司的 IPO 交易。由于行业较新，投资者对其商业模式的接受度存在疑问，而团队需要一份有说服力的投资者推介材料。我分析了全球同类公司的 IPO 数据，并整理了分析师报告中投资者最关注的财务指标。最终，这些研究被用于推介材料，在路演中获得了投资者的积极反馈。"

结果呢？

他成功拿到了 J.P. Morgan 的 offer。

事后他和我们复盘时说了一句话："我以前觉得面试就是考验口才，但后来才发现，真正的关键是——你有没有想清楚自己最核心的价值是什么。"

这个故事的核心启示——**面试并不是简历上"经历数量"的比拼，而是你能否清楚地表达哪些经历能够真正代表自己的核心竞争力。**

Ethan 不是因为经历不好被刷，而是因为他没有讲清楚自己最核心的价值。而当他真正理解了自己，并用合适的方式去表达时，顶级投行的 offer 也就顺理成章地来了。

3.2 直面短板，如何谈论优缺点

在面试中，谈论自己的优点是一回事，谈论自己的缺点却是另一回事。很多求职者一听到"你的缺点是什么?"这类问题,就立刻警觉,生怕说错话导致被淘汰。有人会选择"包装型"答案,比如"我太追求完美",也有人干脆敷衍了事,回答"我没有明显缺点"。但 HR 可不会那么容易被糊弄过去。

其实,HR 问这个问题的本质,并不是想找你的缺点,而是想看你的自我认知能力,以及你如何应对自己的短板。一个真正优秀的求职者,不仅能展示自己的优点,还能坦诚地谈论自己的不足进而展现出自己的成长思维,证明自己有能力不断提升。

本节,我们将拆解最常见的几个优缺点类的问题,教你如何用正确的方式回答,既能展现自我认知,又不会让 HR 对你产生负面印象。

3.2.1 你认为你最大的优点是什么?

题目拆解　HR 为什么要问这个问题?

这是很多大公司招聘时都会经常提问的高频问题,但并不是所有同学都能回答好。HR 问这个问题,并不是单纯想听你夸自己,而是想通过你的回答,判断你的核心竞争力,以及你对自己的认知是否清晰。如果你的回答太过笼统,比如"我很努力""我很聪明",那 HR 很可能觉得你缺乏深入思考。相反,一个真正有竞争力的求职者,应该能够用具体案例支撑自己的优势,并且让 HR 相信,这个优势能帮助你在工作中表现出色。

换句话说,HR 真正想知道的是——你的优势是否与岗位匹配？你的回答是否具有足够的说服力？

📖 错误示例　这些回答会让 HR"出戏"

错误示例 1：泛泛而谈，没有实质内容

"我的优点是我很努力、很负责任。"

HR 内心可能会想："努力和负责任是基本要求，每个求职者都会这么说，你的真正优势是什么？"这个回答过于空洞，HR 无法从中判断你的真正能力。

错误示例 2：列举一堆优点，没有重点

"我的优点是我学习能力强、沟通能力好、团队协作能力强、执行力高、适应能力强。"

HR 内心可能会想："到底哪一个才是你的核心优势？如果你什么都擅长，那是不是代表你其实没有特别突出的点？"

错误示例 3：优点与岗位需求不匹配

"我的优点是我运动能力很好，大学期间是篮球队队长。"

HR 内心可能会想："你会打篮球很好，但这和我们岗位需要的能力有什么关系？"如果你面试的是体育相关岗位，这个回答可能有加分。但如果你是去投行、咨询或科技公司，这个优势就与岗位需求完全无关。

📋 高分解析　怎样回答才能让 HR 眼前一亮？

一个优秀的回答，应该用"优势—案例—匹配"三步法展开，先点出自己的核心优势，然后用具体经历证明，最后强调这个优势如何帮助你胜任岗位。

高分示范1：针对软件工程师岗

"我的最大优势是逻辑思维能力强，善于解决复杂问题。在大学期间，我曾参与一个数据优化项目，负责设计一个高效的算法来减少计算时间。起初，我们的代码运行速度较慢，影响了整体效率。我通过分析算法的时间复杂度，并结合多种优化方法，成功将计算时间缩短了30%。这个经历让我深刻体会到，软件工程不仅需要编程能力，更需要逻辑推理和高效解决问题的能力。而这正是贵公司软件开发岗位所需要的核心技能。"

这个回答的亮点在于，它不仅直接点出了"逻辑思维能力强"这一优势，还通过一个具体的技术项目展示了求职者是如何运用这项能力解决实际问题的。最后，他巧妙地把这个优势与岗位需求结合起来，让HR能够清楚地看到他的核心竞争力和岗位的匹配度。

高分示范2：针对市场营销岗

"我的最大优势是数据分析能力强，善于通过数据驱动市场决策。在××公司市场部实习期间，我负责分析社交媒体广告投放数据，发现某个渠道的转化率远低于其他平台。我进一步拆解了用户行为数据，找到了原因，并提出优化方案。最终，这个调整让投放成本降低了15%，ROI提升了20%。这个经历让我意识到，市场营销不仅是创意和品牌塑造，更需要数据支撑决策。我相信，这种数据驱动的思维方式，能帮助我在贵公司的市场团队中发挥更大的作用。"

这个回答之所以让HR眼前一亮，是因为它展示了市场营销领域的关键能力——数据分析和优化能力。求职者不仅证明了自己的数据分析能力,还展示了这项能力如何直接影响业务成果,最终与目标岗位的需求完美契合。

实战练习　你认为你最大的优点是什么?

试着写一个符合自身经历的答案,并检查以下三个关键点:

(1)你的回答是否清晰地展示了"优势—案例—匹配"的逻辑?

(2)你的优势是否与目标岗位的核心能力相关?

(3)你的回答是否具体、有数据、有影响力,而不是泛泛而谈?

你可以这样开头:

"我的最大优势是××××。在××××经历中,我曾通过××××方式解决了××××问题,最终取得了××××结果。这次经历让我意识到,这项能力对××××岗位至关重要。"

然后,看看你的回答是否足够精准,能否让 HR 听完后觉得你是这个岗位的合适人选。如果你的回答还停留在"我学习能力强""我很努力"这样的层面,那就继续优化,让它更具体、更有说服力。

3.2.2　你认为你最大的缺点是什么?

题目拆解　HR 为什么要问这个问题?

面试中,"你的缺点是什么?"无疑是一道让求职者头疼的问题。说太真实的缺点,怕 HR 直接把自己淘汰;说个"包装型缺点",又怕 HR 觉得自己在敷衍。

其实,HR 问这个问题的核心目的是:判断你的自我认知能力,以及你是否有解决问题的意识和成长思维。

他们想知道:你是否能客观看待自己,是否清楚自己的短板,并且最重要的是——你有没有采取措施去改进?

所以,这道题的正确回答思路应该是:

(1)选一个相对"安全"的缺点(不会影响你胜任岗位,但又足够真实)。

(2)提供具体案例,说明这个缺点如何影响你。

(3)重点是强调你已经在采取哪些行动来改进。

人无完人,有缺点是必然的,HR 也同样知道。这道题中,他们关心的是——你有没有意识到问题,并且有没有积极改进?

错误示例 这些回答会让 HR"出戏"

错误示例1:太"完美"的缺点

"我太追求完美了,做事情总是力求做到最好。"

HR 内心可能会想:"所以你的缺点就是没有缺点?这是在夸自己吗?"有些求职者为了让自己听起来更优秀,故意选择"听起来像优点的缺点",但这种回答往往让 HR 觉得你在敷衍,甚至会质疑你的可信度。

错误示例2:严重影响工作的缺点

"我不擅长与人沟通,比较喜欢独立工作。"(应聘销售岗)

"我不太擅长数据分析。"(应聘数据分析岗)

HR 内心可能会想:"沟通能力是销售岗的核心能力,你不擅长沟通,那你怎么胜任这份工作?"如果你的缺点正好是岗位最需要的能力,那 HR 可能会直接对你失去兴趣。所以,一定要避开和岗位需求直接冲突的缺点!

错误示例 3:缺少改进措施

"我做事有时候会比较粗心。"

HR 内心可能会想:"那你有什么办法避免这种问题吗?如果你的粗心影响到工作怎么办?"一个好的回答,应该展现你的成长思维,而不是单纯地暴露问题,因此我们需要加上解决方案。

高分解析　怎样回答才能让 HR 眼前一亮?

一个优秀的回答,应该遵循"缺点—影响—改进"的三步逻辑。

高分示范 1:针对咨询顾问岗

"我以前不太擅长在短时间内提炼关键信息,特别是在分析大量数据时,容易花太多时间在细节上。在××咨询公司的实习中,我曾负责整理一份市场调研报告,但由于我过于关注数据的细节,导致初稿信息量过大,缺少清晰的核心结论。后来,经理给我提供了一些反馈,我意识到,咨询行业最重要的能力之一是'快速抓住重点'。

于是,我开始有意识地练习高效阅读和信息提炼,比如使用金字塔原理来总结关键信息,并在每次分析前先明确问题导向。经过几个月的训练,我的报告结构变得更清晰,效率也提高了不少。现在,我虽然还在持续优化,但相比以前,已经能更快速地抓住重点,并更有条理地表达自己的分析结论。"

这个回答之所以让 HR 眼前一亮,是因为它不仅展现了求职者的自我认知能力,还体现了他的成长思维。他的缺点并不是致命的,而是可以通过训练改进的。而且,他的改进措施非常具体,不是简单地说"我会努力改进",而是清楚地展示了自己如何改进,并已经取得了一定的成果。

高分示范 2:针对银行管培生岗位

"我过去在团队合作中,有时候会过于专注于执行任务,而忽略了与不同部门的协作和大局观。在××银行的实习中,我曾参与优化客户服务流程,当时我的任务是整理客户反馈数据,并提出优化建议。我一开始只是专注于分析数据,却忽略了主动与前台客户经理和风控团队沟通,导致后续方案落地时遇到了不少阻力,调整过程比预期多花了不少时间。

后来,我意识到,银行业务并不仅仅是数据分析或执行流程,更需要跨部门协同,以确保方案能顺利落地。我开始在项目推进过程中主动与相关部门沟通,并提前了解他们的需求和顾虑。经过几轮优化,我的方案最终成功落地,并提升了客户服务的响应效率。这个经历让我意识到,作为管培生,不仅要执行任务,还要具备全局思维,并能协调不同部门达成共识。"

这个回答之所以有说服力,是因为它展现了求职者在团队协作和大局观上的成长。HR 听完后会觉得,这位求职者不仅意识到了自己的短板,还主动改善了自己的工作方式,让跨部门沟通更加顺畅。而且,这种"执行→反思→优化"的逻辑,正是银行管培生最需要具备的学习能力和适应能力。这样,即便 HR 知道他曾经在跨部门协作方面有短板,也不会因为这个缺点而否定他的胜任力,反而会觉得他是一个能够快速成长的人才。

实战练习　你认为你最大的缺点是什么?

试着写一个符合自身经历的答案,并检查以下三个关键点:

(1)你的缺点是否"真实但不致命"?(不会影响你胜任岗位)

(2)你的回答是否清晰地展示了"缺点—影响—改进"的逻辑?

(3)你的改进措施是否具体,而不是空泛的"我会努力改进"?

你可以这样开头:

"我过去在××××方面有一些挑战,比如××××。这个问题在××××场景下对我产生了一定的影响,但我意识到它的重要性,并采取了××××措施来改进。经过一段时间的训练,我已经在××××方面有了明显提升。"

3.2.3　你如何看待你不是名牌大学毕业生这件事?

题目拆解　HR为什么要问这个问题?

对于很多求职者来说,这道题可能是面试中的"噩梦题"。如果你不是来自985、牛剑、G5等顶级名校,在面对投行、咨询、科技公司等名企面试时,HR可能会抛出这个问题,看你如何回应。

但请记住——HR并不是在刻意打压你,而是想考察你的自信心、思维方式和抗压力。他们想知道：

（1）你如何看待自己的教育背景？

（2）你是否具备比名校生更突出的优势？

（3）你是否会独立思考，而不是被"学校光环"所限制？

如果你表现出自卑或者消极情绪，HR会认为你对自己的能力缺乏信心，从而影响你的竞争力。相反，如果你能用积极、客观的态度，结合自身经历展示你的竞争力，HR就会觉得你是一个有自信、有能力的人，甚至比某些依赖名校光环的候选人更有潜力。

错误示例 这些回答会让HR"出戏"

错误示例1：自我贬低型

"是的，我的学校确实没有那么好，所以我会更加努力补足自己的不足。"

HR内心可能会想："如果你都不认可自己，那我们为什么要认可你？"很多求职者一紧张，就容易用"过度谦虚"的方式回答。但在职场上，HR更希望看到有自信、能独立思考的人，而不是因为学历而自我贬低的人。

错误示例2：反向攻击型

"我觉得名校的学生也没有什么特别的，我们学校的教学质量也很好。"

HR内心可能会想："如果我真在意学历就不会让你进面试了，我们又没说你学校不好，你为什么要急着否定名校？"面试时，最忌讳的就是带有对抗情绪，HR并不是在贬低你的学校，而是在看你的心态。如果你直接否定名校的价值,反而会显得你有些"玻璃心"。

错误示例 3:回避问题型

"我觉得学历不重要,关键是能力。"

HR 内心可能会想:"能力当然重要,但你有没有能力呢?"HR 不喜欢听空洞的大道理,他们更想听到你的具体经历,看看你如何证明自己比名校生更有竞争力。

高分解析　怎样回答才能让 HR 眼前一亮?

一个优秀的回答,应该遵循"客观承认—展示竞争力—强调成长性"的三步逻辑。

高分示范 1:针对投行 IBD 岗位

"我确实不是来自传统的投行目标院校,但我认为,一个人的成长更多地取决于他的努力和实践,而不仅仅是学校的光环。在大学期间,我主动寻找一切可以提升自己金融知识和实践经验的机会,比如自学财务建模,参加行业竞赛,并在××银行的投行部实习,协助团队进行财务尽职调查。

虽然我的起点可能不如部分名校生,但我始终专注于实际能力的提升。在实习期间,我的财务模型分析结果被用于正式的客户报告,我也因此获得了团队的认可。

我相信,在投行行业,最终决定你能走多远的,还是你的专业能力、学习能力和对客户的价值创造。我的经历证明了,我不仅能胜任这份工作,而且有持续成长的动力。"

这个回答之所以让 HR 眼前一亮,是因为求职者既承认了学校普通的客观事实,又强调了自己在能力上的优势,最重要的是,他用实际经历证明了自己在投行工作中的竞争力。这种回答方式,能够有效消除HR对学历的偏见,让他们更关注你的实际能力。

高分示范2:针对新媒体运营岗位

"我确实不是来自顶尖传媒院校,但我一直认为,新媒体行业的核心竞争力在于内容创意和用户运营能力,而这并不完全取决于学校,而是取决于实践。

在大学期间,我自学了短视频运营和社交媒体增长策略,并从零开始运营了一个个人账号。我通过数据分析不断优化内容方向,最终在半年内积累了5万+粉丝,部分内容在社交媒体上获得了百万级曝光。我还利用这些经验,帮助校内某个社团的公众号实现了阅读量翻倍。

我相信,在新媒体行业,真正决定一个人能否成功的,不是他的学历,而是他是否能通过实践,不断验证和优化自己的运营策略。我有信心,能够在贵公司创造出更具影响力的内容。"

这个回答的亮点在于,求职者没有把重点放在学历,而是放在自己的内容创作和数据运营能力上。HR听完后,很容易相信他具备新媒体运营所需的创意能力和数据分析能力,学历的劣势被弱化了。

实战练习 你如何看待你不是名牌大学毕业生这件事?

试着写一个符合自身经历的答案,并检查以下三个关键点:
(1)你的回答是否遵循"客观承认—展示竞争力—强调成长

性"的逻辑?

（2）你是否用具体的经历,证明自己比名校生更有竞争力?

（3）你的回答是否自信、积极,而不是自卑或带有对抗情绪?

你可以这样开头：

"虽然我的学校不是最顶尖的目标院校,但我一直认为,职业发展更依赖于个人的努力和实践。在大学期间,我通过××××方式不断提升自己的能力,并在××××经历中取得了××××成果。这让我意识到,真正的竞争力来自实践,而不只是学校的光环。"

3.2.4 如果你不具备岗位要求的技能,会怎么办?

题目拆解　HR为什么要问这个问题?

很多同学一听到这个问题,第一反应可能是："完了,HR是不是已经发现我不符合岗位要求了?"但其实,HR并不是在故意刁难你,而是想看看你面对挑战的态度。

毕竟,职场上没有人是全能的,就算是名校毕业的候选人,也总会有不擅长的地方。HR真正想了解的是——如果你发现自己缺少某项技能,你会怎么做? 你是选择放弃,还是积极补足? 你有没有足够的学习能力和适应力,能在短时间内迎头赶上?

如果你的回答是直接否认自己,或者干脆回避问题,HR可能会觉得你不够自信、缺乏成长性。但如果你能表现出强烈的学习意愿,并且已经有了明确的行动计划,HR就会觉得你是个可塑之才,哪怕你现在不具备某项技能,他们也愿意给你机会。

所以,这道题的关键不是掩盖自己的短板,而是如何用正确的方式化解短板,并让 HR 相信你能快速弥补不足。

错误示例　这些回答会让 HR"出戏"

错误示例 1：直接认输型

"我确实不太会这项技能,可能需要更长的时间去适应。"

HR 内心可能会想:"你连一点信心都没有,我们为什么要花时间培养你?"这种回答会让 HR 觉得,你不仅没有做好准备,甚至都没有想过如何弥补短板。如果你自己都不主动去学习,那公司也不会愿意培养你。

错误示例 2：信心满满但没有实际行动

"虽然我不太熟悉这项技能,但我学习能力很强,相信很快就能掌握。"

HR 内心可能会想:"你说你能学,但你打算怎么学?"HR 更喜欢看到实际行动,而不仅仅是"我能学会"的空话。如果你的回答听起来像是在画大饼,那 HR 很可能觉得你只是说说而已。

错误示例 3：假装自己懂

"这个技能我之前接触过一些,应该问题不大。"

HR 内心可能会想:"既然你说你了解,那我就深入考察一下。"面试时,最忌讳的就是装懂。HR 的工作经验比你丰富,他们一听就能判断出你到底是熟练,还是只知道皮毛。所以,如果某项技能你确实不太擅长,那就大方承认,但同时告诉 HR 你已经开始行动,正在努力弥补短板。

高分解析　怎样回答才能让 HR 眼前一亮？

一个优秀的回答,应该遵循"承认不足—展示学习能力—提供行动计划"的逻辑。坦诚但不消极,强调自己的学习能力,并且拿出实际行动,告诉 HR 你已经在补足短板的路上。

高分示范 1：针对投行风控岗

"我目前确实还没有系统学习过 Python 在风控建模中的应用,但在过去的实习中,我主要使用 Excel 和 SQL 进行数据处理和风险分析,已经积累了一定的基础。

为了进一步提升自己的建模能力,我已经开始学习 Python,并结合实际案例练习数据建模。目前,我已经掌握了 Pandas 和 Scikit-learn 的基本操作,并能够用 Python 进行初步的数据清洗和分析。

我相信,在正式入职之前,我可以通过持续学习和实操训练,掌握 Python 在风控分析中的应用,从而胜任这个岗位。"

这个回答之所以加分,是因为它既坦诚承认了自己的短板,又展示了自己的学习能力,并且已经采取了实际行动,让 HR 相信,你的学习计划是具体可行的,而不是空口承诺。

高分示范 2：针对市场营销岗

"贵公司在岗位要求中提到,市场营销人员需要具备 SEO 优化能力,而我目前的 SEO 经验主要来自自己运营的公众号,并没有在大型企业的实际应用经验。

不过,在过去的半年里,我一直在系统学习 SEO 的原理,并通过优化公众号的文章关键词,使得我们的文章在搜索引擎中的排名有了明显提升。

我计划在未来一个月内,通过参加 SEO 实战培训课程,以及在一个网站优化项目中进行实践,确保自己能快速掌握这项技能,并应用到实际工作中。"

这个回答的亮点在于,求职者不仅展示了他的学习能力,还提供了真实的学习经历和应用案例,让 HR 相信他是一个主动学习、能够快速上手的人。

实战练习　如果你不具备岗位要求的技能,会怎么办?

试着写一个符合自身经历的答案,并检查以下三个关键点:

(1) 你的回答是否遵循"承认不足—展示学习能力—提供行动计划"的逻辑?

(2) 你的学习计划是否具体,而不是空泛的"我会努力学"?

(3) 你的回答是否展现了主动性和成长性?

你可以这样开头:

"我目前在××××技能方面的经验相对有限,但我在过去的××××经历中已经积累了一定的相关基础。为了补足这一短板,我已经通过××××方式进行学习,并计划在××××时间内掌握这一技能,确保能够胜任工作。"

3.2.5　你曾犯过最大的错误是什么?

题目拆解　HR 为什么要问这个问题?

这道题总是让求职者头疼。说一个小的错误,HR 会觉得你在敷衍；说一个严重的错误，HR又可能会质疑你的能力。那到底该怎么回答？

其实，HR并不是真的想"抓住"你的错误，而是想看看你面对失败的态度。在工作中，没有人能一直不犯错，关键是——你有没有意识到自己的错误？你是如何应对的？你有没有从中学到东西？

他们更关注的是你的自我反思能力、解决问题的态度，以及成长性。如果你面对错误的第一反应是找借口、推责任，或者完全没想过要改进，那HR可能会觉得你不太适合这个岗位。但如果你能用理性的态度去分析问题，并展示出你在这个过程中学到的经验，HR反而会觉得你是个成熟、值得信赖的人。

所以，这道题的核心不是"你犯了多大的错"，而是你如何在错误中总结经验，并让HR看到你的成长。

错误示例　这些回答会让HR"出戏"

错误示例1：假装自己没犯过错

"我平时做事很细心，基本没有犯过什么大的错误。"

HR可能会想："这个候选人是不是在回避问题？"这个回答看似很完美，但没有人是完美的，工作中一定会遇到挑战，关键是你有没有意识到自己的短板并改进。如果你说自己从来没犯过错，HR会觉得你要么是不愿意承认错误，要么就是缺乏自我认知能力，甚至可能会怀疑你的真实性。

错误示例2：错误太严重，直接劝退

"我曾经在实习时，误操作删除了公司的客户数据库，导致公司损失了大量数据。"

HR 可能会想："这个错误过于严重，他未来在工作中会不会再次犯下类似的失误？"如果你的错误导致了巨大的损失，HR 很可能会犹豫要不要录用你。面试时，尽量避免讲述那些可能直接影响你录用的错误，比如涉及财务漏洞、泄露机密、与同事或上级发生冲突等。

错误示例 3：错误没啥影响，听起来很鸡肋

"我有一次上班迟到了 10 分钟，不过后来我吸取了教训，再也没有迟到过。"

HR 可能会想："这个回答虽然听起来是个错误，但好像没有提供任何有价值的信息。"HR 更想听到的是，你在一次真正有挑战性的经历中学到了什么，而不是一些无关紧要的小错误。如果你的错误对工作没有实质性影响，HR 可能会觉得你只是在敷衍他们。

高分解析　怎样回答才能让 HR 眼前一亮？

一个优秀的回答，应该遵循"错误背景—如何应对—学到的经验"的三步逻辑。重点不是错误本身，而是你的解决方案和成长。

高分示范 1：针对国企管理管培生岗位

"在××国企的实习中，我曾经因为一个小小的疏忽，导致了一次重要的会议安排出了问题。当时，公司要组织一次跨部门会议，我负责协调与会人员和场地安排。我以为大家都默认使用线上会议软件，就没有特别确认线下场地，结果当天有几位领导误以为是线下面对面会议，最终导致会议时间延误。

当我意识到自己的错误后，第一时间主动承担责任，并迅速协调各方,安排了一个新的会议时间。之后,我意识到自己在细节管理上还有不足,于是主动向部门的老同事请教,学习如何做好会议安排,确保不会再出现类似问题。后来在后续的会议组织中,我都会提前确认每一个细节,包括时间、形式、参会人员的行程安排,甚至做了一份标准化的会议筹备清单,确保不会再出现类似的纰漏。

这次经历让我深刻意识到,细节决定成败,特别是在国企这样讲究流程和规范的环境里,每个细节都可能影响工作效率和团队协作。现在,我在面对类似任务时,会更加注重前期的沟通和确认工作,确保万无一失。"

这个回答不会让 HR 觉得你能力不足,反而能让他们看到你的责任感、解决问题的能力,以及改进工作的意识。而且,这个错误本身并不会让人觉得"不可挽回",属于可控范围,HR 听完之后,会更愿意相信你是一个能够在实践中成长的人。

高分示范 2:针对运营管理岗

"在××公司市场部的实习中,我曾经在一次营销活动中犯过一个不小的错误。我当时负责社交媒体推广,在制定推广策略时,我过于关注内容创意,而忽略了数据分析,导致活动的目标受众没有精准触达,最终投放效果远低于预期。

活动结束后,我主动复盘了整个过程,并请教了团队的资深同事,分析了数据投放的失误点。后来,在下一次营销活动中,我调整了策略,结合数据分析优化了投放渠道,最终让转化率提升了 30%。

这次经历让我意识到,运营和市场工作不仅仅是创意,更重要的是数据驱动决策。现在,在任何推广策略制定前,我都会先分析过往数据,确保每一步决策都有数据支持。"

这个回答不会让 HR 担心你的能力,反而能让他们看到你的成长思维和执行力。HR 听完不会觉得"这个人不靠谱",反而会觉得"这个人能够快速调整,并从错误中成长"。

实战练习 你曾犯过最大的错误是什么?

试着写一个符合自身经历的答案,并检查以下三个关键点:

(1)你的回答是否遵循"错误背景—如何应对—学到的经验"的逻辑?

(2)你的错误是否在可控范围内,而不是影响录用决定的重大错误?

(3)你的回答是否展现了主动性、学习能力,而不是仅仅描述错误?

你可以这样开头:

"在××××经历中,我曾因为××××问题导致了××××影响。意识到错误后,我采取了××××措施进行弥补,并通过××××方式改进了自己的工作方式。这次经历让我深刻意识到××××,并形成了××××习惯。"

3.2.6 案例剖析:如何从双非本科逆袭拿到四大会计师事务所的 offer?

李明是我们曾辅导过的一位求职者。他的经历可以说是典型的"双非本科逆袭"案例,一路上他遭遇了无数次挑战和质疑,但最终成功拿到了四大会计师事务所的 offer。

他的起点并不占优势,毕业于一所普通财经类院校,在校成绩中等,没有名校光环,也没有特别亮眼的实习经历。和很多同学一样,他也曾在求职过程中感到迷茫,尤其是在面对名企时,简历投递经常石沉大海,连笔试和面试的机会都很少。

但和大多数人不同的是,他并没有因为这些客观条件而放弃,而是选择了一条更"笨"但也更有效的路——他精准分析了"四大"的招聘标准,并围绕"知己知彼"制定了一整套策略。

刚开始找工作时,李明也曾因为自己的学历背景而自卑。他投递了很多简历,但 HR 看都不看就直接拒绝了。后来,他开始反思——既然学历短期内无法改变,那能不能用其他方式来弥补这个短板?

他仔细研究了"四大"的招聘要求,发现虽然他们更偏向于名校生,但在实习经验和专业技能方面,并没有明确限制。于是,他调整策略,把重点放在实习经历和专业能力的提升上。

他从大二下学期开始,大量投递各种财务相关的实习,哪怕只是小公司的财务助理,他也愿意做。在短短一年时间里,他积累了两段实习经验,其中包括一次知名企业的财务部门助理。在这期间,他主动学习审计流程、财务报表分析,并通过了 CPA 的部分科目考试。

这些努力让他看上去不再只是一个"双非本科生",而是一个"有丰富实习经验,正在积极提升自己的求职者"。这时候,他的简历通过率明显提高了,成功拿到了几家"四大"的笔试机会。

这是他的第一个关卡,"四大"的笔试以 SHL、逻辑推理、数理分析题为主,对没有接触过这种题型的同学来说,确实不太容易,因此我们带他梳理了笔试的题型。李明第一次参加模拟笔试时,发现自己的逻辑推理部分得分很低,差点没通过筛选。

但他没有直接放弃,而是冷静分析了自己的弱点,找到了问题所在。他发现,自己不是数学不好,而是没有掌握这些题目的解题技巧。于是,我们带着他花了整整一个月的时间,每天练习 SHL 题库,研究题型,总结解题思路。他甚至自己制作了一个"逻辑推理错题集",反复练习,确保自己不会再犯同样的错误。

最终,在正式参加"四大"笔试时,他成功通过了笔试,拿到了面试邀请。

在进入面试环节后,李明又遇到了新的挑战。相比其他名校生,他的学校背景确实没有那么亮眼,他担心 HR 会因为这一点而给他扣分。

但在辅导过程中,我们告诉他:"HR 最看重的,其实不是你的学校,而是你能不能证明自己具备岗位需要的能力。你需要主动引导 HR 关注你的核心竞争力,而不是你的学历。"

于是,他在面试中采用了"先发制人"的策略。自我介绍时,他没有回避自己的学校背景,而是直接承认:"我确实不是来自最顶尖的目标院校,但我一直坚信,专业能力和实际经验才是最重要的。所以在大学期间,我不断积累实习经验,通过了 CPA 部分科目的考试,并且在上一段实习中,独立完成了一份财务尽职调查分析。"

这种坦诚的表达,让 HR 对他产生了兴趣,而不是一上来就对他的背景产生偏见。而在后续的面试问题中,他不断强化自己的实战经验、学习能力和团队合作能力,让 HR 逐渐忘记了他不是名校生的事实。

最终,他在群面和单面中都表现稳定,成功拿到了"四大"的 offer。

李明的成功,并不是因为运气,而是因为他找到了正确的方法,并付诸实践。他的逆袭过程,实际上是遵循了一套清晰的逻辑:

(1)弥补学历短板,积累强有力的实习经验和专业认证,让 HR 看到"即使不是名校,也具备专业能力"。

(2)精准备考,补齐自己的笔试短板,确保自己能拿到面试机会。

(3)在面试中主动引导话题,把 HR 的关注点从学历转移到个人能力上,让自身竞争力最大化。

这套方法并不仅适用于李明,如果你也是非名校出身,但想进入"四大"或者其他名企,这种策略同样适用。学历的劣势虽然是客观存在的,但它并不是决定你是否能进入名企的唯一因素。真正的核心,是你是否有"知己知彼"的策略——知己,知道自己的短板并主动改进;知彼,知道企业想要什么,并提前做好准备。

求职的过程,就是一个不断优化自己的过程。如果你能像李明一样,不断发现问题、改进策略,并坚持执行下去,那么,逆袭名企并不是一个遥不可及的梦想。

在下一节,我们探讨——好的面试,一定是用故事打动 HR。我们会拆解面试中最重要的"讲故事"技巧,教你如何用具体的经历,让 HR 快速记住你,并对你产生深刻印象。

3.3 好的面试,一定是用故事打动 HR

你有没有遇到过这样的情况?

面试时,你觉得自己已经回答得很全面了,但 HR 的表情却不太有兴趣,甚至连追问都没有,最后的结果也不太理想。

如果你有这样的经历,很可能是你的回答——太干了,缺乏故事感。

HR 每天要面试很多人,每个候选人都在重复着类似的回答:"我具备团队协作能力""我有很强的抗压能力""我学习能力很强"……但问题是——HR 怎么判断你说的是真是假?

只是"讲道理"没有用,HR 更想听的是真实的案例。故事有画面感,更容易让 HR 记住你。如果你的回答中有具体的经历、情绪和结果,HR 就更容易理解你是什么样的人,你的能力值不值得认可。所以,一个会讲故事的求职者,远比只会讲道理的求职者,更容易在面试中脱颖而出。

举个例子,如果你告诉 HR:"我有很强的抗压能力。"这句话听起来没毛病,但它并不能打动 HR。

换一种方式,如果你说:"在我上一段实习中,团队临时接到一个紧急任务,需要在三天内整理一份 100 页的行业研究报告,而我当时对这个行业并不熟悉。为了赶上进度,我连夜查阅资料、做数据分析,最终按时交付了报告,得到了团队的认可。"

哪种表达更能让HR相信你的抗压能力？显然是第二种，因为它提供了一个清晰的情境，让HR"看到"你的能力，而不仅仅是听你描述。

所以，如果你想让HR对你的回答感兴趣，就要学会用故事表达自己。

既然故事这么重要，那么要怎么讲，HR才会愿意听？这里有一个很实用的面试表达技巧——STAR法则，它可以帮你把故事讲得清晰、有逻辑，让HR听得更舒服，也更容易理解你的能力。

STAR法则的四个核心要素：

S(Situation,情境)：描述事情发生的背景。

T(Task,任务)：你在其中承担了什么任务？

A(Action,行动)：你具体采取了什么行动？

R(Result,结果)：你的行动带来了什么结果？

举个例子：

S(情境)：在我之前的实习中，我负责运营公司的微信公众号，负责策划内容，但当时的阅读量一直不理想。

T(任务)：为了提升阅读量，我需要找到用户真正感兴趣的内容方向，并优化推文的排版和发布时间。

A(行动)：我分析了过往数据，找到了用户最喜欢的几个主题，同时调整了推送时间，把发布时间改到了用户活跃度最高的时间段。

R(结果)：经过优化，文章的平均阅读量提升了60%，用户的互动率也提高了很多，最终这个优化方案被团队采纳并长期执行。

这样的回答，HR听起来就很顺畅，因为有逻辑，有数据，有行动，有结果，不会让人觉得只是笼统的描述。

在接下来的3.3.1—3.3.5部分，我们会解析一些常见的面试问题，并用STAR法则帮你构建高分回答，让你真正掌握"用故事打动HR"的技巧。

3.3.1 你遇到过的最大挑战是什么？

题目拆解 HR为什么要问这个问题？

面试时，HR问"你遇到过的最大挑战是什么？"并不是单纯想听你诉苦，而是想通过这个问题了解三个重要信息：你是否具备解决问题的能力？你面对困难时是怎么思考的？你有没有成长思维？

很多时候，工作中真正考验一个人的并不是日常的任务，而是那些突如其来的挑战。如果你能在这个问题上展现出自己的抗压能力、分析能力和解决问题的思维方式，HR会对你的能力有更深的认可。所以，这道题的核心不是"挑战有多大"，而是你如何面对它、如何解决它，以及你从中学到了什么。

错误示例 这些回答会让HR"出戏"

错误示例1：太过消极，缺乏解决方案

"我遇到的最大挑战是上学时学业压力很大，课程太多，感觉很焦虑。"

HR听完后的反应可能是"然后呢?你是怎么应对的?"描述一个挑战时,如果你的回答停留在困难本身,而没有展现你是如何克服的,HR只会觉得你在抱怨,而不是一个能解决问题的人。

错误示例2:挑战不够有代表性

"有一次我去参加社团活动,结果活动当天突然下雨,导致来的人很少。"

HR听完可能会觉得"这算挑战吗?",一个好的挑战案例,应该能展现你的能力,而不仅仅是一个"生活中的小插曲"。

高分解析 怎样回答才能让HR眼前一亮?

在回答这类问题时,我们可以用STAR法则,让回答更有逻辑,更具吸引力。

高分示范1:针对外企快消管培生岗位

"在我实习期间,曾经遇到一个很大的挑战。当时,我在××快消公司实习,负责市场营销相关的工作。我所在的团队负责一款新品的线下推广,但在活动开始前,我们发现市场物料没有及时送达,导致整个推广计划面临瘫痪的风险,而活动时间已经临近。

作为实习生,我本可以置身事外,但我决定主动寻找解决方案。我迅速联系了供应商,确认了物流情况,并协调就近的其他门店调拨部分物料,同时建议团队调整活动方案,先通过社交媒体进行预热,争取时间。

最终,我们在活动当天顺利启动了推广活动,虽然物料到得晚了一些,但线上预热的效果超出了预期,最终的活动曝光量比预期增长了30%。这次经历让我意识到,在快消行业,突发情况是常态,真正能让人脱颖而出的,是面对问题时的应变能力和执行力。"

这个回答能够打动HR,因为它展现了求职者的主动性、应变能力和解决问题的能力,而不仅仅是描述挑战本身。HR听完后,会更愿意相信这个人能在快节奏的工作环境中胜任管培生的角色。

高分示范2:针对电商运营岗位

"我在××电商平台的实习经历中,遇到过一个让我印象深刻的挑战。当时,我们的店铺正值'双11'大促,团队的目标是冲击某个品类的销量Top 3。但在活动前一天,我们发现竞品突然调低了价格,并推出了额外的促销活动,我们的流量迅速被抢走,订单量比预期低了30%。

面对这种突发情况,我没有慌,而是第一时间分析竞品的策略,发现他们的价格优势主要集中在某几个SKU上,而我们的主推款依然有竞争力。于是,我建议团队调整投放策略,把预算集中在高转化率的产品上,同时临时增加了一项买赠活动,增强用户黏性。

最终,在大促的最后几个小时,我们的店铺订单量反超了竞品,成功跻身品类前三。这次经历让我深刻认识到,在电商行业,市场变化极快,只有快速应对、精准调整策略,才能在激烈竞争中取胜。"

这个回答用STAR法则讲述了一个完整的挑战故事,同时突出了数据分析能力、应变能力和商业思维,让 HR 听完后印象深刻。

实战练习　你遇到过的最大挑战是什么?

试着写一个符合自身经历的答案,并检查以下三个关键点:

(1)你的回答是否遵循"情境—任务—行动—结果"的逻辑?

(2)你的挑战是否真实且有代表性,能体现你的能力?

(3)你的回答是否展现了解决问题的思维,而不仅仅是讲述困难?

你可以这样开头:

"在××××经历中,我遇到了××××问题。面对这个挑战,我采取了××××措施,最终××××(结果)。这次经历让我学会了××××。"

3.3.2　分享一个成功解决复杂问题的例子

题目拆解　HR 为什么要问这个问题?

在职场上,复杂问题无处不在,而真正决定一个人能走多远的,往往不是他的学历有多高,而是他在面对挑战时的思考方式和执行能力。

HR 问你这个问题,并不是单纯想听一个"你很厉害"的故事,而是想了解:你是如何分析问题的?你有没有系统性的解决思维?你面对复杂局面时,能否冷静思考,并找到突破口?

如果你的回答只是"我遇到了×××问题,最后我解决了",HR不会买账。他们更想听的是你的逻辑推理过程、行动策略,以及最终的实际效果。换句话说,HR要判断的不是"你是不是聪明人",而是"你是不是一个能高效解决问题的人"。

所以,这道题的核心不是问题有多复杂,而是你如何拆解它,并最终找到解决方案。

错误示例 这些回答会让HR"出戏"

错误示例1:只描述问题,没有解决方案

"在我的实习中,我遇到过一个数据混乱的问题,导致团队分析受阻。"

HR听完可能会想:"然后呢?你是怎么解决的?"如果你的回答停留在问题本身,而没有讲清楚采取了哪些措施,如何一步步推动解决,HR会觉得你只是在陈述事实,而没有展现能力。

错误示例2:解决方案太笼统,缺乏细节

"我发现了问题,然后我优化了流程,最终让事情变得更好。"

HR听完可能会想:"具体是怎么优化的?优化后效果如何?"如果你的回答缺乏具体的行动细节和数据支持,HR很难相信你的能力。一个真正有说服力的答案,应该让HR"看到"你的思考过程,而不是让他们自己去猜。

高分解析 怎样回答才能让HR眼前一亮?

在回答这类问题时,我们可以用STAR法则,让回答更有逻辑、更具吸引力。

高分示范 1：针对投行市场部岗位

"在××投行的市场分析实习期间，我遇到过一个极具挑战的问题。当时，团队负责准备一份关于某行业并购趋势的研究报告，而我被分配的任务是分析过去五年的行业并购数据。但当我开始整理数据时，发现信息非常分散，公开数据缺失严重，导致我们的研究结论可能会出现偏差。当时我的挑战是：如何在短时间内获取可靠的数据，确保研究的准确性？我首先尝试通过公开数据库查找信息，但很快发现数据不完整。于是，我主动联系了公司的行业研究团队，请教他们如何获取更完整的市场数据，并在他们的建议下，尝试使用新的方式进行数据筛选。同时，我还研究了投行的过往交易公告，手动整理了一份行业并购案例库，以补充数据缺口。

最终，我整理出的数据集比最初的版本更完整，研究报告得到了团队的认可，并被用于客户简报。这次经历让我深刻体会到，在投行工作，数据的准确性决定了一切，而当我们遇到信息不足的情况时，主动寻找多种解决方案，而不是被动等待，才是高效工作的关键。"

这个回答之所以加分，是因为它展示了求职者的数据分析能力、主动性以及对行业工具的熟练使用，让 HR 能够清晰地看到他的思考过程和实际执行力。

高分示范 2：针对资产管理公司岗位

"我在××资产管理公司的实习中，曾负责分析一只基金的历史表现，以支持团队的投资决策。但当时的情况比较复杂，这只基金的历史回报率波动较大，我们很难判断是市场因素造成的,还是基金本身的策略存在问题。如果分析不清楚,可能会影响团队对这只基金的投资建议。

面对这个挑战,我首先回顾了基金的财务报表和投资策略,发现它的资产配置和市场环境的联动性较高。但要想进一步验证这一点,我决定从数据的角度出发,利用 Python 构建了一个回归分析模型,测试该基金的表现与市场指数的相关性。通过分析过去三年的数据,我发现这只基金的收益与某些宏观经济指标(如利率变动)存在较强的关联,而并非管理团队的策略失误导致波动。

基于这个分析结果,我向团队提出了一个调整投资组合的建议,并在后续的投资决策讨论会上得到了认可。这次经历让我意识到,在资产管理行业,数据分析不仅是辅助工具,它还是决策过程中至关重要的一环。如果我们能用更严谨的分析方法去验证市场假设,就能更好地控制投资风险,提高决策的准确性。"

这个回答之所以不错,是因为它不仅展现了求职者的数据分析能力和编程技能,还突出了他在复杂问题中找到关键变量的思维方式,这正是资产管理行业需要的能力。

实战练习　分享一个成功解决复杂问题的例子

试着写一个符合自身经历的答案,并检查以下三个关键点:
(1)你的回答是否遵循"情境—任务—行动—结果"的逻辑?
(2)你的问题是否足够有挑战性,能够体现你的能力?
(3)你的行动细节是否足够具体,而不仅仅是"我解决了问题"这样的空泛描述?

你可以这样开头：

"在××××经历中,我遇到了××××问题。面对这个挑战,我采取了××××措施,最终××××(结果)。这次经历让我学会了××××。"

3.3.3 面对失败的经历,你是如何调整的?

题目拆解　HR 为什么要问这个问题?

失败对每个人来说都是避不开的经历,而 HR 之所以问这个问题,并不是想让你回忆那些让你尴尬的时刻,而是想看看你是怎么面对失败的。职场上,谁都可能遇到挫折,关键不在于你有没有失败,而是你会怎么处理它。你是那种遇到问题就选择逃避的人,还是能迅速冷静下来,找出问题所在,并调整策略的人?

如果你能在这个问题上展现出自己的反思能力、学习能力和调整能力,HR 会觉得你是一个成长型思维的人,值得信赖。但如果你只是简单地描述自己曾经失败过,而没有讲清楚你是如何调整和改进的,那 HR 可能会觉得你缺乏复盘意识,对你的未来发展也不会太有信心。

错误示例　这些回答会让 HR "出戏"

错误示例 1：回避问题,不愿承认失败

"我很少经历失败,因为我在做每件事前都会做好充分准备。"

HR 听完后的反应可能是："真的吗? 一次失败都没有?"在

职场上,失败是很正常的。一个不愿意承认失败的人,可能意味着他缺乏反思能力,甚至在未来遇到问题时不会改进自己。因此,面对这个问题,正确的做法是坦诚面对自己的失败,但同时强调自己如何从中成长。

错误示例 2:只描述失败,没有提出调整策略

"我曾在一场竞赛中失利,结果没能进入决赛。"

HR 听完可能会想:"那然后呢?你学到了什么?"描述失败时,如果你的回答只是"发生了什么",而没有讲清楚"之后你做了什么调整",HR 会认为你只是一个被动接受结果的人,而不是一个有成长意识的人。

错误示例 3:失败过于严重,影响 HR 对你的信任

"我在实习时,因为一次数据处理的失误,导致客户损失了一大笔钱,公司不得不赔偿。"

HR 听完可能会想:"这个人是不是不够细心?如果未来在我们公司犯同样的错误怎么办?"回答失败经历时,不要选择可能让 HR 对你产生负面印象的失败案例。比如涉及泄露公司机密、重大失误、违反职业道德等问题,这些都会让 HR 产生顾虑,影响你的录用机会。

高分解析 怎样回答才能让 HR 眼前一亮?

一个好的回答,应该遵循"失败背景—自我反思—调整策略—成长收获"的逻辑,让 HR 看到你的适应能力和改进能力。

高分示范 1:针对商业分析师岗位

"在××银行的实习中,我曾经遇到过一次让我印象深刻的失败经历。当时,我负责协助团队分析某个行业的信贷风险,整理了一份风险评估报告。但由于我当时对行业细节了解不够深入,导致报告中的某些数据解读出现偏差,最终这份报告在团队讨论会上被主管直接否定。

当下我感到很挫败,但我并没有停留在失落中,而是主动请教主管,了解自己在哪些地方做得不够。主管告诉我,在分析行业风险时,单靠财务数据是不够的,还需要结合行业趋势、市场竞争格局等因素。

意识到自己的不足后,我开始调整方法,在后续的项目中,我不仅查阅财务数据,还主动订阅行业研究报告,关注政策动态,并请教团队中的资深分析师,学习他们的研究方法。

最终,在实习的最后一个月,我独立完成了一份行业分析报告,并得到了团队的认可。这次经历让我深刻认识到,银行分析不仅仅是数据推演,更需要对行业有深刻的理解。而在面对失败时,快速调整策略、补足短板,才能让自己变得更强。"

这个回答的亮点在于,求职者坦诚承认了失败,但没有陷入消极情绪,而是主动寻找改进方法,并最终提升了自己的专业能力,而这种成长型心态,是 HR 非常看重的品质。

高分示范 2:针对证券研究员岗位

"在××证券公司实习时,我曾尝试一项股票估值模型的构建工作。我的任务是收集上市公司的财务数据,并建立 DCF(现金流折现)模型,为团队提供估值参考。由于我对模型的某些假设没有考虑周全,导致最终估值结果与市场价格出现较大偏差。当时,我意识到自己犯了一个低级错误,但我没有回避,而是迅速行动,找到了问题所在。我复盘了模型的每一个假设,并向研究员请教,最终发现问题出在折现率的选取上。我之前默认使用的是行业平均数据,但实际上,每家公司都有其独特的风险系数,应该做更细致的调整。

为了弥补这个失误,我重新学习了风险调整模型,并在接下来的任务中,加入了更加精细化的参数调整,确保估值模型的准确性。

最终,在实习结束前,我基于新方法构建的模型,成功预测了一家公司的股价趋势,并被团队用于正式的投资分析报告。这次经历让我认识到,在证券分析领域,任何一个数据假设都不能掉以轻心,而快速复盘、持续优化自己的方法,才是成为优秀研究员的关键。"

这个回答之所以加分,是因为它展示了求职者的数据分析能力、逻辑思维能力,以及在失败后迅速改进的能力,这些都是金融行业非常看重的素质。

实战练习 面对失败经历,你是如何调整的?

试着写一个符合自身经历的答案,并检查以下三个关键点:

(1)你的回答是否遵循"失败背景—自我反思—调整策略—成长收获"的逻辑?

(2)你的失败是否在可控范围内,不会影响 HR 对你的信任?

(3)你的行动是否足够具体,而不仅仅是"我意识到问题,然后改正了"这种模糊表述?

你可以这样开头:

"在××××经历中,我遇到了××××问题。意识到自己的错误后,我采取了××××调整方式,最终××××(结果)。这次经历让我学会了××××。"

3.3.4 谈一下你是如何推动某个项目获得成功的?

题目拆解 HR 为什么要问这个问题?

在工作中,推动一个项目成功并不是简单地完成自己的任务,而是需要协调资源、解决突发问题,并确保事情按计划推进。

HR 问你这个问题,并不是想听一个成功故事,而是想看看你在团队中的作用,如何应对挑战,以及你的执行力和推动能力如何。

如果你的回答只是简单地描述"项目完成了",但没有讲清楚自己在其中的贡献,HR 可能会觉得你只是个执行者,而不是一个能真正推动事情进展的人。

所以,这道题的核心不在于"项目有多重要",而是你在其中做了什么?遇到了什么挑战?如何克服?最终带来了什么结果?你的回答需要展现你的主动性、团队协作能力和解决问题的能力,才能真正打动 HR。

错误示例 这些回答会让 HR"出戏"

错误示例 1:模糊描述,没有具体行动

"在大学时,我参与了一个市场推广项目,最终取得了很好的成绩。"

HR听完可能会想:"到底是怎么做到的?你在这个项目里起到了什么作用?"如果你的回答只是简单地讲"项目成功了",但没有讲清楚你做了什么,HR就很难判断你的实际能力。

错误示例2:只强调团队贡献,没有突出个人作用

"我们团队分工合作,大家都很努力,最后顺利完成了项目。"

HR可能会想:"你本人具体做了什么?如果没有你,这个项目还能成功吗?"一个好的回答应该既体现团队协作,又能突出你的个人贡献,不能让HR觉得你只是个"旁观者"。

错误示例3:职责过大,不符合实习生身份

"在实习时,我主导了一个公司级的战略项目,负责所有的市场分析和决策。"

HR听完可能会想:"一个实习生真的会负责这么大的事情?"面试时,夸大自己的职责不仅不可信,还可能让HR对你的诚实度产生质疑。一个好的回答应该选择符合实习生身份的职责,比如数据整理、市场调研、文档撰写、跨部门沟通等,而不是直接"主导"或者"负责"整个项目。

高分解析 怎样回答才能让HR眼前一亮?

一个好的回答,应该遵循"项目背景—挑战与难点—自我行动—最终成果"的逻辑,让HR看到你的执行力、推动能力和问题解决能力。

高分示范1:针对投行行业研究助理实习

"在××投行的实习期间,我曾协助一个行业研究项目,目的是分析某细分行业的市场趋势,为团队的投资报告提供支持。但在数据收集阶段,我发现公开数据非常零散,导致我们无法快速建立一套完整的行业分析框架。

如果数据问题不解决,研究报告的质量将大打折扣。于是,我开始整理现有数据,并主动联系团队中的资深分析师,学习如何使用 Python 提取更精准的数据。此外,我还查阅了投行过往的行业分析报告,对比不同数据来源的可靠性,最终筛选出一套完整的数据集。

最终,我们的行业分析数据比原计划提前两天完成,节省了团队的研究时间,并被用于最终的投资报告中。这次经历让我认识到,在投行工作中,数据的完整性至关重要,而作为研究助理,学会高效获取数据并优化整理方式,才能真正地为团队创造价值。"

这个回答之所以加分,是因为它展现了求职者在实习岗位上的真实职责,并强调了他如何通过主动学习和数据整合,提高团队的工作效率。整个案例符合实习生的实际能力范围,既没有夸大,也展现了价值。

高分示范 2:针对商业银行信用评估实习

"在××银行的信用评估团队实习时,我负责协助整理小微企业的信用评级数据,帮助团队优化信用评估模型。但在数据整理过程中,我发现很多企业的信用记录信息缺失,导致评级计算存在偏差。

如果不优化数据处理方式,评级模型的准确性可能会受到影响。于是,我对缺失数据进行了详细分类,分析了哪些信息是必要的,并与团队成员讨论了可能的解决方案。最终,我们决定通过政府公开数据和企业财报补充部分缺失信息,并在模型中加入了风险调整系数,以提高评估的准确度。

最终,优化后的模型在测试中提升了15%的准确率,团队对这个改进方案给予了肯定,并在后续的评估流程中采纳了这一做法。这次经历让我认识到,在银行风控工作中,细节决定了风险控制的质量,而哪怕只是优化数据整理的方式,也能对团队的工作产生实际影响。"

这个回答突出了求职者在实习岗位上的数据分析能力、问题解决能力和团队协作能力,并且整个故事符合实习生的实际职责,没有夸张的内容,让HR更容易相信。

实战练习 谈一下你是如何推动某个项目获得成功的?

试着写一个符合自身经历的答案,并检查以下四个关键点:

(1) 你的回答是否遵循"项目背景—挑战与难点—你的行动—最终成果"的逻辑?

(2) 你的回答是否突出了你的个人贡献,而不仅仅是团队合作?

(3) 你的行动是否具体,而不是笼统地说"我做了很多事情"?

(4) 你的项目职责是否符合实习生或求职者的身份,没有夸大?

你可以这样开头:

"在××××经历中,我参与了××××项目。过程中遇到了××××挑战,为了解决这个问题,我采取了××××行动,最终××××(结果)。这次经历让我学会了××××。"

3.3.5 你曾经如何在短时间内掌握一项技能?

题目拆解　HR 为什么要问这个问题?

在职场上,学习能力往往比已有技能更重要。技术更新迭代迅速,市场环境瞬息万变,企业希望招聘的人,不仅是"现在能做事的",更是"未来能不断适应挑战、快速成长的"。

HR 问这个问题,不是单纯想听你学过什么,而是想看你面对新领域时的适应能力、学习策略,以及你是否能够在短时间内将新知识转化为实际成果。

如果你的回答只是"我学了××技能,然后掌握了",HR 可能不会认可。HR 真正想看到的是你如何学习? 你遇到过什么困难? 你是如何克服的? 最终的学习成果是什么?

错误示例　这些回答会让 HR"出戏"

错误示例 1:学习过程太模糊,没有细节

"我在实习时学习了 Python,后来用它做了一些数据分析。"

HR 听完可能会想:"具体是怎么学的? 遇到什么困难? 如何应用的?"如果你的回答只是一句概括,而没有具体的学习过程,HR 很难判断你的学习能力到底怎样。

错误示例 2:只讲学习经过,没有展现成果

"我花了两周时间学习了 SQL,感觉自己进步很大。"

HR听完可能会想:"然后呢?学完之后做了什么?有没有实际应用?"如果学习没有带来成果,HR可能会觉得你的学习只是"浅尝辄止",而不是"真正掌握"。

错误示例3:夸大学习成果,不符合实际情况

"我花了一周时间学习AI算法,现在已经能独立开发深度学习模型了。"

HR听完可能会想:"真的吗?一周就能掌握AI算法?"学习能力很重要,但过度夸大自己的学习成果,反而会让HR怀疑你的诚实度,面试时,真实、诚信最为重要。

高分解析　怎样回答才能让HR眼前一亮?

一个优秀的回答,应该遵循"学习背景—学习策略—挑战与突破—最终成果"的逻辑,让HR看到你的学习过程、思维方式和实际成果。

高分示范1:针对科技公司数据分析岗

"在××公司的实习中,我的任务是分析用户行为数据,但当时我对SQL并不熟练,而SQL是团队日常使用的核心工具。为了不影响工作效率,我决定在最短时间内掌握SQL查询,并能应用到实际分析中。

我首先找了一些关于SQL的在线教程,花了三天时间系统学习基础语法。但我很快发现,仅仅看课程是不够的,实际应用时,我经常被复杂的查询逻辑卡住。于是,我改变策略,把公司数据库的真实查询案例作为练习对象,每天自己写SQL语句,并让同事帮忙检查优化。

经过两周的高强度练习,我已经能独立编写复杂SQL查询,并在团队的数据分析报告中应用我的查询结果。其中,我优化了一项查询逻辑,使得数据处理时间减少了30%,这个改进得到了团队的认可,并被写入内部SQL优化指南。这次经历让我认识到,高效学习不仅是理解理论,更重要的是结合实际场景不断练习,并及时调整学习策略。"

这个回答的亮点在于,它展现了求职者的自学能力、实践能力以及通过学习带来的实际成果,而不是单纯地讲"我学了××技能"。

高分示范2:针对科技公司产品经理岗

"在××公司的实习期间,我的主管希望我能使用Axure制作交互原型,但当时我从未接触过这款软件,面对紧迫的项目进度,我需要在极短时间内掌握这项技能。

我首先找了官方教程,从基本的界面搭建开始练习,但我很快发现,只学基础功能是不够的,真正的难点在于交互逻辑的设计。于是,我换了一种方法,去找了团队之前的高质量原型,拆解它们的交互逻辑,并模仿搭建类似的界面。

在不到一周的时间里,我完成了第一个完整的产品原型,并且能够使用Axure的动态面板和交互功能来模拟真实用户操作。最终,我提交的原型在团队评审中获得通过,并被用于正式的用户测试环节。

这次经历让我意识到,学习新工具不仅仅是掌握功能,更重要的是理解它的核心逻辑,并通过模仿和实践快速上手。"

这个回答展示了求职者的快速学习能力、灵活的学习方法以及在短时间内交付成果的能力,符合科技公司的用人需求。

实战练习　你曾经如何在短时间内掌握一个技能?

试着写一个符合自身经历的答案,并检查以下四个关键点:

(1) 你的回答是否遵循"学习背景—学习策略—挑战与突破—最终成果"的逻辑?

(2) 你的学习过程是否足够具体,而不仅仅是"我学了××"?

(3) 你的学习成果是否有实际应用,而不仅仅是"我掌握了××技能"?

(4) 你的回答是否展现了思考能力,而不仅仅是机械地学习?

你可以这样开头:

"在××××经历中,我需要在短时间内掌握××××技能。起初,我通过××××方式入门,但很快发现××××困难。于是,我调整策略,采用××××方法进行强化训练。最终,我成功完成××××任务,并通过这次经历掌握了××××学习方法。"

3.3.6　案例剖析:靠这一招,三年拿到七个 offer

"英本三年制,时间这么紧,哪有机会实习?"

"Spring Week 竞争那么激烈,没拿到是不是就没戏了?"

"投行和咨询的 Graduate offer 难度太大,真能拿下多个吗?"

这些问题,David 在大一刚入学时也曾疑惑过。作为一个普通背景的英国本科生，他对求职几乎一无所知，但在短短三年内，他通过系统规划和高效准备，最终拿下了投行和咨询行业共七个offer，成为同届学生里的佼佼者。

他的成功不是偶然，而是每一步都踩在了正确的时间点上，每个关键决策都经过深思熟虑。更重要的是，在这三年里，我们一路为他提供了从 Spring Week 到 Graduate offer 的全流程辅导，帮他绕开了弯路，也让他的求职之路比别人快了好几倍。

但如果你认为他是在简历和技术实力上碾压了竞争者，那就错了。真正让 HR 认可他的，不是完美的背景，而是他在每一场面试中，用故事让面试官看到一个有潜力、有成长性的人。可以说，他的求职成功，基本都靠"讲故事"。

大一的 Spring Week，他用故事补足了简历短板。

David 刚进入大学时，和大多数人一样，对求职没有概念，甚至连 Spring Week 是什么都不知道。直到某次职业讲座上，他听学长提到，进入投行或咨询业，Spring Week 是第一道门槛，他才意识到，如果想进这些顶级公司，自己必须比别人提前行动。

但问题是，大一的他没有实习经验，也不清楚如何准备。我们帮他分析了简历，发现他虽然没有正式的职场经历，但在大学前曾组织过社会实践，还有一些志愿者项目。虽然这些经历看似和投行、咨询业没太大关系，但如果挖掘得当，其实能很好地展现团队协作、数据分析、沟通能力等软技能。于是，我们引导他用"可迁移技能"的方式，重新优化简历，让他的背景看起来更符合顶级公司的要求。

但简历只是敲门砖，真正决定 Spring Week 能不能拿下的，还是面试。在一对一训练时,我们发现,他习惯用简单的陈述来回答面试问题,比如"我在学生会组织过大型活动""我曾在志愿者项目中帮助社区发展"。这些回答没错,但缺少画面感,HR听完后不会留下深刻印象。

于是,我们训练他用故事化表达法。当他讲到学生组织经历时,我们引导他描述当时面临的挑战、他的具体行动,以及最终的影响。比如,他如何在活动前两周发现预算不足,如何说服学校提供额外资金,最终让500人的活动顺利举办。当他讲到志愿者经历时,我们让他讲出一个具体的服务对象,描述他们的困难,以及他的工作如何真正帮助了他们。

这个小小的改变,让他的面试表现从"普通"变成"吸引人"。最终,他成功拿下两家投行和一家咨询公司的Spring Week offer。

大二的Summer Intern用故事展现自己的商业思维。

Summer Intern是投行和咨询行业的"决胜局",因为大多数公司会直接从实习生中挑选正式员工。虽然David已经有了Spring Week的经历,但Summer Intern的竞争比Spring Week更激烈,因为所有申请者都有相关经验,背景差距缩小,想要脱颖而出,必须靠面试展现自己的商业思维和实际价值。

这一次,我们帮他重新打磨了他的面试策略。大部分同学在面试时,会习惯性地回答"我在Spring Week做了什么",但HR真正想听的是——你在Spring Week学到了什么?你的成长在哪里?

于是,我们帮他用故事来回答。比如,当面试官问"Spring

Week 中你遇到的最大挑战是什么"时,他并没有直接说"时间很短,信息量很大",而是具体描述了他在投行 Spring Week 期间,如何在一天之内学习一整套估值模型,并在最后的模拟投资竞赛中说服团队采用他的分析方案。这个回答不仅展示了他的学习能力,也展现了他的商业分析能力。

最终,他斩获了两家顶级投行和两家咨询公司的 Summer Intern offer,其中一家投行甚至在实习期间就承诺给他 Return offer(实习结束后可直接转正)。

大三的正式秋招 Graduate,他用故事让 HR 看到自己的长期价值。

有了 Summer Intern 的 Return offer,David 本可以直接接受,但他仍然希望看看自己是否能挑战更好的公司。在我们的建议下,他同时申请了多家投行和咨询公司的 Graduate Program,确保自己有更多的选择权。

在秋招面试中,故事的作用更加明显。面对经验丰富的面试官,仅仅讲述自己做了什么已经不够,他们更想看到的是,你如何从过往经历中成长,并能将这些经验带到新岗位上。

比如,在一场咨询公司的面试中,面试官问他:"你曾主导过什么影响较大的项目?"他没有直接讲 Summer Intern 时的数据分析工作,而是讲述了自己在投行实习时,如何用一个 Excel 自动化工具,帮助团队减少 20% 的数据处理时间。这不仅让面试官看到他的商业价值,也展现了他的主动思考的能力和改进意识。

最终,他在秋招中拿到了三家投行和两家咨询公司的 Graduate offer。加上之前的 Return offer,他在三年内累计收获了7个offer，成为同届同学里的"offer收割机"。

因此，我们总结一下，David的成功，不是因为他的背景比别人强，而是因为他在面试中，把自己的经历讲成了一个个能打动HR的故事。他的每一次成功，都来自能让HR"看到"他的成长、思维方式和商业价值。

Spring Week时，他用故事让HR看到他的潜力；

Summer Intern时，他用故事展现他的商业思维；

Graduate面试时，他用故事让HR相信他能在公司长期发展。

面试不是考试，而是一个让HR"认识你"的过程，你的经历不需要完美，但你的表达方式可以让它变得有吸引力。如果你能像David一样，用故事讲述你的成长，你的面试通过率也会提升好几倍。

第 4 章

面试实战题精讲——知彼篇

4.1 面试答案，HR 其实已经告诉了你

很多求职者把面试当成一场"突击战"，背了一堆"标准答案"，生怕自己说错。但事实上，真正高分的面试表现，取决于你是否能精准对标岗位需求，把 HR 想听的答案说出来。

你可能会问："HR 怎么可能直接告诉我答案？"其实，HR 早就把答案藏在了招聘岗位描述、公司官网、面试官的问题和反馈中，只是很多人没有意识到这一点，导致他们在面试中"自嗨式"输出，和 HR 的预期完全不匹配，最终被淘汰。

真正聪明的求职者，不是准备一堆"标准回答"，而是学会解读 HR 的思维逻辑，从他们的言语和暗示中，精准提取关键信息，调整自己的表达。当你的回答能够自然地对接岗位需求，让 HR 觉得"这个人就是我们要找的"，那你的录取率就会远高于那些死记硬背的竞争者。

那么，HR 到底是如何在面试中暗示答案的？我们在这一章节将系统展开介绍。

4.1.1 你为什么选择投递这个岗位？

> **题目拆解** HR 为什么要问这个问题？

你可能觉得，这道题的答案很简单："因为我喜欢这个岗位，

觉得自己很适合。"但如果你真的这么回答,HR大概率会觉得你的理由太空泛,不够有说服力。

HR问这个问题,并不是想听你夸公司有多好,而是想判断你是否真正了解岗位职责,清楚自己适不适合,并且愿意长期发展。

换句话说,HR希望通过你的回答,确认你是不是认真研究过这个岗位,清楚自己为什么投递,而不是随便找份工作糊弄面试。如果你的回答只是"我觉得这个岗位挺有前景""我一直对这个行业感兴趣",HR可能会觉得你只是泛泛而谈,缺乏真正的求职意愿。

那么,我们到底如何通过招聘岗位描述精准获取岗位需求?我们可以按照下面这个方法进行分析:

(1)拆解岗位职责,抓住核心关键词。岗位描述里的每条职责都是HR希望你能胜任的工作内容,比如"市场分析""数据建模""客户沟通",实际上就是HR希望你具备的能力,我们需要圈出岗位描述中出现频率最高的关键词,这些就是HR最看重的技能点。

(2)对比自己的经历,找到匹配点。你的简历上有没有和岗位描述相似的经历?比如,如果岗位描述强调"团队协作",你就可以用实习中与不同部门合作的经历来匹配。当然,如果你没有完全符合的经历,也可以用"可迁移技能"来弥补,比如你没做过市场分析,但做过数据分析,这也能展现你的逻辑思维能力。

(3)研究公司文化,判断你的长期适配度。岗位描述的最后几条通常会写"我们希望你是……"然后列举一些软技能,比如"自驱力强""有良好的沟通能力"。这些内容并不是随便写的,而是这个公司的文化偏好。那么你可以通过公司官网、招聘宣讲会、社交媒体,了解他们的企业文化,并在面试时用你的经历展现出自己符合这种文化,让 HR 觉得你是他们想要的人。

当你把这些信息都分析透彻后,你就能在面试中精准对应岗位需求,而不是泛泛而谈。当你的回答能让 HR 感觉到"这个人确实适合这个岗位",你的录取概率就会大幅度提升。

错误示例　这些回答会让 HR"出戏"

错误示例 1:空洞无物,缺乏针对性

"我觉得贵公司是行业顶尖企业,岗位发展前景很好,所以我很想加入。"

HR 的内心可能会想:"你到底是对公司有研究,还是只是套用了一个万能模板?"这句话听起来很热情,但 HR 听完却毫无感觉,因为它适用于任何公司、任何岗位,没有任何具体信息。

错误示例 2:全程夸公司,没讲自己

"我很欣赏贵公司的文化和价值观,觉得贵公司一直在行业中保持领先,我非常希望能成为贵公司的一员。"

HR 的内心可能会想:"你说的这些,和这个岗位的实际工作有什么关系?"HR 当然希望你认可公司,但他们更想知道的是——你能为这个岗位带来什么价值?你的经历如何匹配?

错误示例 3:动机不够坚定,容易跳槽

"我最近在找工作,觉得这个岗位和我的专业有一定相关性,所以想试试看。"

HR 的内心可能会想:"如果只是'试试看',那你很可能对岗位没有长期投入,我们为什么要选你?"这种回答暴露了你的"骑驴找马"心态,HR会怀疑你是否真的愿意长期在这个岗位上发展。

高分解析　怎样回答才能让HR眼前一亮?

一个优秀的回答,需要满足以下三点:

(1)明确表达你对岗位的了解,展现你做过研究,知道这个岗位的核心职责。

(2)结合自己的经历和能力,精准匹配岗位要求,让HR觉得你是合适人选。

(3)展现你的长期求职动机和发展方向,让HR相信你不会轻易离开。

高分示范1:针对投行市场分析岗

"我之所以选择这个岗位,主要有两个原因。首先,我对资本市场有着长期的兴趣,并在求学过程中不断深化自己的市场研究能力。在××大学就读期间,我选修了金融衍生品和资产定价相关课程,掌握了基本的市场分析方法。在××公司的实习中,我协助团队整理了过去五年的并购交易数据,并撰写了一份市场趋势分析报告,最终被团队采用,作为客户简报的一部分。

其次,我的个人能力与岗位要求高度契合。这个岗位需要较强的数据分析和财务建模能力,而在实习期间,我学习并实践了DCF估值模型,并能够独立完成市场数据清理和可视化工作。这些经历让我更确信,自己具备胜任该岗位的核心技能,并且能够快速上手,为团队创造价值。"

高分示范 2：针对咨询公司商业分析岗

"我选择这个岗位，主要是因为我的职业规划和能力都与咨询行业高度匹配。在求学过程中，我对数据驱动的商业决策产生了浓厚兴趣，并通过案例分析和实习积累了相关经验。在××大学的商业分析课程中，我曾主导一项市场进入策略分析，并在全国商业案例竞赛中获得一等奖。此外，在××咨询公司的实习中，我协助团队完成了一项针对零售行业的市场调研，最终撰写的报告被团队用于客户汇报。同时，我的工作方式和咨询岗位的要求高度一致。这个岗位需要快速学习、分析问题并提出可行方案，而在实习期间，我曾在短时间内梳理大量数据，并在客户会议上提供基于数据的商业建议。这些经历让我更加确信，自己适合在咨询行业发展，并希望能在贵公司获得更深入的行业经验。"

实战练习　你为什么选择投递这个岗位？

试着写一个符合自身经历的答案，并检查以下三个关键点：

(1) 你的回答是否精准对应岗位需求？

(2) 你的经历是否有实际支撑，而不是泛泛而谈？

(3) 你的求职动机是否明确，能让 HR 相信你愿意长期发展？

4.1.2　你对我们公司了解多少？

题目拆解　HR 为什么要问这个问题？

"请问，你对我们公司了解多少？"

这道题看似简单,很多求职者都会下意识地回答:"我在官网上看了贵公司的介绍,知道贵公司是行业内的领导者,最近还推出了×××产品……"但 HR 听完后,大概率不会有积极反应,甚至可能觉得你的回答流于表面,缺乏深度。

HR 问这个问题,并不是让你背公司简介,而是想判断你到底有没有做过功课,是否真正了解公司的业务逻辑,能否与公司的文化和发展方向匹配。

如果你的回答只是简单复述官网信息,那在 HR 眼里,你可能只是随便投了份简历,连最基础的研究都没有做。而如果你的回答能结合公司的业务重点、行业竞争态势和岗位匹配度,HR 就会觉得你是认真考虑过这个机会的,而不是"骑驴找马"随便试试。

要回答好这个问题,你需要做三件事:

(1)了解公司的核心业务和最新动态,不能只是停留在"公司是行业领先者"这种表面信息。

(2)分析公司在行业中的竞争优势,它是如何与其他公司区分开来的。

(3)结合你的岗位,分析这个岗位在公司整体发展中的定位,是否能支撑公司的长期发展战略。

错误示例　这些回答会让 HR"出戏"

错误示例 1:背诵公司简介,毫无个人理解

"贵公司成立于 2005 年,是行业内的领导者,拥有丰富的经验,并在全球拥有多个分支机构……"

HR 可能会想:"这些内容,我们的官网上就有啊!你是直接

复制粘贴的吗?"这个回答的问题在于太过表面,没有任何自己的思考,HR完全感受不到你的研究深度。

错误示例2:只讲行业,不讲公司

"我对××行业非常感兴趣,××行业近年来发展迅速,预计未来几年市场规模会持续增长……"

HR可能会想:"OK,行业是这样,那我们公司呢?你觉得我们公司和竞争对手相比,有什么独特之处?"这个回答的问题是:只讲了大趋势,没有提到公司的具体优势,HR无法判断你对公司的认知深度。

错误示例3:满篇套话,没有具体内容

"贵公司是行业领先企业,市场影响力大,员工待遇好,企业文化优秀,因此我非常希望加入。"

HR听完可能会想:"这些话适用于任何一家公司,你真的研究过我们公司吗?"这个回答用了一堆套话,看似很积极,但没有任何实际信息,完全不走心。

高分解析 怎样回答才能让HR眼前一亮?

一个优秀的回答,应该遵循"行业趋势→公司定位→岗位匹配"的逻辑,让HR看到你的深度研究和个性化理解。

高分示范1:针对科技公司产品经理岗

"我对贵公司的关注,最早是因为××产品的推出。作为一个关注科技行业的人,我看到贵公司近几年在××领域的布局非常前瞻,比如××产品的市场占有率逐年提升,最近还推出了××功能,这些创新方向让我印象深刻。

除了产品层面,贵公司在行业内的市场定位也很有特点。目前,很多竞争对手都在拼硬件参数,而贵公司更注重用户体验的整体优化,比如××技术的应用,使得产品在市场上建立了独特的竞争壁垒。

结合这个岗位,我认为贵公司对产品经理的要求和其他公司有所不同。其他公司可能更看重单一产品的增长,但贵公司更强调跨产品线的整合和用户体验的连贯性。我在××实习时,也曾参与类似的产品优化项目,因此我相信自己可以快速融入团队,并在产品策略方面贡献自己的力量。"

这个回答的亮点在于,它不是简单地背诵公司介绍,而是从产品、行业定位、岗位特点三个角度展现了求职者的研究深度,并且能够结合自身经历,精准匹配岗位需求。

高分示范 2:针对投行并购分析师岗

"我一直在关注贵公司的并购交易,尤其是过去三年在××行业的几次重大并购案。从公开信息来看,贵公司在并购策略上更倾向于垂直整合,而非简单的规模扩张,这种投资逻辑让我印象深刻。

除了交易策略,贵公司在行业中的定位也非常独特。目前,很多投行都在加速布局科技行业,而贵公司在××领域的交易数量持续增长,并且以精准的市场判断著称,比如最近××交易的成功落地,就展现了贵公司对行业趋势的前瞻性。

结合我的背景,我认为贵公司的工作模式非常适合我。我在××公司的实习经历中,曾协助团队分析某项并购交易的市场影响,并撰写行业分析报告,这段经历让我对并购业务有了更深的理解。我希望能在贵公司继续深耕这个领域,并在交易执行和市场分析方面不断提升自己的专业能力。"

这个回答为什么能打动 HR？因为它不仅展现了对公司并购策略的深入研究，还结合了自己的实习经历，明确表达了自己为什么适合加入公司。

实战练习　你对我们公司了解多少？

试着写一个符合自身经历的答案，并检查以下三个关键点：

（1）你的回答是否展示了你对公司业务的深度理解？

（2）你的回答是否结合行业趋势，展现了你的商业分析能力？

（3）你的经历是否与你对公司的认知匹配，而不是单纯地夸公司？

你可以这样开头：

"我对贵公司的关注，最早是因为×××……在行业中，贵公司的市场定位是×××，与竞争对手相比，它的独特优势在于×××……结合这个岗位的要求，我认为贵公司对××能力的重视与我的职业发展方向非常匹配，因为在××实习中，我曾……"

4.1.3　你对这个岗位的未来发展怎么看？

题目拆解　HR 为什么要问这个问题？

面试接近尾声时，HR 突然抛出这个问题："你怎么看待这个岗位的未来发展？"许多求职者的第一反应是："这不是公司该考虑的事情吗？我刚毕业，怎么可能知道行业未来的发展？"

但 HR 可不是随便问的。

这个问题背后的逻辑很简单——他们想知道你是否真正理解这个岗位的价值,是否有长期发展的规划,是否能跟上行业变化的步伐。毕竟,没有 HR 愿意招一个"打一枪换一个地方"的求职者。如果你的回答只是泛泛地讲"这个岗位前景很好""这个行业发展很快",HR 会觉得你根本没有认真思考过。

一个好的回答,应该体现三点:

(1)你对行业的基本认知——未来的发展趋势是什么?这个岗位在行业中的作用如何演变?

(2)你对岗位核心能力的理解——哪些技能会变得更重要?这个岗位会如何进化?

(3)你个人的成长路径——你的职业规划是否符合这个岗位的发展方向?你是如何准备的?

如果你的回答能够结合行业趋势、岗位变化和自身成长路径,HR 会觉得你不仅有思考,还真的为未来做好了准备。

错误示例　这些回答会让 HR "出戏"

错误示例 1:泛泛而谈,没有深度

"我觉得这个岗位未来的发展肯定会很好,毕竟行业一直在进步。"

HR 可能会想:"这种话放在哪个行业都适用。"这个回答没有提供具体的信息,看不出对行业的研究和思考。

错误示例 2:只讲岗位,不讲自己

"这个岗位未来可能会越来越数字化,很多流程会被自动化

技术取代。"

HR可能会想:"你说的没错,但这和你有什么关系?你准备怎么应对这些变化?"这个回答只分析了行业趋势,但没有展现自己如何在这个变化中成长。

错误示例3:过度理想化,脱离实际

"我认为这个岗位未来会迎来革命性的变革,所有的商业模式都会被颠覆。"

HR可能会想:"这位同学是不是太理想化了?有没有实际依据?"这个回答的问题是:缺乏现实依据,过度夸大趋势,显得不够成熟。

高分解析　怎样回答才能让HR眼前一亮?

一个优秀的回答,应该遵循"行业趋势→岗位变化→个人成长路径"的逻辑,让HR看到你的思考深度和职业规划。

高分示范1:针对数据分析师岗(科技/互联网行业)

"我认为数据分析师在未来几年将会经历两大重要变化。

首先,数据驱动的决策模式会越来越普及,数据分析的价值会进一步提升。过去,很多公司只是把数据分析当作一种辅助功能,但现在,越来越多的企业在业务决策中依赖数据,这使得数据分析师的角色从'报表生成'转向'商业洞察'。我看到贵公司最近推出了××数据平台,这进一步证明了公司在数据化运营上的投入。

其次,数据分析的技术门槛在提升,数据分析师需要掌握更多的技术技能。未来,SQL、Python等编程技能将成为行业标准,而AI和机器学习技术也会逐步融入数据分析工作。我在大学期间已经掌握了SQL,并在实习期间用Python完成过数据建模分析。我计划在未来进一步学习机器、学习算法,以确保自己能在行业发展中保持竞争力。

基于这些趋势,我希望能在贵公司的数据分析团队中不断成长,深入理解业务逻辑,并结合数据分析推动业务决策,最终成长为一名具备业务敏感度和技术深度的高级数据分析师。"

这个回答的亮点在于,它不仅精准预测了行业趋势,还结合了公司业务,展现了求职者的技能储备和职业规划,让HR看到他不是随便投简历,而是认真规划了自己的职业发展路径。

高分示范2:针对人力资源管理岗(外企/大型企业)

"我认为HR行业未来的发展方向,主要会受到两个因素的影响。首先,人才管理数字化将成为主流。过去,HR的工作更多依赖人工操作,但随着HR SaaS软件的兴起,越来越多的企业开始使用数据驱动的人才管理系统。贵公司最近在全球范围内推广了××人才管理平台,这正说明公司正在积极推动数字化转型,这让我对贵公司的发展方向更加认可。

其次,HR的角色将从'招聘管理'向'人才战略伙伴'转变。未来,HR不仅仅是招聘人员,而是需要更深入地参与到业务战略中,帮助企业优化人才配置,提高组织效率。我在××实习期间,曾协助HR团队分析员工流动数据,并参与了优化招聘流程的项目,这次经历让我深刻认识到HR在企业中的战略价值。

因此,我希望能在贵公司的人力资源团队中积累更多实践经验,学习如何通过数据和业务洞察驱动人才管理,最终成长为一名能够影响企业战略的HR专家。"

这个回答为什么能打动 HR？因为它不仅分析了 HR 行业的发展趋势，还结合了公司现有业务，并明确表达了自己未来的职业规划，让 HR 看到他是有目标、有准备的求职者。

实战练习　你对这个岗位的未来发展怎么看？

试着写一个符合自身经历的答案，并检查以下三个关键点：

（1）你的回答是否展示了你对行业趋势的理解？

（2）你的回答是否结合了岗位的变化，而不仅仅是泛泛地讲行业发展？

（3）你的职业规划是否符合岗位的发展方向，让 HR 相信你有长期发展的打算？

你可以这样开头：

"我认为这个岗位的未来发展趋势主要体现在×××和×××方面……在行业层面，×××正在成为主流趋势，而贵公司已经开始在×××方面布局……从岗位变化来看，未来×××能力会变得更加重要，因此我也在积极提升×××技能……结合我的职业规划，我希望未来能在×××方向上深入发展。"

4.1.4　你认为这个岗位最重要的三项能力是什么？

题目拆解　HR 为什么要问这个问题？

"你认为这个岗位最重要的三项能力是什么？"

这道题听起来像是考察你的岗位认知，但 HR 真正想了解的,远不止你对岗位职责的理解。他们想知道的是,你是否做过深入研究,你的思维方式如何,你的能力和岗位要求是否匹配。

如果你的回答过于泛泛,比如"沟通能力、团队合作、学习能力",HR可能会觉得你是在凑答案,因为这些能力适用于所有岗位,完全没有针对性。而如果你能结合行业特点、公司的业务模式和岗位的核心工作来回答,并且用自己的经历支撑,你的回答就会更具说服力。

错误示例　这些回答会让HR"出戏"

错误示例1:过于笼统,缺乏针对性

"我觉得这个岗位最重要的是沟通能力、团队协作和学习能力。"

HR可能会想:"这些能力当然重要,但适用于所有岗位。你到底有没有了解过这个岗位的核心要求?"这个回答有点太过泛泛,没有结合岗位特点,HR听完后无法判断你的思考深度。

错误示例2:只列举能力,不提供支撑

"我认为这个岗位需要数据分析能力、市场洞察能力和执行力。"

HR可能会想:"你为什么觉得这些能力重要?你自己有这些能力吗?有没有实际案例证明?"只是简单罗列能力,没有提供理由,也没有结合自身经历,因而缺乏说服力。

错误示例3:答案脱离现实,过于理想化

"我认为这个岗位需要创造力、领导力和全局思维。"

HR可能会想:"这些能力当然好,但对于一个应届生来说,能具备这些能力吗?"虽然听起来很高大上,但对一个初级岗位来说,这些能力未必是最核心的,显得脱离实际。

高分解析　怎样回答才能让HR眼前一亮?

一个优秀的回答,应该遵循"核心能力→岗位匹配→个人经历"的逻辑,让HR看到你的思考深度和实际能力。

高分示范1:针对产品运营岗(互联网行业)

"我认为产品运营岗最重要的三项能力是数据分析能力、用户洞察能力和跨部门协作能力。首先,数据分析能力是核心,因为互联网产品的优化高度依赖数据驱动。运营的决策,比如如何提升用户留存、优化转化率,都需要基于数据分析。我在××实习时,就曾利用SQL和Excel分析用户行为数据,发现某个功能的使用率低,并提出优化方案,最终提升了5%的用户留存率。其次,用户洞察能力也至关重要,因为运营的目标是理解用户需求并提升产品体验。在××项目中,我负责用户调研,通过问卷和访谈分析用户痛点,并据此优化了××功能,提高了用户满意度。这次经历让我意识到,运营不仅是执行任务,更重要的是通过用户洞察驱动业务增长。最后,跨部门协作能力同样重要,因为运营需要和产品、技术、市场等多个团队合作。在××实习时,我与产品经理和设计师密切沟通,推动了一次活动策划的落地。这次经验让我意识到,一个优秀的运营,必须能够高效沟通,协调各方资源,推动项目落地。因此,我相信我的背景和实习经历,使我具备了匹配该岗位的核心能力,也让我对未来在运营方向的发展充满信心。"

这个回答不仅精准指出了岗位的核心能力,还结合了自己的实习经历,让 HR 相信他是真的具备这些能力,而不是随口说说。

高分示范 2：针对投资分析岗（金融行业）

"我认为投资分析岗最重要的三项能力是财务分析能力、行业研究能力和逻辑推理能力。首先,财务分析能力是基础,因为投资分析师需要通过财务数据评估企业价值。在××公司实习期间,我分析过多家上市公司的财务报表,使用 DCF 估值法测算企业价值,并撰写投资建议报告。这段经历让我掌握了财务数据分析的核心方法,也培养了我的商业敏感度。其次,行业研究能力非常重要,因为投资决策不仅依赖财务数据,还需要对行业趋势有深刻理解。在××实习期间,我深入研究了新能源汽车行业的发展趋势,并分析了相关企业的竞争优势,最终撰写的行业报告被团队用于投资评估。这次经历让我意识到,投资分析不仅是看数据,还需要结合宏观环境和行业格局,才能做出精准判断。最后,逻辑推理能力是关键,因为投资决策需要在复杂信息中找到核心逻辑。在实习过程中,我曾协助团队分析一项跨国并购交易,通过拆解交易结构和市场反应,发现了潜在的风险点,并提出了调整建议。这次经历让我意识到,一个好的投资分析师,必须具备强大的逻辑思维能力,才能在海量信息中提炼出关键结论。因此,我认为这三项能力是投资分析岗的核心,而我的实习经历也让我具备了这些能力,为未来的职业发展打下了坚实的基础。"

这个回答为什么能打动 HR？因为它不仅准确提炼了岗位核心能力,还通过具体案例证明了自己具备这些能力,让 HR 觉得他是一个有准备、能胜任岗位的人。

实战练习 你认为这个岗位最重要的三项能力是什么?

试着写一个符合自身经历的答案,并检查以下三个关键点:

(1) 你的回答是否精准对应岗位需求?

(2) 你的经历是否能支撑你列出的能力,而不是随口说说?

(3) 你的回答是否有逻辑性,让 HR 能理解你的思考方式?

你可以这样开头:

"我认为这个岗位最重要的三项能力是×××、×××和×××。×××很重要,因为……我在××实习时,通过×××锻炼了这一能力……×××也非常关键,因为……结合我的实习经验,我在×××方面有过实践,并取得了××成果……最后,×××对于该岗位至关重要,因为……我在×××项目中,通过×××方式提升了这一能力……"

4.1.5 你对我们公司的某个产品有什么看法?

题目拆解 HR 为什么要问这个问题?

"你对我们公司的某个产品有什么看法?"

这个问题一出,很多求职者都会开始紧张。如果对公司产品研究不深入,就只能随便说几句表面的评价,比如"这个产品很不错""市场反馈很好",但这些回答很难让 HR 满意。

HR 问这个问题,是想观察你是否真正研究过公司的业务,是否具备商业思维,是否有分析和思考能力。他们希望你的回答能展现出以下三点：

（1）你是否熟悉公司的产品线，是否真的做过研究？

（2）你能否用专业的角度分析产品，而不仅仅是用户视角？

（3）你是否具备一定的市场洞察力，能提出合理的改进建议？

简单来说，HR希望看到的，不是"这个产品很好"，而是"你如何评价它的市场定位、产品竞争力，以及有哪些可以优化的地方"。如果你的回答既有深度，又能结合数据、行业趋势和用户需求，HR会对你的商业思维和逻辑能力留下深刻印象。

错误示例　这些回答会让HR"出戏"

错误示例1：过于表面，没有分析

"我觉得这个产品很好，用户评价也不错，市场表现挺好的。"

HR可能会想："你是在随便夸一句吗？有没有具体分析？"太过泛泛，缺乏深入分析，看不出求职者的商业思维。

错误示例2：只讲用户体验，不提市场和竞争

"这个产品的界面设计很友好，操作流畅，用户体验不错。"

这个回答仅仅从个人使用感受出发，没有站在更宏观的市场角度进行分析。

高分解析　怎样回答才能让HR眼前一亮？

一个优秀的回答，应该遵循"产品定位→市场表现→改进建议"的逻辑，让HR看到你的商业分析能力和实际思考深度。

高分示范1：针对互联网平台型产品（例如某电商平台）

"我选择分析贵公司的××产品，因为它是市场上独特的电商平台,定位于××用户群体。从市场角度来看,这个产品的竞争优势在于××,比如采用了××模式,能够更精准地匹配用户需求,同时提升了复购率。

从市场表现来看,该产品的增长速度较快,并且用户留存率较高。但相比竞争对手××,该产品的 SKU 覆盖面稍窄,部分品类的供货链条可能仍有优化空间。此外,最近行业内的一些新趋势,比如社交电商和直播带货模式,也值得关注。

如果要进一步优化,我建议可以在用户体验和内容运营方面做一些突破,比如引入更多个性化推荐算法,或者与内容平台深度合作,增加用户黏性。这样可以更好地提升用户购买转化率,同时让品牌形象更具差异化。"

这个回答的亮点在于,它不仅分析了产品定位和市场表现,还提供了有价值的改进建议,展现了求职者的商业分析能力。

高分示范 2:针对消费电子产品(例如某款智能手机)

"我想谈谈贵公司推出的××智能手机。这款产品的核心竞争力在于××,比如其××技术在行业中处于领先地位,并且针对××市场做了差异化定制。

从市场角度来看,该产品的市场份额在××类别中处于前列,但面对竞争对手××的挑战,如何进一步提升品牌影响力仍是一个值得思考的问题。另外,近年来,智能手机市场整体增长趋缓,消费者换机周期延长,因此,如何提升产品的使用寿命和生态服务,是未来增长的关键。

如果要进一步优化,我认为可以考虑两点:第一,增强与智能家居产品的联动,打造完整的生态链,提升用户黏性;第二,优化产品的定价策略,针对不同市场推出更细分的产品线,以适应不同消费群体的需求。这些措施可以帮助产品在市场中更具竞争力,同时带来更好的用户体验。"

这个回答为什么能打动 HR？因为它不仅展现了求职者对行业的深入研究,还结合了产品的市场挑战,提出了具体的改进建议,既有深度,又有可执行性。

实战练习　你对我们公司的某个产品有什么看法?

试着写一个符合自身经历的答案,并检查以下三个关键点：
（1）你的回答是否体现了对产品的深入理解？
（2）你的分析是否结合了市场、竞争和用户需求？
（3）你的改进建议是否合理,而不是空谈？

你可以这样开头：

"我想谈谈贵公司的××产品。这个产品的核心竞争力在于××,它在市场中的定位是××,主要面对××用户群体。从市场表现来看,××产品的增长势头强劲,但在××方面仍有优化空间……我建议的优化方向是××,这样可以提升××指标,使产品更具市场竞争力。"

4.1.6　案例剖析：普通 211 大学毕业,如何拿到腾讯的 offer?

"211 大学,没有 BAT 实习,能进腾讯吗？"
"没有计算机专业背景,去互联网大厂有希望吗？"

"我不认识大厂内部的人,怎么知道他们的用人标准?"

这些问题,王浩在求职前也曾困惑过。他的背景并不突出——毕业于一所普通211大学,专业是经济学,实习经历主要在本地的传统企业,完全没有互联网大厂的经验。按一般人的逻辑,他要进腾讯这样的顶级互联网公司,几乎是"地狱级难度"。

但他并没有因此放弃,而是采用了一种聪明的方法——用"研究型求职法"深入拆解腾讯的招聘需求:从岗位描述到公司业务,从产品拆解到行业趋势,精准对接HR和面试官的期待。最终,他成功拿到了腾讯产品运营岗的offer,让很多背景比他更好,甚至有互联网实习经历的竞争者都望尘莫及。

那么,他是如何做到的?他的故事,也许能为正在求职的你提供一个全新的思路。

一开始,王浩也很迷茫。他并没有任何互联网背景,甚至连腾讯的业务都不太熟悉,更别说理解产品逻辑了。但他很快意识到,自己虽然没有BAT实习经验,但自己擅长研究,如果能比其他求职者更深入地理解腾讯的产品、用户和业务逻辑,或许就能找到突破口。

于是,他开始了一场深入的研究。他把腾讯近五年的财报、市场数据、竞品分析、行业趋势都整理出来,试图理解腾讯在不同业务线上的战略布局。他尤其关注自己申请的岗位涉及的业务——内容生态与增长策略,并分析了腾讯旗下的各大内容产品,比如微信视频号、QQ兴趣部落、腾讯新闻等,尝试挖掘它们的增长逻辑和市场竞争力。

更重要的是,他没有停留在表面,而是对比了腾讯的竞争对手,比如字节跳动、快手、微博,分析它们在内容增长策略上的差异,总结出腾讯未来可能的增长方向,并结合自身经验思考自己能在哪些方面作出贡献。

当他进入面试时,腾讯的HR像往常一样问他:"你对腾讯某个产品有什么看法?"

大多数求职者的回答无非是夸产品好用、谈谈个人使用体验,或者随便提一点优化建议。但王浩的回答,让面试官眼前一亮。

"我一直在关注腾讯的视频号产品,特别是在短视频市场竞争激烈的情况下,视频号作为后起之秀,增长速度仍然很快,这让我非常感兴趣。

从市场来看,短视频用户的增长已经接近天花板,行业进入存量竞争,大家拼的是留存率和生态布局。而视频号的优势在于,它天然连接了微信的社交关系链,但相比抖音、快手,它的内容消费习惯还没有完全培养起来。

我最近分析了一些数据,发现腾讯在去年推出了视频号电商闭环,这可能会是视频号增长的新突破点。但目前用户习惯还没有完全形成,我的建议是,可以通过更精准的社交推荐机制,提高内容的匹配度,同时优化视频号的互动方式,比如结合微信群的私域流量,加强用户留存。"

面试官听完后,忍不住追问:"你为什么会关注这个产品?你的分析数据从哪里来的?"

王浩微笑着回答:"我不仅查阅了腾讯的财报,还结合了第三方数据平台的信息,并且自己做了用户调研,在多个短视频平台上对比过不同产品的推荐机制。"

这个回答,瞬间让他和其他求职者拉开了距离。他的答案不是背出来的,而是基于数据、行业趋势和用户洞察的深度分析,展现了他对岗位的精准匹配度,也证明了他对公司产品的研究是下过功夫的。

如果说对公司产品的深入研究让他进入了下一轮,那最终让他拿到 offer 的,是他的职业规划。

在终面时,面试官问了一个关键问题:"你未来 3—5 年的职业规划是什么?"

王浩没有泛泛地回答"我想成为一名优秀的产品运营",而是结合腾讯的业务发展,说出了自己的规划:

"我希望自己能够深入理解内容产品的增长逻辑,并在数据驱动的运营策略上不断提升。未来,我希望不仅能参与具体的运营工作,还能从全局视角思考内容生态的建设,比如如何通过用户增长策略优化腾讯的视频号,提升用户留存率。"

这番话让面试官很满意。他不仅展现了自己对岗位未来发展的理解,还让 HR 相信,他加入公司后不会很快离职,而是愿意在公司长期发展。

最终,他成功击败了很多有互联网大厂实习经验的竞争者,拿到了腾讯的 offer。

王浩的成功,归结于一个核心点:他用精准的研究能力,弥补了自身背景的不足,让自己在面试中比别人多了一层"行业专家"的光环。

如果用一句话概括他的策略,那就是:"面试答案,HR 其实已经告诉了你。"

他不是随便准备面试,而是认真拆解了岗位描述,深入分析了公司产品,精准对接了 HR 的期待。这让他的回答不仅有逻辑,还有足够的行业深度,让 HR 觉得他完全可以胜任这个岗位。

这个案例告诉我们,面试不只是"答题",更是一个"信息匹配"的过程。你越能精准理解公司需求,你的面试表现就越能打动 HR。

4.2 人岗匹配,是 HR 选人的核心标尺

很多求职者有一个误区,认为面试的核心是比谁更优秀。但如果你观察过真正的招聘过程,就会发现——HR 并不一定会选择"最强的候选人",而是选择"最匹配的候选人"。

在大厂的招聘体系中,HR 通常会遵循"人岗匹配"(Person-Job Fit)原则,他们并不是单纯地评估你的综合能力,而是看你的能力、经历、性格、职业规划,是否与岗位的具体需求、公司文化和团队现状相匹配。匹配,才是决定你能否拿到 offer 的核心因素。

你可能听说过这样的案例:一个 985 大学毕业、经历丰富的求职者,却输给了一个 211 大学毕业、经验普通的竞争者,这是因为后者的背景更加契合岗位需求。比如,团队当前急需一个能快速上手执行的员工,而 985 大学毕业的候选人可能更偏向战略思考,短期内无法满足岗位的核心诉求。

4.2.1 我们为什么要录用你?

题目拆解 HR 为什么要问这个问题?

这道题可以说是面试中的"灵魂拷问",很多求职者会觉得,HR 是在考察自己的表达能力,于是拼命夸自己优秀,或者强调自己有多努力、多热爱这份工作。但事实上,HR 真正关心的并不是这些。他们想知道的是,你是否理解这个岗位的核心需求,你的能力、经历、个性是否符合岗位要求,你能为公司带来什么实际价值。如果你的回答只是泛泛地讲自己"很努力""很热情",但完全没有结合岗位特点,HR 会觉得你没有真正理解招聘需求。

换句话说,HR 不是在让你简单地推销自己,而是想通过你的回答判断:你的背景是否真的和岗位匹配,你的优势能否直接为团队带来价值。如果你的回答既能精准抓住岗位需求,又能结合自身经历证明自己具备这些能力,HR 才会真正相信你是合适的人选。

错误示例 这些回答会让 HR"出戏"

错误示例 1:泛泛而谈,没有匹配度

"我认为自己具备优秀的学习能力、沟通能力和团队协作能力,所以贵公司应该录用我。"

HR 可能会想:"这些能力当然重要,但整体表达太空洞了。"只讲了自己优秀,但没有结合岗位需求,HR 听完后依然不知道你为什么适合这个岗位。

错误示例 2：情绪化表达，缺乏价值点

"我真的很想加入贵公司，这是我的梦想！我对这个行业充满热情，希望能获得这次机会。"

HR 可能会想："热情很好，但我们更关心你能否胜任这份工作。"这个回答表达了强烈的求职意愿，但没有提供实际证据证明自己的能力。

错误示例 3：过于自信，忽略岗位需求

"我是这个领域最优秀的候选人，我的背景完全符合贵公司的要求，所以我理应被录取。"

HR 可能会想："这么自信，但你的实际经历真的符合岗位需求吗？"这个回答过于自信，反而让 HR 质疑，而不是信任。

高分解析　怎样回答才能让 HR 眼前一亮？

一个优秀的回答，应该遵循"岗位需求→个人匹配→实际价值"的逻辑，让 HR 觉得你不仅适合这个岗位，而且能为团队带来实实在在的价值。

高分示范 1：针对市场营销岗（快消行业）

"我认为贵公司应该录用我，主要有三个原因：首先，我的专业背景和实习经历，与市场营销岗的核心需求高度匹配。在××大学，我主修市场营销专业，系统学习了品牌管理、消费者行为分析等课程。在××快消公司实习期间，我负责社交媒体营销，策划了一次针对年轻用户群体的品牌推广活动，最终提升了 15% 的品牌曝光度。其次，我对数据驱动的营销策略有深入理解，并具备实操经验。在实习中,我使用数据分析工具追踪用户行为,并基于数据调整广告投放策略,提升了CTR(点击率)8%。我相信,在贵公司市场营销团队中,我可以运用这些经验,推动更精准的市场策略。最后,我对快消行业充满热情,并且认可贵公司的品牌理念。我一直关注贵公司的市场策略,特别是贵品牌在年轻消费群体中的创新营销模式。这让我非常希望能加入贵公司,用我的能力为品牌传播和市场增长贡献力量。"

这个回答不仅精准匹配了岗位需求,还结合了自己的专业背景、实习经历和数据能力,让HR看到他能为岗位带来的实际价值。

高分示范2:针对软件工程师岗(互联网行业)

"我认为贵公司应该录用我,主要是因为我的技术能力、项目经验和团队协作能力,都与贵公司的需求高度契合。

首先,我具备扎实的编程能力,能够快速适应贵公司的技术栈。我在××大学主修计算机科学,熟练掌握Java和Python,并有多个完整的开发项目经验。我在××公司的实习中,使用Spring Boot框架独立开发了一套后台管理系统,提高了数据处理效率。其次,我有真实的项目经验,并且擅长解决实际问题。在××开源项目中,我负责优化数据库查询逻辑,成功将查询速度提升了30%。这些经历让我更擅长从业务角度思考技术问题,而不仅仅是写代码。最后,我具备优秀的团队协作能力,能够快速融入贵公司的工程文化。在实习期间,我与产品经理、设计师密切合作,深刻理解了跨团队协作的重要性。我相信,在贵公司的技术团队中,我不仅能贡献自己的技术能力,还能更好地参与团队协作,共同推动项目进展。"

这个回答不仅精准提炼了岗位的核心需求,还结合了求职者的技术背景、项目经验和团队能力,让 HR 觉得他完全符合岗位要求。

实战练习　我们为什么要录用你?

试着写一个符合自身经历的答案,并检查以下三个关键点:
(1) 你的回答是否清楚表达了岗位需求?
(2) 你的经历是否能证明你符合岗位要求?
(3) 你的回答是否展现了你能为公司带来的实际价值?

4.2.2　可以讲一下你上段工作的主要内容吗?

题目拆解　HR为什么要问这个问题?

这个问题听起来似乎是一个简单的信息收集问题,但实际上,HR 问这个问题并不是想让你单纯复述简历,而是想通过你的回答判断几个关键点——你是否能清晰地表达自己的工作经历? 你的工作内容是否和这个岗位相关? 你是否只是"做了"某些事情,还是能够真正理解这些工作的价值?

很多求职者在回答这个问题时,容易犯两个错误。要么就是机械地背诵简历上的内容,比如"我在××公司实习,主要负责数据分析和市场研究……"但 HR 早就看过你的简历了,如果你的回答只是重复简历上的内容,HR 不会对你有任何新的认知。要么就是回答得过于零散,没有逻辑,导致 HR 听完后,依然不清楚你到底做了什么、有多大价值。

一个好的回答,应该具备清晰的逻辑、突出工作重点、展现个人价值,让 HR 不仅知道你做了什么,更能理解你的工作对业务的实际贡献。

错误示例　这些回答会让 HR"出戏"

错误示例 1:机械背诵简历,毫无亮点

"我在××公司实习,主要负责整理数据、撰写报告,并支持团队日常工作。"

HR 可能会想:"你只是简单地告诉我你做了什么,但我看不出你在其中的价值。"只是罗列了工作内容,没有展现任何成就或个人贡献,缺乏吸引力。

错误示例 2:内容过于零散,没有逻辑

"我在实习期间做了很多事情,比如数据分析、市场调研、活动策划,偶尔也会协助团队开会和对接客户。"

HR 可能会想:"你到底在这个岗位上负责了什么核心工作?是分析、调研、策划,还是对接客户?"这个回答最大的问题是内容堆砌,没有主次之分,HR 听完后依然不知道你的主要工作是什么。

错误示例 3:只描述任务,没有展示能力

"我的工作主要是整理数据、写市场分析报告,并进行用户调研。"

HR 可能会想:"你做过这些任务,但你的能力体现在哪里?

这些工作产生了什么实际价值?"这个回答仅仅描述了任务,但没有强调自己是如何完成工作的,也没有展示个人能力。

高分解析 怎样回答才能让 HR 眼前一亮?

一个优秀的回答,应该遵循"工作背景→主要职责→个人贡献→结果影响"的逻辑,让 HR 既能清楚地理解你的工作内容,又能看到你的个人能力和价值。

高分示范 1:针对数据分析岗(互联网行业)

"我在××公司担任数据分析实习生,主要负责用户增长数据的整理和分析,以支持市场运营策略的优化。

我的核心工作是通过 SQL 和 Python 分析用户行为数据,找出影响留存率的关键因素。在实习期间,我协助团队搭建了一套用户行为追踪模型,分析了过去六个月的留存数据,并发现新用户在第 7 天的活跃度下降较大。我据此提出了优化推送策略的建议,最终 A/B 测试的结果显示,优化后的策略将用户 7 日留存率提升了 8%。

此外,我还参与了季度市场分析报告的撰写。在撰写过程中,我收集了竞品的数据,并分析了市场趋势,提出了对标竞品的优化建议。这份报告被团队采用,并成为下一步市场运营决策的重要参考。

通过这次实习,我不仅提升了自己的数据分析能力,也学会了如何将数据转化为可执行的商业策略。这段经历让我更加确信自己适合在数据驱动型的环境中工作,也让我期待能在贵公司的数据分析岗位上继续深入学习和成长。"

这个回答，不仅清晰地描述了岗位职责，还展示了求职者在工作中发现问题、解决问题的能力，并且用数据和结果支撑自己的贡献，让 HR 能看到他的实际价值。

高分示范 2：针对市场推广岗（快消行业）

"我在××快消公司市场部实习，负责品牌推广和消费者洞察工作，核心目标是提升品牌在线曝光率，并优化社交媒体运营策略。

我的主要工作之一是策划社交媒体推广活动，以提高品牌在年轻消费群体中的影响力。在实习期间，我参与了一次新品上市的社交媒体营销项目，负责 KOL（关键意见领袖）合作对接，并策划了一场社交媒体挑战赛。最终，该活动在抖音、小红书上累计获得了 50 万＋的播放量，帮助品牌提高了线上互动率。

此外，我还负责市场数据的收集与分析，协助团队制定更精准的营销策略。通过调研和数据分析，我发现目标用户在购买决策时，更关注产品的环保特性。基于这一发现，我建议在后续推广活动中强化品牌的环保卖点，并获得了团队的认可。

这段实习经历让我深刻体会到数据驱动的市场营销策略如何影响品牌增长，同时也培养了我在社交媒体运营和市场分析方面的能力。我希望能在贵公司继续发挥这些经验，并在更大的品牌营销项目中贡献自己的力量。"

这个回答为什么能打动 HR？因为它不仅清晰地描述了工作内容，还用具体案例和数据展现了自己的影响力，让 HR 看到他的能力，而不仅仅是"做过这项工作"。

实战练习 可以讲一下你上段工作的主要内容吗?

试着写一个符合自身经历的答案,并检查以下三个关键点:

(1)你的回答是否清楚地描述了你的岗位职责?

(2)你的回答是否展现了你的个人贡献,而不仅仅是"做了"什么?

(3)你的回答是否通过数据或结果证明了你的影响力?

你可以这样开头:

"我在××公司担任××岗位,主要负责×××,目标是×××。在实习期间,我做了××项目,解决了××问题,最终实现了××效果……"

然后,看看你的回答是否足够清晰、有逻辑性,并能让 HR 感受到你的实际能力和岗位匹配度。

4.2.3 如果上级给你安排了一项不擅长的工作,你会如何应对?

题目拆解 HR 为什么要问这个问题?

在职场中,没有人能永远只做自己擅长的事,这道题的本质,其实是 HR 在考察你的适应能力、学习能力,以及你的工作态度。随着岗位职责的调整、团队需求的变化,甚至公司战略的转型,你很可能会被要求做一些自己不熟悉甚至完全没接触过的任务。HR 想知道的是,你在面对挑战时,能否快速调整心态,主动学习,并想办法高效完成任务,而不是推脱责任或者消极应对。

也就是说,HR 想通过这个问题判断——你是个抗压能力强、能快速适应变化的候选人,还是遇到困难就退缩、不愿意挑战自己的人?他们不会期待你能立刻成为这个领域的专家,但他们希望看到你愿意学习、愿意寻求资源,并且能够高效推进任务的完成。

错误示例 这些回答会让 HR"出戏"

错误示例 1:回避问题,不愿意面对挑战

"如果这项工作不在我的职责范围内,我会和上级沟通,希望安排给更合适的人。"

HR 可能会想:"你只做自己擅长的工作?那如果团队需要你支持其他任务呢?"这个回答缺乏灵活性,显得过于被动,没有展现学习和适应能力。

错误示例 2:表态很好,但没有执行细节

"如果上级给我安排了一项不擅长的工作,我会努力学习,并尽力完成。"

HR 可能会想:"怎么学习?怎么完成?有没有具体的策略?"虽然态度积极,但缺乏具体执行方法,听起来像是在敷衍。

错误示例 3:盲目自信,缺乏实际操作思路

"虽然我不擅长这项工作,但我很聪明,一定能做好。"

HR 可能会想:"聪明当然重要,但我们更希望看到你的实际行动计划。"这个回答态度过于理想化,没有落地方案,HR 无法判断你的执行能力。

高分解析　怎样回答才能让 HR 眼前一亮？

一个优秀的回答,应该遵循"接受挑战→制定学习计划→解决问题并总结"的逻辑,让 HR 看到你的思考能力、学习方法和执行力。

高分示范 1:针对新媒体运营岗

"如果上级给我安排了一项我不擅长的工作,比如数据分析相关的任务,我的第一步会是先明确任务目标,理解这项工作的核心需求。我会主动向上级请教,确保自己了解这项任务对业务的影响,以及完成标准是什么。

其次,我会制定一个学习计划,并快速掌握必需的技能。例如,如果涉及数据分析,我会先学习 Excel 的基础数据处理功能,或请教公司内部的数据团队,了解相关工具的使用方式。同时,我也会查阅行业案例,学习其他公司的数据分析方法,确保自己能快速上手。

最后,我会在执行过程中,积极寻求反馈,并不断优化自己的方法。例如,如果需要分析某个社交媒体平台的用户增长数据,我可能会先做一个初步报告,并请教团队中有经验的同事,看看我的分析逻辑是否合理。在总结这次经历时,我也会思考,哪些方法最有效,哪些地方可以改进,以便在未来遇到类似任务时,能够更快地适应。"

这个回答不仅展现了求职者的学习能力,还提供了清晰的执行计划,让 HR 看到他遇到问题时的解决思路。

高分示范 2：针对 UI 设计岗

"如果上级给我安排了一项我不擅长的工作，比如负责用户体验研究，而不是单纯的 UI 设计，我的第一步是快速了解这项工作的核心逻辑。我会先查阅公司过往的用户研究报告，了解他们的研究方法和结论，并请教团队中的用户体验研究员，学习他们的分析框架。

其次，我会制定学习计划，结合线上学习和实际操作进行提升。例如，我可能会利用在线课程平台的用户体验研究课程进行系统学习，同时在日常工作中，主动参与团队的用户访谈会议，观察资深同事如何提问、如何分析用户反馈。

最后，我会在执行过程中不断优化自己的方法，并总结学习成果。比如，我可能会先尝试完成一份用户调研报告，并请团队成员提供反馈，看看哪些地方需要改进。随着经验的积累，我不仅能完成这项任务，还能为未来的设计决策提供更有价值的用户洞察。"

这个回答不仅展现了求职者的逻辑思考能力，还清晰地描述了他的学习路径和执行策略，让 HR 看到他能在短时间内快速适应新任务。

实战练习 如果上级给你安排了一项不擅长的工作，你会如何应对？

试着写一个符合自身经历的答案，并检查以下三个关键点：

（1）你的回答是否展现了积极的工作态度？

（2）你的学习方法是否清晰、有执行细节，而不是空泛表态？

（3）你的回答是否体现了解决问题的思维方式，让 HR 相信你能快速适应新任务？

你可以这样开头：

"如果上级给我安排了一项不擅长的工作，比如×××，我会先……然后……最后……"

4.2.4 在试用期中,你会如何安排你的工作?

题目拆解　HR 为什么要问这个问题?

这个问题真正想考察的是你的适应能力、目标感、执行力，以及你是否具备在短时间内快速融入团队并创造价值的意识。

HR 希望通过你的回答判断：你是否对试用期有清晰的认知，是否能在短时间内掌握岗位核心技能，是否能高效利用资源进行学习，是否能主动推动工作，而不是被动等待安排。如果你的回答只是"我会认真学习，积极适应公司文化"，HR 会觉得你说的只是套话，缺乏实际的执行力和规划能力。

错误示例　这些回答会让 HR"出戏"

错误示例 1：模糊应对，没有清晰规划

"我会在试用期内熟悉公司的业务流程，了解岗位职责，并尽快适应工作环境。"

HR 可能会想："你具体会怎么做？有时间规划吗？如何保证自己能快速进入状态？"这个回答有些过于笼统，没有具体的执行细节，HR无法判断你的适应能力。

错误示例2：被动等待，没有主动性

"我会按照公司的安排学习，并在试用期结束前尽量完成自己的任务。"

HR可能会想："这个候选人主观能动性是不是弱一些？"缺乏主动性，HR可能会担心你进入公司后需要大量手把手指导，无法独立开展工作。

错误示例3：目标过高，缺乏现实依据

"我希望在试用期内大幅提升公司的业绩，为团队带来颠覆性的改变。"

HR可能会想："试用期的目标应该是熟悉业务和稳步贡献，而不是过度承诺。"这个回答有点过于理想化，不切实际，容易让HR觉得你对岗位的认知不够成熟。

高分解析　怎样回答才能让HR眼前一亮？

一个优秀的回答，应该遵循"前期学习→中期实践→后期优化与价值输出"的逻辑，让HR看到你进入公司后的成长路径和实际行动计划。

高分示范1：针对教育行业课程顾问岗

"如果我加入贵公司的课程顾问团队，我会把试用期分为三个阶段：适应学习、实战优化和结果输出。

第一阶段（1—2周）：适应学习。我会系统学习公司的课程体系、目标用户群体和销售流程，熟悉不同课程的特色和目标人群。同时，我会主动观察资深课程顾问的销售流程，并向他们请教成功的转化技巧。

第二阶段(3—6周)：实战优化。在掌握基础知识的情况下，我会开始独立跟进意向客户，并根据用户需求调整自己的沟通策略。我会特别关注高意向用户的转化逻辑，并记录和分析自己每次沟通的效果，以不断优化话术和跟进方式。

第三阶段(7—12周)：结果输出。在试用期的最后一个月，我希望能达到一定的转化目标，并形成自己的客户跟进方法论。同时，我会定期复盘自己的销售数据，分析哪些环节可以进一步优化，并积极向团队反馈我的学习成果和市场洞察，争取在试用期结束后能成为团队中一名独立且高效的课程顾问。

这样安排的目的，是确保我在试用期内既能快速掌握核心技能，又能尽快为团队创造价值，同时不断优化自己的销售能力，以便更好地融入团队。"

这个回答不仅清晰地规划了试用期的节奏，还展现了求职者的学习能力、执行力和自我优化能力，也让HR看到他是一个能快速成长并贡献价值的人。

高分示范2：针对抖音直播运营岗

"在试用期内，我会将自己的工作安排成三个阶段，确保能够快速适应岗位，并在短时间内产生实际效果。

第一阶段(1—2周)：熟悉直播运营体系，研究竞品。我会先系统了解公司的直播运营流程，包括直播节奏、用户互动、数据复盘等，同时研究行业内优秀的直播案例，分析他们的运营策略，并学习他们的用户留存方法。

第二阶段(3—6周)：参与直播策划，并进行小规模实验。在这一阶段,我会尝试独立策划一场直播活动,包括选品、脚本设计和互动环节优化,并通过小范围测试,观察用户的反应和数据表现。我会重点关注用户留存率、弹幕互动率等核心数据,找出改进方向。

第三阶段(7—12周):优化直播策略,提高转化率。在试用期的后半段,我会根据前期数据,优化直播内容,提升用户观看时长和购买转化率。我会定期复盘直播数据,并与团队一起讨论改进策略,确保每一场直播的效果都能稳步提升。

这样的安排能够让我在短时间内掌握直播运营的核心要点,并通过实践快速优化策略,确保自己能在试用期结束前具备独立运营直播的能力,并为团队带来实际的增长。"

这个回答强调了数据驱动的优化思维,让 HR 相信他能在试用期内不断提升并贡献价值。

实战练习　在试用期中,你会如何安排你的工作?

试着写一个符合自身经历的答案,并检查以下三个关键点:

(1)你的回答是否展现了清晰的学习路径和行动计划?

(2)你的回答是否体现了你对岗位的理解,并且能快速适应?

(3)你的回答是否让 HR 相信,你能在试用期内创造实际价值?

你可以这样开头:

"如果我加入贵公司,我会把试用期分为三个阶段:×××、×××和×××。第一阶段,我会……第二阶段,我会……第三阶段,我会……"

4.2.5 你如何看待 AI 对于申请岗位的影响?

📝 题目拆解　HR 为什么要问这个问题?

AI 的快速发展正在改变着各行各业,企业希望招聘到不仅能胜任当前工作,还能适应未来变化的员工。HR 问这个问题,想考察的核心,并不是你对 AI 的技术细节了解有多深,而是你是否关注行业趋势,能否理解 AI 对岗位的影响,并且有相应的应对策略。

本质上,HR 想通过这个问题判断三件事:第一,你是否具备前瞻性思维,能看到行业的发展方向,而不是只关注眼前的工作内容;第二,你是否了解自己的岗位可能有被 AI 取代的风险,或者 AI 如何辅助工作;第三,你是否有持续学习的能力,能在 AI 变革中不断提升自己,而不是被技术淘汰。

如果你的回答只是简单地说"AI 会让工作更高效"或者"AI 不会影响我的岗位",HR 会觉得你缺乏深度思考。但如果你能结合岗位特点,分析 AI 的实际影响,并提出自己的应对策略,HR 会对你的未来成长潜力产生更强的信任感。

📄 错误示例　这些回答会让 HR"出戏"

错误示例 1:消极避谈,逃避现实

"AI 不会对我的岗位造成太大影响,因为人类的判断力是无法被取代的。"

HR可能会想:"你的岗位真的完全不会受到影响吗?如果AI真的影响了你的工作,你的应对策略是什么?"这个回答缺乏对行业变化的认知,让HR怀疑求职者的前瞻性思维和学习能力。

错误示例2:过度焦虑,没有提出解决方案

"AI会取代我们大部分的工作,以后会计和HR可能都不需要了。"

HR可能会想:"AI确实会影响行业,但你的解决方案呢?如果只是在担心,那还怎么胜任工作?"这个回答只谈了问题,但没有提对策。

高分解析 怎样回答才能让HR眼前一亮?

一个优秀的回答,应该遵循"AI影响→岗位变化→个人应对策略"的逻辑,让HR看到你不仅思考过行业趋势,还能主动适应变化,确保自己不会被技术淘汰。

高分示范1:针对会计岗位

"AI正在深刻改变会计行业,尤其是在数据处理和基础财务工作的自动化方面。例如,AI驱动的财务软件已经可以自动识别发票、处理账务数据,并进行基本的财务报表分析。这使得传统的基础会计工作,如凭证录入、数据核对等,正在被AI部分取代。

但与此同时,AI也给我们创造了新的机遇,让会计从业者有了更多职业可能。例如,AI虽然能自动生成财务数据,但它无法完全替代会计在财务分析、税务筹划和商业决策支持方面的作用。因此,会计岗位将逐步从'数据记录者'转变为'财务战略顾问',更注重风险评估、业务优化和财务管理的深度分析。

我个人已经开始主动适应这种变化,在大学期间,我不仅学习了传统财务管理知识,还学习了 Python 用于财务数据分析,并自学了财务数据建模的相关课程。我相信,未来的会计行业将更加依赖数据分析和商业洞察,而我希望能够在 AI 带来的变革中,不断提升自己的专业能力,让自己不仅能适应变化,还能利用 AI 提升工作效率,为公司创造更大的价值。"

这个回答结合了求职者的个人成长路径,展现了他面对行业变化的应对策略,让 HR 觉得他是一个具备前瞻性思维和持续学习能力的求职者。

高分示范 2:针对 HR 岗位

"AI 已经在 HR 行业中广泛应用,比如许多企业已经开始使用 AI 简历筛选系统,以提高招聘效率,减少人工筛选的时间。此外,AI 还能通过数据分析预测员工流失率,并辅助制定更精准的人才管理策略。

但是我觉得,虽然 AI 能提升 HR 的效率,但 HR 的核心价值——人与人的沟通、组织文化塑造、人才发展规划,依然无法被 AI 完全替代。例如,AI 可以根据数据匹配出'合适的候选人',但它无法精准判断候选人的团队适配度、文化契合度,以及面试中的非语言沟通信息。因此,HR 的角色未来会更加偏向'人才战略顾问',不仅要懂得使用 AI 工具,还要具备更强的沟通能力和洞察能力。

在应对这种变化方面,我也做了相应的准备。在校期间,我不仅学习了人力资源管理的传统知识,还研究了 AI 在招聘管理中的应用,比如如何优化 ATS(Applicant Tracking System)筛选策略,以及如何利用数据分析提升招聘决策的精准度。我相信,未来的 HR 将更加依赖数据,但真正优秀的 HR,一定是懂得如何结合 AI 工具,同时提升自身洞察力和人才管理能力的人。"

这个回答为什么能打动 HR?因为它展现了求职者在行业变革中主动适应的能力,让 HR 相信他不会被 AI 取代,而是能在 AI 时代成为更优秀的 HR。

实战练习 你如何看待 AI 对于申请岗位的影响?

试着写一个符合自身经历的答案,并检查以下三个关键点:

(1)你的回答是否体现了你对行业趋势的理解?

(2)你的回答是否结合了岗位变化,而不仅仅是泛泛地谈 AI 的影响?

(3)你的职业规划是否符合行业未来的发展方向,并展现了你的学习能力?

你可以这样开头:

"AI 正在影响××行业,尤其是在××方面……未来,这个岗位可能会从××向××方向转变……作为应对,我已经开始学习××,并计划在未来进一步提升××能力,以确保自己能在 AI 时代持续保持竞争力。"

4.2.6 案例剖析：本科生如何拿到 Google 百万元年薪 offer

李然从来没想过，自己有一天会拿到 Google 的软件工程师 offer，而且是百万元年薪的 package。他不是藤校精英，也没有顶级实习经历，甚至在大二之前，他连大厂招聘的流程都不太了解。但最终，他却在无数竞争者中脱颖而出，成为那 1% 能进入全球顶级科技公司的幸运儿。

但如果你认为他是"天选之子"，那就错了。李然的成功，没有任何"神奇"加成，他靠的是对目标岗位的精准拆解，对自身能力的科学规划，以及一次次有策略的选择，让自己一步步逼近 Google 的招聘标准。他的经历告诉我们，求职不是靠运气，而是靠方法。

他的求职始于大二那年的冬天，那是他第一次真正感受到求职的焦虑。

在美国的大学里，计算机专业的学生总是走在就业市场的最前线。大一刚结束，身边的同学就已经开始刷 LeetCode，找教授做研究，准备大厂实习。而那时的李然，还在跟朋友组队打游戏，完全没有意识到职业规划的紧迫性。

他是个聪明的学生，编程能力不差，课程成绩也还不错，但当他真正开始研究 Google 的软件工程师岗位时，他发现自己的简历几乎没有任何竞争力。大厂的招聘要求写得很清楚，他们看重的核心能力是算法与数据结构、系统设计思维、工程实践经验，但他只学过课程里的基础知识,几乎没有做过真正的项目,更别提能写出"工业级"的代码。

意识到自己的差距后,他做的第一件事,就是让我们带着他研究那些拿到 Google offer 的人的简历,找出他们的共同点。他发现,所有成功者的背景中,至少有两项是相似的——强大的编程能力和有竞争力的实习经历,如果没有名校背景,至少得在这两点上补足。

因此,他开始有计划地训练自己,每天刷两道 LeetCode 题目,不是机械刷题,而是整理解题思路,归纳出算法的应用场景。除此之外,他还报名了学校的开源项目,尝试接触更复杂的系统架构,让自己不仅会写代码,还能理解代码背后的设计逻辑。

大二的暑假,他迎来了第一次重要的职业选择。

虽然大多数中国留学生都希望在大二暑假就能拿到一份像样的实习工作,但现实是,没有经验,大厂根本不会给机会。李然的策略是,既然大厂进不去,那就先从能提升自己能力的地方起步。

他开始大量投简历,不是盲目撒网,而是专门找那些小型初创公司。他知道,初创公司虽然不如大厂光鲜,但更容易给新人真正的开发任务,而不是做边缘化的打杂工作。最终,他进入了一家做数据分析的创业公司,担任后端开发实习生。

在这家小公司,他的工作远比他想象的要复杂。他不再是课堂里的学生,而是真正的工程师,需要独立编写代码,优化数据库查询,甚至参与 API 的开发。他的代码从最开始被大幅度修改,到后来逐渐被认可,那两个月的实习,让他第一次真正理解了编程在实际业务中的应用。

这段经历,也成了他简历上的第一个技术亮点。在大三的暑假,他终于迈出了进入大厂的关键一步。

有了上一份实习的经验,他的简历比之前更有竞争力,成功拿到了一家中型科技公司的实习机会。这一次,他的目标很明确——用这份实习作为跳板,让自己的背景匹配 Google 的招聘标准。

这份实习里,他特意申请了负责核心业务的项目,而不是简单的维护任务。他加班加点地优化数据库查询逻辑,在团队里主动承担代码评审的工作,甚至在实习快结束时,向主管提出了一项数据优化方案,最终帮助系统查询速度提升了 20%。当他的简历上终于出现了"核心项目贡献"这样的关键词时,他知道,自己可以正式挑战 Google 的校招了。

面试时,他的策略也和大多数人不同。他的行为面试表现非常出色,他没有像其他人一样机械地复述自己的项目,而是用"问题—解决方案—优化"的逻辑,生动地讲述自己如何发现系统瓶颈、如何优化数据结构、如何提升代码的可读性,因为他明白,面试官并不只是想找一个会写代码的人,而是想找一个能理解问题、主动提出优化方案的工程师。李然在这方面的表现,远超其他应届生。

最终,Google 给了他 offer。

这个案例的核心,不在于他有多聪明,而在于他的策略有多清晰。很多人以为,进入大厂靠的是天赋,但李然的经历证明,真正的优势,不是天生的,而是通过科学的方法,把自己调整到最匹配岗位需求的状态。他没有名校背景,没有大厂实习,没有特别耀眼的起点,但他通过精准规划,让自己的能力一步步向Google的标准靠拢,最终击败了无数背景更强的竞争者。

他的经历告诉我们,求职不是一个简单的"投简历—面试—拿offer"的过程,而是一个需要长期规划和精准执行的项目。如果你也希望进入顶级公司,不妨问问自己:

(1) 你是否真正研究过目标公司的岗位需求?还是只是"广撒网"地投简历?

(2) 你的实习经历是否为你的求职目标服务?还是只是随便找一份实习工作?

(3) 你的面试准备,是否不仅仅是技术训练,还包含了对公司文化的研究?

如果你能像李然一样,用科学的方法规划自己的求职路径,你的面试成功率,也会比别人高出几倍。

4.3 展现团队协作,是进入大厂的"金钥匙"

如果你关注过大厂的招聘要求,你会发现,"团队协作能力"几乎出现在每一个岗位的职位描述里。无论是技术岗、市场岗,还是产品、运营岗,在大厂工作的本质,不是单打独斗,而是和不同部门、不同背景的人合作,把一个复杂的项目推进落地。

很多人以为,自己技术能力强、业务能力过硬,就一定能在面试中脱颖而出。但实际上，HR在评估候选人时，会特别关注一点：你是否具备和团队高效协作的能力？

大厂的项目往往涉及多个团队，每个成员的职责不同，沟通、协作、资源整合的能力，比单纯的个人能力更重要。如果一个候选人表现得很聪明，但完全没有团队合作意识，HR会很谨慎，因为一个再优秀的"个人英雄"，如果无法和团队高效配合，最终只会拖慢项目的进度。

因此，在这一小节，我们会针对面试中的"团队协作"类问题展开讲解。

4.3.1 谈谈如何与团队合作完成一项复杂任务？

题目拆解　HR为什么要问这个问题？

这道题看似是一个开放式的问题，但其实HR的关注点非常明确。他们希望通过你的回答，判断你在团队中的沟通能力、协作方式、问题解决能力，以及你在团队中的角色定位。

具体分析，HR想通过这个问题了解几个关键点——你在团队中是否能够高效沟通，是否能在分工协作中找到自己的价值，是否能在团队遇到挑战时主动解决问题。特别是在大厂，项目推进过程中难免会有分歧，HR希望看到你如何在团队中处理冲突，推动项目落地。

很多求职者回答这个问题时，容易犯两个错误。要么只讲自己做了什么，完全忽略了团队的作用，让HR觉得你是一个"个人英雄";要么只是简单地描述团队的整体成果,但没有突出自己的贡献,导致 HR 无法判断你在团队中的价值。

一个优秀的回答,应该既能体现团队协作的复杂性,同时突出自己在其中的独特价值。

错误示例 这些回答会让 HR"出戏"

错误示例 1:单打独斗型回答

"我们团队负责开发一个新功能,我负责核心的技术实现,最终成功上线。"

HR 可能会想:"那你的团队在这个过程中发挥了什么作用?你的协作能力体现在哪?"这个回答不算好,没有体现团队协作,HR 无法判断你的团队意识。

错误示例 2:团队吹捧型回答

"我们团队配合得很好,每个人都完成了自己的部分,最终顺利交付了项目。"

HR 可能会想:"那你的具体贡献是什么?团队遇到问题时,你是如何参与解决的?"这个回答太过笼统,没有展现个人价值。

错误示例 3:冲突逃避型回答

"在团队合作中,我们基本没有遇到什么困难,大家都很配合。"

HR 可能会想:"真实的项目推进中,几乎不可能完全没有挑战。你的回答是不是太理想化了?"回答显得没那么真实,缺乏对团队合作细节的展示。

高分解析 怎样回答才能让HR眼前一亮？

一个优秀的回答，应该遵循"项目背景→团队分工→关键挑战→个人贡献→结果总结"的逻辑，让HR看到你在团队中的实际作用，以及你如何通过高效协作推动项目进展。

高分示范1：针对直播运营岗

"在××公司实习时，我参与了一场抖音直播带货活动，我们的目标是提升新品的曝光度，并在直播期间实现销量转化。

团队的分工是这样的：直播策划、KOL（达人）对接、直播脚本编写、数据跟踪等，每个人负责不同的环节。而我的核心任务，是负责直播互动策略，提升用户的停留时间和购买率。

当时我们面临的最大挑战是，直播开始后，我们发现观众的互动率比预期低，评论区几乎没有讨论，导致直播间的权重下降，影响了流量推荐。在这种情况下，如果不快速调整策略，整场直播的效果都会受到影响。

于是，我立刻和主播沟通，建议在直播中加入'限时福利抽奖'和'弹幕互动送红包'环节，同时调整脚本，引导主播更频繁地与用户互动。这一调整迅速提升了直播间的互动率，几分钟内，在线观众数翻倍，最终，这场直播的转化率比上一场提升了30%。

这个经历让我深刻体会到团队协作的价值。在直播运营中，单靠一个人的努力无法决定成败，关键是在团队遇到挑战时，如何迅速调整策略，并通过高效沟通，把方案执行落地。"

这个回答不仅展现了求职者的团队协作能力，还突出了他在团队中的独特贡献，让HR看到他的应变能力和执行力。

高分示范 2：针对 UI 设计岗（互联网行业）

"在××公司实习时，我参与了公司官网的改版设计项目，我们团队由 UI 设计师、前端工程师和产品经理组成，我负责整体视觉风格的设计。

项目初期，团队对设计风格有不同意见，前端工程师希望保持简单易开发的设计，而产品经理则希望提升用户体验，我们在配色、交互动画等细节上产生了分歧。

为了解决这个问题，我主动组织了一次竞品分析会议，把主流网站的设计趋势整理出来，并结合用户数据，提出了一种兼顾开发效率和用户体验的设计方案。最终，我们找到了一种平衡方案，在减少复杂动画的同时，优化了视觉引导，使得新用户的操作完成率提升了 18%。

这个经历让我意识到，在设计工作中，技术可行性和用户体验往往需要权衡，而团队协作的关键，就是如何找到最优解并推动大家达成共识。"

他之所以能拿到 offer，是因为通过数据和竞品分析说服团队的能力，让 HR 觉得他是一个既有专业能力，又懂得高效沟通的候选人。

实战练习　谈谈如何与团队合作完成一项复杂任务？

你可以这样开头：

"在××项目中，我们团队的目标是×××。我负责的部分是×××，团队的其他成员负责×××。过程中，我们遇到的最大挑战是×××，为了解决这个问题，我……"

4.3.2 在团队出现意见分歧时，你是如何处理的？

题目拆解　HR为什么要问这个问题？

这道题的背后，HR其实在考察你的团队协作能力、沟通技巧和解决冲突的方式。在实际工作中，团队成员有不同的背景、经验和视角，出现意见分歧是常态，而不是例外。大厂尤其强调协作，很多决策并非单个人说了算，而是需要团队协作、反复沟通，最终找到最佳方案。因此，HR希望看到你是否能在冲突中保持冷静，是否具备换位思考的能力，以及你能否推动团队达成共识，而不是陷入无休止的争论。

如果你的回答只是简单地说"我会尊重所有人的意见"或者"我会按照领导的决定执行"，HR会觉得你缺乏独立思考和推动团队解决问题的能力。而如果你表现得太过强势，给人一种"只想证明自己是对的"的感觉，HR也会担心你未来在团队中难以相处。一个高质量的回答，应该展示你如何理性地分析分歧，并通过有效沟通推动团队找到最优解。

错误示例　这些回答会让HR"出戏"

错误示例1：回避问题，逃避责任

"如果团队有分歧，我会尊重所有人的意见，最终听从领导的决定。"

HR可能会想："你是团队的一员，为什么完全不参与讨论？如果所有人都这样，那团队如何高效决策？"这个回答有些被动，让 HR 觉得你缺乏独立思考和主动推动问题解决的能力。

错误示例 2：过于强势，坚持己见

"如果我认为自己的方案是最优的，我会坚持自己的立场，直到团队采纳我的想法。"

HR 可能会想："虽然坚持原则很重要，但你有没有考虑过团队其他人的想法？如果大家不接受你的方案，你会如何处理？"这种情况有可能让 HR 担心你未来在团队中难以合作。

高分解析　怎样回答才能让 HR 眼前一亮？

一个高质量的回答，应该遵循"冲突背景→团队立场→解决策略→结果影响"的逻辑，让 HR 看到你如何通过有效的沟通技巧，推动团队找到最优方案。

高分示范 1：针对电商运营岗

"在××公司实习时，我参与了一个'双 11'大促活动，我们团队负责店铺的营销推广方案。当时，我们内部在广告投放策略上产生了很大分歧。市场部希望优先投放折扣广告，以吸引更多流量，而我们运营团队则认为应该把预算更多倾斜到高客单价商品，提高利润率。

面对这样的分歧，我首先做的不是直接争论，而是主动拉取过往'双 11'的数据，分析不同投放策略的转化率和 ROI。数据显示，过去的折扣广告虽然带来了大量流量，但实际的转化率并不高，而高客单价产品虽然流量较少，但对最终的销售额贡献更大。

有了数据支持后,我并没有直接否定市场部的方案,而是建议我们用 AB 测试的方式,在小范围内同时投放两种广告,并对比效果。这样不仅尊重了市场部的观点,也让团队能用事实说话,而不是纯粹的主观争论。最终,测试结果显示,高客单价广告的 ROI 确实更高,于是团队达成共识,在大促期间重点投放高利润产品的广告。

这个经历让我深刻意识到,在团队分歧中,最好的解决方案不是争论谁对谁错,而是用数据和事实让团队看到最优解。通过理性分析和实验验证,我们既避免了不必要的冲突,也确保了营销策略的有效性。"

这个回答很好,因为突出了求职者在团队分歧中的沟通技巧和问题解决能力,让 HR 看到他是一个既有专业能力,又能高效协作的人。

高分示范 2:针对数据分析岗

"在××公司的数据分析团队实习时,我和产品团队一起合作优化用户留存策略。当时,我们在如何提升用户活跃度上出现了分歧。产品团队认为应该通过增加推送通知频率来提高用户回访率,而我们数据团队则担心频繁推送可能会引起反感,反而导致用户流失。

为了避免无谓的争论,我主动整理了行业内的相关研究,并结合我们过去的用户行为数据,分析不同推送频率对用户留存率的影响。数据显示,高频推送在短期内的确能增加回访,但长期来看,用户的流失率也显著提高。

在这个基础上,我提出了一个折中方案:针对不同用户群体,采用个性化推送策略。对于活跃用户,减少推送频率,防止打扰;对于低活跃用户,则增加推送,但优化推送内容,让消息更具吸引力。

这个方案最终得到了团队的认可,并通过 AB 测试验证了有效性。实施后,用户留存率提升了 12%,而投诉率并没有上升。这个经历让我意识到,在团队分歧中,最好的策略不是简单的'坚持己见'或者'迎合他人',而是通过数据支撑自己的观点,并寻求平衡点,让团队找到最佳解决方案。"

这个回答突出了他在团队冲突中的解决问题能力,让 HR 看到他是一个能理性沟通、推动团队决策优化的候选人。

实战练习　在团队出现意见分歧时,你是如何处理的?

试着写一个符合自身经历的答案,并检查以下三个关键点:

(1) 你的回答是否展现了你在团队中的作用,而不是只讲整体团队?

(2) 你的沟通方式是否体现了你的逻辑思维和解决问题的能力?

(3) 你的答案是否能让 HR 相信,你能在团队合作中有效化解冲突?

你可以这样开头:

"在××项目中,我们团队在×××问题上产生了分歧。一方认为应该×××,而另一方认为×××。为了解决这个问题,我……"

4.3.3 你更倾向于在团队中担任什么角色?

题目拆解 HR为什么要问这个问题?

在实际工作中,一个团队通常由不同性格和能力的人组成,有些人擅长统筹大局,推动决策;有些人善于执行,确保细节落地;有些人擅长沟通协调,让团队更高效地协作。HR想知道的,不是你选哪种角色,而是你能否结合自身优势,发挥自己的价值,同时能在不同团队需求下灵活调整自己的定位。

因此,这个问题的本质,并不是让你简单选择"领导者"还是"执行者",而是想通过你的回答,判断你对自己在团队中的定位是否清晰,你的团队协作风格是否与公司的文化匹配,你是否具备团队意识,并且能在不同的团队环境中发挥自己的优势。

错误示例 这些回答会让HR"出戏"

错误示例1:过于理想化,缺乏实际支撑

"我希望成为团队的领导者,因为我擅长管理团队,能让所有人高效工作。"

HR可能会想:"但你没有管理经验啊!你如何证明自己真的擅长领导?"回答只是表达了自己的意愿,但没有具体案例支撑,让HR无法判断你的真实能力。

错误示例2:态度过于被动,缺乏主动性

"我更倾向于做执行者,按照团队安排的任务完成工作。"

HR可能会想:"执行能力很重要,但你是否能在执行过程中主动思考、优化工作流程?"这个回答显得过于被动,HR可能会担心你在团队中缺乏独立思考和主动性。

错误示例3:毫无重点,听起来像在敷衍

"我在团队里担任什么角色都可以,只要能完成任务就行。"

HR可能会想:"没有清晰的角色定位,是否意味着你对自己的长处和适合的工作模式也不够了解?"回答有些缺乏自我认知,HR很难判断你的团队适应性。

高分解析 怎样回答才能让HR眼前一亮?

一个优秀的回答,应该遵循"自我认知→团队角色→具体案例"的逻辑,让HR看到你如何在团队中发挥价值,同时能适应不同的团队需求。

高分示范1:针对销售岗

"在团队中,我更倾向于担任'推动者'的角色,负责促成团队目标的达成,同时善于协调团队资源,提升整体协作效率。

在××公司销售团队实习时,我们团队负责为企业客户提供定制化营销方案。当时,我的任务是负责客户跟进,但团队内部在方案优化上出现了分歧。市场部希望加强品牌宣传,而销售团队更关注短期业绩转化。

在这种情况下,我主动扮演了沟通桥梁的角色,一方面,收集客户的反馈数据,向市场部提供更精准的客户需求;另一方面,与销售团队讨论如何调整话术,让营销内容既符合品牌调性,又能促进客户转化。通过这样的调整,我们最终优化了销售策略,使客户转化率提升了15%。

这个经历让我意识到,销售不仅仅是个人能力的比拼,更需要团队间的协作。作为销售人员,我的核心价值不仅是完成业绩目标,更是推动团队找到最优的客户沟通方式,提高整体销售效率。"

这个回答的亮点在于不仅展示了求职者的团队合作能力,还突出了他在团队中的协调和推动作用,让HR看到他不仅能完成自己的任务,还能帮助团队整体提升效率。

高分示范2:针对行政助理岗

"在团队中,我更倾向于担任'组织者'的角色,确保团队的日常运营顺畅,同时主动优化流程,提高团队的工作效率。"

在××公司的行政团队实习时,我负责公司活动的统筹安排。当时,公司要举办一场大型培训会,但由于场地安排和人员协调的问题,活动推进出现了困难,多个部门的时间安排冲突,导致会议进程混乱。

面对这个挑战,我主动整理了各部门的日程表,并设计了一套时间协调方案,将培训安排拆分为不同时段,合理安排各部门的参与顺序。与此同时,我还优化了会议管理流程,通过建立在线报名系统,让员工提前确认参会时间,提高了组织效率。最终,这次培训会的参与率提升了30%,而整个活动流程也更加流畅。

这个经历让我意识到,行政助理不仅仅是执行任务,更需要主动思考如何优化团队的工作方式。通过高效的组织和协调,我能帮助团队减少沟通成本,让整体运营更加顺畅。

之所以认为这个回答不错,是因为它不仅展现了求职者的执行力和组织能力,还强调了他主动优化工作流程的意识,让 HR 看到他在行政工作中能为团队带来的价值。

实战练习　你更倾向于在团队中担任什么角色?

试着写一个符合自身经历的答案,并检查以下三个关键点:

(1)你的回答是否展现了你在团队中的独特价值?

(2)你的回答是否体现了你对自身角色的清晰认知?

(3)你的答案是否结合了实际案例,而不是空泛的表达?

你可以这样开头:

"在团队中,我更倾向于担任×××的角色,因为我擅长×××,并能通过×××的方式提升团队效率。在××经历中,我负责×××,遇到了×××问题,我通过×××的方式推动团队解决问题,最终达成了×××的结果。"

4.3.4　如果你带领团队完成某个任务,你会如何激励员工?

题目拆解　HR 为什么要问这个问题?

公司在招聘时,不仅仅是为了找到一个能执行任务的员工,更希望招到能够影响团队、激发他人潜能,并在关键时刻推动任务完成的人。这并不意味着你要成为一个正式的管理者,而是要展现出你的团队协作意识、沟通能力,以及在面对挑战时的应对策略,因此这个问题并不是在考察你是否有正式的管理经验,而是想看看你是否具备一定的领导潜力,能不能在团队中起到带动作用。

通过这个问题,HR 其实是想知道,当团队成员因为疲劳、压力或其他原因陷入低效时,你会如何应对?是仅仅依靠"大家加油,我们一定能行"这种空洞的口号,还是能够提供具体可行的激励方式,让团队重新找回动力?你是否能换位思考,理解不同成员的需求,找到最合适的激励方法?更重要的是,你是否能够在激励的同时,确保团队的目标不会被情绪化影响,依旧高效推进。

错误示例　这些回答会让 HR"出戏"

错误示例 1:空洞的"精神激励"

"我会鼓励团队成员,告诉他们我们一定可以完成任务。"

HR 可能会想:"具体怎么鼓励?是开个会讲几句话,还是有实际的方法?"这个回答有些太笼统,缺乏实操细节,听起来像是打鸡血,无法真正解决团队士气问题。

错误示例 2:强行施压,忽略团队需求

"如果任务没完成,我会提醒团队这是他们的责任,必须全力以赴。"

HR 可能会想:"施压是最简单的方式,但如果团队长期处于高压状态,反而可能适得其反。你有更智慧的激励方法吗?"团队协作大于天,激励不等于压迫,这个回答让 HR 担心你是否适合团队协作。

高分解析　怎么回答才能让 HR 眼前一亮？

一个高质量的回答,应该遵循"项目背景→团队挑战→激励策略→结果影响"的逻辑,让 HR 看到你如何通过有效的激励手段提升团队表现,并确保任务高效推进。

高分示范 1：针对四大会计师事务所审计岗

"在××会计师事务所之前工作时,我和团队负责某上市公司的季度财务审计。审计工作时间紧、任务重,到了项目后期,团队成员普遍感到疲惫,有些同事甚至因为长时间的数据核对和报告撰写,开始出现低效和失误。

我意识到,如果团队的状态持续低迷,不仅会影响进度,也可能降低审计的准确性。为了提升大家的士气,我先是主动了解大家的困扰,发现问题的核心在于审计流程过于枯燥、重复,并且达成最终目标前缺乏清晰的阶段性激励。

于是,我在团队内部推动了一个'小目标'制度,把整个审计流程拆分成几个阶段性成果,每完成一个阶段,我们都会进行一次小型复盘,并用一些简单的方式,比如下午茶奖励或者短暂的团队放松时间,让大家感受到进度和成就感。同时,我还优化了一些核对表格的流程,减少不必要的重复工作,提高团队的工作效率。

最终,这些调整让团队的整体工作节奏更加顺畅,不仅按时完成了审计任务,团队的氛围也更加积极。这个经历让我意识到,在高强度的工作环境下,激励不仅仅是打气,而是要真正理解团队的需求,提供合理的支持,并创造适当的正向反馈。"

这个回答非常好,因为它不仅展现了求职者的团队协作能力,还强调了如何通过优化流程和短期激励,提升团队士气,让HR看到他具备推动团队进步的能力。

高分示范2:针对商业银行风控岗

"在××商业银行的风控团队工作时,我们负责优化一款针对小微企业的贷款风控模型。这项工作涉及大量的数据分析和模型测试,而数据整理的烦琐程度超出了很多人的预期,导致团队士气开始下降。

当我意识到团队的状态不佳时,我没有简单地去要求大家'继续加油',而是先分析了问题的核心。大部分同事的主要痛点是,数据分析工作太重复,难以获得直接的成就感。

于是,我建议团队采用'轮岗制',让大家在数据处理、模型优化和风险报告撰写之间轮换,每个人都有机会接触不同的任务,既能减少枯燥感,也能提升对整个风控体系的理解。此外,我还组织了一次小范围的团队竞赛,设定一个短期的优化目标,并在达到目标后,给团队一个小奖励,比如团队聚餐或者额外的休息时间。

这些调整不仅让大家重新找回了动力,也提升了团队的整体协作效率。最终,我们的风控模型优化进度比预期提前了一周完成,而团队的满意度也大大提升。这个经历让我明白,真正有效的激励,应该结合团队的实际情况,找到既能提升工作动力,又能增强团队凝聚力的方式。"

这个回答为什么能打动HR?因为它不仅展示了求职者的解决问题能力,还突出了他如何通过工作优化和团队激励,提升团队士气并推动项目落地,让 HR 看到他具备管理思维和团队推动能力。

> **实战练习** 如果你带领团队完成某个任务,你会如何激励员工?

试着写一个符合自身经历的答案,并检查以下三个关键点:

(1)你的回答是否展现了你在团队中的具体作用?
(2)你的激励方式是否结合了团队的实际需求?
(3)你的回答是否展现了你的团队管理思维,而不是简单的"加油打气"?

你可以这样开头:

"在××项目中,我们团队负责×××,但由于×××问题,团队士气出现了下降。为了解决这个问题,我……"

4.3.5 如果同事对你的工作提出了批评,你会如何处理?

> **题目拆解** HR 为什么要问这个问题?

HR 希望通过这个问题,判断你在面对批评时,是理性分析,主动改进,还是消极防御,甚至情绪化应对。他们想知道,你是否能用开放的心态去理解反馈,并进行优化,而不是抗拒改变。他们也在考察你如何分辨哪些批评是有建设性的,哪些是基于误解或主观偏见。更重要的是,他们希望看到你如何在接受反馈的同时，维护自己的专业判断，确保最终产出的质量，而不是盲目迎合。

这道题最好的回答思路，应该是展示你的包容心、分析能力，以及如何通过批评优化自己的工作成果，让最终结果更符合团队或业务需求。

错误示例　这些回答会让 HR"出戏"

错误示例 1：抗拒型回应

"如果我认为自己的方案是正确的，我会坚持自己的想法，并向对方解释。"

HR 可能会想："对方的观点如果对你优化项目结果有帮助呢？"这个回答并没有体现出我们自己的独立，反而有可能缺乏开放性和团队协作精神。

错误示例 2：过度迎合，没有主见

"如果有同事批评我的工作，我会照做，毕竟他们比我更有经验。"

HR 可能会想："态度很好，但如果批评是不合理的，你会如何处理？"这个回答显得过于被动，没有独立思考的能力，HR 可能会担心你缺乏判断力。

错误示例 3：情绪化回应

"如果别人批评我，我会感到不开心，但我会尽量调整自己。"

HR 可能会想："职场是一个合作环境，不能太情绪化。你是否能理性分析批评，而不是过度个人化？"团队协作是大公司完成任务的主要方式，这个回答可能会让 HR 怀疑你的抗压能力。

高分解析　怎么回答才能让 HR 眼前一亮？

一个高质量的回答，应该遵循"具体场景→如何分析批评→如何调整优化→结果影响"的逻辑，让 HR 看到你如何通过批评改进工作，同时保持良好的团队合作关系。

高分示范 1：针对金融量化研究员岗

"在××金融公司实习时，我的团队负责优化一款量化交易策略，我的任务是调整回测模型，以提高策略的收益表现。提交分析报告后，团队的一位资深研究员对我的回测逻辑提出了质疑，认为我的数据采样方式可能会导致过拟合。

当时，我的第一反应不是立刻辩解，而是仔细听取对方的观点，并请他详细说明他的顾虑。经过讨论，我意识到自己在选择数据样本时，确实可能过度优化了历史数据，而忽略了策略在真实市场中的适应性。

为了验证这一点，我重新调整了数据采样方式，并采用更严格的测试方法进行回测。优化后的策略不仅收益表现更加稳定，还降低了回撤风险，最终获得了团队的认可。

这次经历让我深刻体会到，在量化研究中，批评不是在否定你的能力，而是帮助你更接近最优解。之后的工作中，我更加主动地向团队成员寻求反馈，同时也学会了如何理性分析不同意见，确保每一次调整都有数据支持，而不是单纯的个人判断。"

这个回答采用"STAR 法则"的方式展现了求职者如何理性分析批评，还强调了如何通过反馈改进模型，最终让策略更加稳定，让 HR 看到他具备数据驱动的思维和持续优化的能力。

高分示范2：针对视频剪辑师岗

"在××传媒公司实习时，我负责剪辑一支品牌宣传短片。初稿提交后，客户方的市场团队对我的剪辑风格提出了批评，认为整体节奏偏慢，不能很好地抓住观众的注意力。

面对这样的反馈，我先向市场团队询问他们的具体需求，并分析他们的目标受众。我发现，市场团队希望这支视频在社交媒体上传播，而社交平台上的用户更倾向于快节奏、信息密度高的内容，因此我的剪辑方式确实需要调整。

理解需求后，我重新优化了剪辑节奏，增加了更多动态的转场和视觉冲击力更强的镜头组合，同时减少了部分冗长的过渡镜头。最终，调整后的版本不仅符合客户需求，视频在社交平台的观看完播率也提高了25%。

这个经历让我认识到，剪辑不仅仅是个人艺术表达，更是要服务于最终的传播目标。有时候，批评不是在否定你的能力，而是让你站在不同的角度去优化作品。正是这次调整，让我学会了如何从用户的视角去审视自己的作品，也让我在之后的剪辑工作中更加注重数据反馈和用户体验。"

这表明了整理自己过往经历的重要性，一个工作的细节经过梳理就可以赢得一次完美的面试。

实战练习　如果你的同事对你的工作提出了批评，你会如何处理？

试着写一个符合自身经历的答案，并检查以下两个关键点：
（1）你的回答是否体现了你对反馈的分析能力，而不是盲目接受或拒绝?

（2）你的回答是否展现了你如何通过批评改进工作,让结果更优?

你可以这样开头:

"在××项目中,我负责×××,但提交后,一位同事对我的×××提出了批评。他认为×××可能存在问题。为了更好地理解他的反馈,我先……"

4.3.6 案例剖析:群面评分第一,如何拿下汇丰银行 offer?

张航一直认为,自己和外资银行无缘。

他本科就读于国内一所普通双非大学,研究生在澳大利亚留学,虽然成绩不错,但没有耀眼的实习经历。在求职季,他投递了多个投行和商业银行的岗位,收到的回复几乎都是"感谢您的申请,你很优秀,但我们决定继续寻找更合适的候选人"。

面对竞争激烈的校招,他开始反思——为什么同样是金融硕士,别人能进大行,而他连面试机会都没有?

答案很残酷:没有亮点,简历毫无竞争力。

但他没有气馁,而是开始认真研究成功案例。他发现,外资银行的招聘流程,除了笔试、个面,最关键的环节是群面(小组讨论),而且这一关卡淘汰率极高。因此,我们带着他制定了一个策略——不拼背景,拼群面表现,只要能在群面中拿到最高分,就有可能逆袭。

最终，他在汇丰银行的群面中拿下评分第一名，最终拿到了汇丰上海办公室的 offer。这一切，靠的不是运气，而是一套精准的群面策略，我们来拆解一下他的"群面秘诀"。

他的第一个群面策略是：不争做领导者，做团队的贡献者。

张航在研究群面技巧时，发现了一个误区：很多人认为，群面里必须当领导者才有优势。

但现实是，在一个 6—8 人的小组讨论里，并不是只有领导者能拿高分。真正的关键，是你能不能让团队的讨论有价值，并且你的发言是否能体现逻辑性和推动力。

比如，在汇丰的群面中，讨论主题是关于如何优化银行的零售业务流程。一开始，团队里的几个人都在抢领导者的位置，争着发言，试图主导方向。但张航没有加入混战，而是观察整体的节奏，当大家开始围绕一个方案讨论时，他迅速切入，把讨论拉回到更有逻辑的分析框架：

"我们可以先明确一个点：客户的痛点到底是什么？如果目标是优化零售流程，那核心问题是提升用户体验还是降低运营成本？如果这两个目标冲突，我们的优先级是什么？"

这番话，瞬间让讨论从混乱变得有序，HR 明显露出了认可的神色。

他的第二个群面策略是：不说废话，每次发言都带"价值"。

很多人在群面中容易犯一个错误：为了刷存在感而不断发言，但说的内容空洞，甚至重复别人讲过的点。

张航的策略是，每次发言都带"增量信息"。在讨论中，他专门观察哪些点没有被覆盖，然后精准补充。比如，当讨论到如何

提高银行的线下网点效率时,大家都在讲数字化转型、减少人工成本,而他补充了一个实操性的细节:

"除了减少人工成本,我们是否可以考虑网点的多功能性?比如在国外,一些银行会把部分营业厅空间出租给企业服务公司,提高线下网点的坪效收益并且能获得更多潜在客户。"

HR 在听到这句话时,立刻在本子上做了标记,虽然答案不一定可操作,但是有详细的对标操作和创新性。在群面中,HR 的评分标准之一,就是你是否能带来新的思考角度。张航每次发言都精准切入,这让他的评分一直处于领先位置。

他的第三个群面策略是:帮别人搭台,而不是拆台。

群面中的另一个隐藏加分点,是你是否能促进团队合作,而不是只顾自己表现。在讨论进入尾声时,HR 要求团队做总结,很多人开始争抢最后的总结发言。但张航没有去抢,而是主动把总结机会让给了一位表现中等的同组成员:

"刚才××同学的观点很有价值,或许可以由你来做总结,把大家的想法整理一下?"

这个动作,让 HR 明显点头。群面不仅考察你的个人能力,更考察你的团队意识。能把机会让给别人,说明你不是一个自私的团队成员,而是愿意帮助团队进步的人。

最终,在 HR 的评分中,张航的综合表现排名第一,并顺利拿到 offer。

张航的经历告诉我们,背景普通并不是群面中的决定性因素,真正影响群面结果的,是策略和表现。当你能像他一样做到上面三点,你也一定能拿到心仪的 offer。

第 5 章
面试实战题精讲——过去篇

5.1 巧用"故事库",面试持续成功的秘诀

在面试中,最无效的回答是什么?

不是"我不会",而是"听完就忘"的那种回答。

很多求职者在面试时,会把自己的经历简单地描述一遍,比如:"我之前在××公司实习,负责市场分析。"但这样回答,HR 根本抓不到你的亮点,也无法判断你的能力。真正优秀的面试者,都会用一个有逻辑、有细节、有感染力的"故事"来讲述自己的经历,让 HR 听完之后印象深刻,并主动追问更多细节。

故事化表达的力量不可低估,只有那些有故事、有细节的回答,才能让他们真正记住你。

但很多人犯的最大错误是——面试时才开始准备故事。

你是不是也有过这样的经历? HR 问:"你过去遇到的最大挑战是什么?"你开始回忆,但一时想不到合适的案例,于是随便说了一个听起来"还行"的故事,结果讲到一半发现逻辑不清,HR 听完后也没什么兴趣,最后面试表现平平。

真正聪明的求职者,都会在面试前准备好自己的"故事库",确保在面试中,能够快速、精准地讲述一个有逻辑、有感染力的故事。

那么,我们如何准备一个"面试故事库"? 其实只需要做三

件事：

第一，梳理你的核心经历。

我们的故事库，可以来源于学习、实习、项目和工作经历。我们可以回顾自己过去几年做过的事情，特别是那些能体现你能力、成长、突破和影响力的关键事件。比如你可以问自己几个问题：

(1) 有没有一次挑战让我印象深刻？我是如何解决的？

(2) 我做过哪些有影响力的事情？结果如何？

(3) 在哪个项目/工作中，我的贡献最关键？

(4) 我曾经失败过吗？从中学到了什么？

(5) 我有没有主动推动过什么事情？是如何实现的？

这些经历，都是你的"素材库"，你需要先把它们整理出来。

第二，用"STAR 法则"结构化你的故事。

有了素材，还是远远不够的，我们还需要用 STAR 法则，把你的故事变成一个有逻辑、有层次的回答。

S(Situation, 背景)：背景是什么？（这个经历发生在什么场景？）

T(Task, 任务)：你的任务是什么？（你当时的职责、面临的挑战是什么？）

A(Action, 行动)：你是如何做的？（你采取了哪些行动？为什么这么做？）

R(Result, 结果)：最终的结果如何？（有没有数据化的成果？带来了哪些影响？）

举个例子，假设你在实习时优化过一个运营策略，你可以用

STAR法则这样讲述你的故事：

S：在××公司实习时，我发现用户活跃度在下降，尤其是××类用户，流失率高达20%。

T：我的任务是分析用户流失的原因，并提出改进方案。

A：我通过数据分析发现，××环节的用户体验较差，影响了留存。我与团队沟通后，优化了××流程，并增加了××功能，提高了用户参与度。

R：这次调整后，××类用户的流失率降低了10%，用户留存率提高了15%。

用这样的结构讲述故事，不仅逻辑清晰，而且数据支持让HR更容易相信你的能力。

第三，准备"万能故事"，灵活应对不同问题。

我们不需要为每个问题都准备一个全新的故事，许多面试问题都是可以用一个例子回答的，因此我们可以准备几个"万能故事"，然后根据不同的问题，调整重点。

比如，假设你有一个"推动产品优化"的经历，你可以用它回答多个问题：

（1）请分享一个你遇到的挑战？（强调问题和你的解决方案）

（2）你最有成就感的一次经历？（强调你的成果）

（3）你如何在团队中产生影响？（强调你的团队协作）

（4）你如何处理失败？（如果这个优化一开始失败了，你可以讲如何调整方案）

这样的系统整理加"一鱼多吃"，让面试准备变得轻松高效，故事库不仅能帮助你应对不同面试问题,还能确保你的回答始终有逻辑、有深度。

5.1.1 你过去的职业经历中,最关键的转折点是什么?

📝 题目拆解 HR为什么要问这个问题?

这道题许多候选人会回答得很简单,比如只是简单地回答说"我转行了""我换了一个行业"或者"我从实习转正",HR很可能会觉得你的职业规划不够清晰,甚至会怀疑你未来是否会频繁跳槽。但如果你能用一个逻辑清晰、层次分明的故事,展现你在职业发展中的成长和思考,HR不仅会对你刮目相看,还会认为你是一个有潜力、值得培养的人。

这个问题的核心,并不是让你单纯回顾过往,而是HR想要了解几个重要的信息:第一,你如何看待自己的职业发展?第二,你在关键时刻的决策逻辑是什么?第三,你是否具备适应变化和主动成长的能力?

换句话说,HR并不关心你做过多少选择,而是想知道——你为什么做出这个选择?你是被动接受变化,还是主动争取机会?你的决策是否基于深思熟虑,而不是跟风或冲动?

所以,这道题的最佳回答方式,不是流水账式地罗列你的职业经历,而是挑选一个真正有意义的转折点,用"背景—挑战—决策—结果"的逻辑,讲述你的成长故事。

错误示例　这些回答会让HR"出戏"

错误示例1：描述太简单，缺乏深度

"我最关键的转折点是从市场部转到产品部，因为我更喜欢产品。"

HR可能会想："为什么喜欢产品？是被动转岗，还是你主动争取的？这个回答没有细节，没有穿插自己的思考。"因此信息太单薄，没有展现你的思考能力和成长轨迹。

错误示例2：内容冗长，缺乏核心重点

"我大学学的是机械工程，毕业后去了咨询行业，后来又转到了互联网。咨询让我学会了商业分析，而互联网行业发展更快，所以我决定跳槽。"

HR可能会想："你到底经历了哪些关键节点？听起来像是随意换工作，没有明确的职业规划。"这个回答的问题在于：故事缺乏结构，HR听完后没有任何记忆点。

错误示例3：太个人化，缺乏职业相关性

"我最关键的转折点是大学毕业那年，我纠结了很久要不要出国留学，最后因为家人反对，我选择了留在国内工作。"

HR可能会想："这个经历和你的职业发展有什么关系？它如何影响了你的职业选择？"回答没有和求职岗位产生联系，让HR觉得你只是在讲述个人故事，而不是有价值的职业经历。

高分解析　怎么回答才能让HR眼前一亮？

一个优秀的回答，应该遵循"背景→挑战/转折点→决策过程→结果与成长"的逻辑,让 HR 看到你的思考能力,以及你在职业选择上的主动性。

高分示范 1:针对数据分析岗位

"我职业生涯中最关键的转折点,是从市场分析转型到数据分析。

在××公司实习时,我的主要任务是分析竞品市场和用户行为。刚开始,我只是按照上级要求整理数据,并没有深入思考。但有一次,公司要调整营销策略,需要精准的用户数据支持,团队却发现,之前的市场数据分析方法并不准确。

当时,我主动请缨,利用 Python 和 SQL 对历史数据进行重构,并分析不同用户群的行为模式,最终提供了一套更加精准的营销预测模型。这次经历让我意识到,我真正感兴趣的不是市场营销,而是用数据驱动商业决策。

于是,我在实习结束后,主动学习数据分析技能,并在下一份工作中申请了数据分析师岗位。在新的岗位上,我不仅深入学习了 AB 测试和机器学习算法,还成功优化了一项定价模型,使公司在新用户获取上的成本降低了 12%。

这个转折点让我明白,职业成长不是按部就班,而是要主动识别自己的优势,并不断寻找更适合自己的方向。数据分析让我找到了真正的价值创造点,也让我坚定了未来的发展道路。"

这个回答就很切题,突出强调了思考能力、主动学习能力和数据驱动的思维,让 HR 相信求职者的选择是经过深思熟虑的,而不是盲目跟风。

高分示范 2：针对互联网产品经理岗位

"我职业生涯中最重要的转折点，是从运营岗转型到产品经理。我最开始在一家社交 App 的用户运营团队，负责用户增长。当时，公司新推出了一项活动，但效果不佳，用户留存率远低于预期。团队内部主要靠补贴拉新，但用户参与率仍然很低。

我开始思考，问题可能不是出在运营策略上，而是产品设计本身存在问题。于是，我主动分析了用户路径，发现新用户的注册流程过于烦琐，导致流失率高达 35%。

我把这个发现反馈给产品团队，并提出了优化建议。最终，产品经理采纳了我的建议，对注册流程进行了调整，用户留存率提高了 15%。

这次经历让我意识到，我的优势不只是运营执行，而是产品优化能力。于是，我在工作之余自学了 Axure、数据分析工具，并抓住公司内部的转岗机会成功转入产品团队，正式开始了产品经理的职业发展路径。

这个转折点让我更加坚定了一个信念：职业发展不是等来的，而是要主动探索，发现自己的核心竞争力，并持续强化它。"

这个回答是我们可以模仿的，因为它展现了求职者的问题解决能力，还强调了他如何主动推动业务优化，让 HR 看到他是一个有职业规划、敢于挑战的人。

实战练习　你过去的职业经历中，最关键的转折点是什么？

试着写一个符合自身经历的答案，并检查以下三个关键点：

（1）你的回答是否展现了你的思考能力，而不仅仅是"换工作"？

（2）你的故事是否体现了主动性，而不是被动接受变化？

（3）你的转折点是否和你申请的岗位相关，而不是随意选择一段人生经历？

你可以这样开头：

"在××工作/实习时，我原本负责×××，但在某次×××挑战中，我意识到×××，于是我决定……"

5.1.2 你离职的原因是什么？

题目拆解　HR为什么要问这个问题？

这是HR在面试中最容易布置的"隐形陷阱"之一。表面上，这是一个关于你过往经历的问题，但实际上，HR想借此判断你的职业规划是否清晰、是否具备稳定性，以及你的职业态度是否成熟。他们想知道，你是因为职业发展而选择离职，还是因为对上一份工作存在抱怨和不满？

更重要的是，HR也在试探你是否具备职业忠诚度。如果你的回答听起来像是"这家公司一堆问题，所以我走了"，HR可能会担心，你未来对新公司也会抱有同样的态度，一旦遇到不如意的事情，就会迅速离开。这会让他们对你的稳定性产生怀疑。

那么，这个问题该如何回答？首先，你要避免负面情绪，不要抱怨前东家。其次，你的回答要体现出你的成长和职业规划，让HR看到，你的离职是为了更好的职业发展，而不是因为消极因素。最后，你的回答要与当前应聘的岗位相匹配，让 HR 觉得，你的跳槽是经过深思熟虑的，而不是随意换工作。

错误示例　这些回答会让 HR"出戏"

错误示例 1：带有负面情绪，抱怨前公司

"我离职是因为公司太混乱，各方面都不好，比如管理混乱、薪资过低、布置的任务太难。"

HR 可能会想："如果我们公司有问题，他会不会也选择离职？他的职业忠诚度是不是太低了？"这个回答可能让 HR 担心你的职业态度，降低你的可信度。

错误示例 2：只谈薪资，显得过于功利

"我觉得工资太低了，想找个薪资更高的公司。"

HR 可能会想："如果有公司出更高的工资，他是不是很快就会跳槽？"同样的问题，这个回答让 HR 怀疑你的忠诚度。

错误示例 3：理由模糊，缺乏职业规划

"我觉得这份工作不太适合我，所以就辞职了。"

HR 可能会想："他是不是随意换工作，没有清晰的职业规划？"这个回答欠佳的原因是没有展现自己的职业思考，让 HR 觉得跳槽的原因过于随意。

高分解析　怎么回答才能让 HR 眼前一亮？

一个优秀的回答，应该遵循"客观原因→个人成长→与新岗位的匹配"的逻辑，让 HR 看到你是经过深思熟虑才做出职业选择的，而不是冲动跳槽。

高分示范 1：针对新媒体运营岗位

"在上一份工作中，我主要负责新媒体内容的策划和发布，这段经历让我积累了丰富的内容创作经验，也对用户运营有了更深入的理解。随着工作的深入，我逐渐发现自己对数据分析和用户增长策略更感兴趣，希望能在这方面有更多实践机会。

但是，由于公司业务侧重于内容生产，数据分析的部分相对较少，我的成长空间受到了限制。因此，我决定寻找一个能结合内容运营和用户增长策略的岗位，希望在新的环境下，能进一步提升自己的数据分析能力。"

这个离职的原因是合理的，且从面试来说它是加分的，因为它不仅强调了你在上一份工作中的收获，还展示了你的职业发展方向，并且把自己的离职原因和应聘岗位的匹配点结合起来，让HR觉得你是一个有规划、有目标的求职者，而不是单纯因为不满意而离职。

高分示范 2：针对会计岗位

"在上一家公司，我主要负责财务报表的整理和税务申报，在这段时间里，我的会计基础得到了很好的锻炼。但随着经验的增长，我希望能够接触更多财务分析和预算管理的内容，从而提升自己的专业深度。

由于原公司的财务架构相对稳定，财务分析的岗位需求较少，因此，我决定寻找一个可以让我在财务分析方向上进一步发展的岗位。我注意到贵公司不仅重视财务数据的管理，还在财务决策方面有很强的分析需求，这正是我希望深入发展的方向。"

会计这个岗位尤其注意忠诚度和稳定性，大多数 HR 不希望这个岗位大范围的变动,因此这个回答不仅展现了你在前公司的专业积累,还强调了你的职业成长需求,并且清晰地表达了新公司能提供的发展机会,让 HR 相信,你加入这家公司是经过深思熟虑的,而不是随意找工作。

实战练习　你离职的原因是什么?

试着写一个符合自身经历的答案,并检查以下三个关键点:

(1)你的回答是否展现了你在原公司的收获,而不是单纯的不满?

(2)你的离职理由是否和你的职业发展相关,而不是单纯因为薪资或工作环境?

(3)你的回答是否展现了你对新公司的兴趣,而不是表现出随便找一份工作的态度?

你可以这样开头:

"在上一份工作中,我主要负责×××,在这段时间里,我学到了×××。但随着经验的积累,我发现自己对×××更感兴趣,希望未来能在这方面深入发展。由于原公司的岗位设置×××,因此,我决定寻找一个能够提供×××机会的新平台。"

5.1.3　你在上段工作遇到了哪些困难,是如何克服的?

题目拆解　HR 为什么要问这个问题?

我们一直讲"面试思维",其实很简单,就是我们面对一个问题时不要着急回答,而是要明白 HR 到底想要通过这道题考察什么。这个问题的核心考察点,是你的问题解决能力、抗压能力,以及面对挑战时的思维方式。HR 不关心你具体经历了什么困难,而是想知道,你在压力下是如何分析问题、调整心态,并最终推动工作向前发展的。

抗压能力是很多大公司一定会考察的核心,因此这个问题也是 HR 判断你在新岗位上是否能适应挑战的关键。如果你的回答表明,你在面对困难时容易情绪化,或者依赖外界帮助而不是自己主动寻找解决方案,HR 可能会担心,你在新岗位上遇到压力时,也会缺乏独立思考的能力。

那么,我们回答时应该按照"挑战—分析—行动—成果"的逻辑,展现我们的逻辑思维、执行力和成长性,而不是简单地抱怨工作难度或强调困难本身。

错误示例　这些回答会让 HR"出戏"

错误示例 1:过度强调困难,缺乏解决方案

"在上份工作中,我遇到的最大困难是工作压力太大,任务量太多,经常加班到深夜。"

HR 可能会想:"这只是工作强度的问题,他自己做了哪些努力来适应? 如果新公司工作节奏也快,他能适应吗?"上面的回答只描述了困难,没有展现自己的应对方式和成长过程。

错误示例 2:完全依赖他人,没有主动性

"我刚入职时,对业务不熟悉,经常做错事,好在领导很耐心,帮我改了很多次,后来才慢慢熟悉起来。"

HR可能会想:"这个人对困难的解决方式似乎只是等待别人的帮助,而不是主动学习或调整策略。"没有体现出独立思考和自我提升的能力,HR可能会觉得你在遇到新问题时依赖性太强。

错误示例3:回避问题,缺乏真实感

"我在上一份工作中没有遇到什么困难,一切都很顺利。"

HR可能会想:"这不太可能,工作总会有挑战。他是不是没有思考过自己的成长?还是不愿意面对问题?"上面的回答没有展现思考能力,显得缺乏经验或回避问题。

高分解析　怎样回答才能让HR眼前一亮?

一个优秀的回答,应该遵循"挑战→分析→行动→成果"的逻辑,让HR看到你的思考能力、行动力和成长过程。

高分示范1:针对战略咨询岗位

"在××咨询公司工作时,我负责为一家快消企业做市场进入战略分析。这是我第一次真正接触到商业咨询项目,最初遇到的最大困难,是信息收集和分析的深度问题。

咨询工作讲究精准的数据支持,但当时市场上关于该行业的公开数据极其有限,我在前期研究时,很难找到足够的支撑材料,导致分析报告缺乏说服力。

意识到这一点后,我调整了信息收集方式,除了通过行业数据库和研究报告,我还联系了行业专家,进行了几轮深度访谈,同时通过社交平台、新闻媒体等渠道挖掘竞争对手的市场动态。最终,我整理了一套较为完整的市场进入策略,为客户提供了基于真实市场情况的可行方案。

这次经历让我深刻意识到,咨询行业的核心竞争力不仅仅是数据分析能力,更是信息挖掘和逻辑推演的能力。在后续的项目中,我更加注重跨渠道信息收集,确保每一个结论都有足够的证据支撑。"

这个回答用"故事"展现了自己的匹配度,不仅展现了求职者的问题分析能力,还强调了他的执行力和学习能力,让 HR 看到他在面对挑战时能够主动寻找解决方案,而不是被动接受问题。

高分示范2:针对快消市场管培生岗位

"在××快消公司实习时,我负责品牌的市场推广工作,最大的挑战是短时间内策划并执行一场产品推广活动。

由于时间紧迫,活动方案需要在一周内确定,且市场预算有限,不能像传统品牌推广一样依赖大规模广告投放。我当时的困惑是,如何用最少的预算,最大化提升品牌曝光度。

面对这个挑战,我深入分析了目标受众的特点,发现年轻消费者更偏好互动性强的营销方式,于是我策划了一场线上线下结合的'社交挑战赛',邀请 KOL(意见领袖)参与,并鼓励用户在社交平台上自主传播。最终,这场活动的社交媒体互动率比预期高出 30%,品牌曝光量也比以往传统推广手段提升了两倍。

这次经历让我意识到,在快消行业,市场推广不仅仅是烧钱投放广告,更重要的是精准洞察用户需求,并找到最具传播力的营销方式。"

这个回答的"故事"选择得非常契合,而且突出了他的数据分析能力和创新能力,让 HR 看到他能够在资源有限的情况下,创造出更大的价值。

> **实战练习** 你在上段工作遇到了哪些困难,是如何克服的?

试着写一个符合自身经历的答案,并检查以下三个关键点:

(1)你的回答是否展现了你的思考能力,而不仅仅是描述困难?

(2)你的故事是否体现了主动性,而不是被动接受帮助?

(3)你的解决方案是否展示了你的核心竞争力,而不是简单地适应环境?

你可以这样开头:

"在××公司工作/实习时,我的任务是×××,但在执行过程中,我遇到了×××挑战。这是因为×××(具体困难)。为了解决这个问题,我尝试了×××方法,并最终达到了×××成果。"

5.1.4 你的职业生涯中最满意的一份工作是什么?

> **题目拆解** HR为什么要问这个问题?

HR要通过这道题判断你的工作能力和你真正的职业兴趣。

具体来说,他们其实是想知道三个点:首先,你对什么样的工作最有热情?其次,你喜欢的工作模式是否符合新公司团队的文化?最后,你的回答是否能体现出你真正适合这份工作?

那么，如果你只是说"我喜欢这份工作，因为它很有趣"，HR可能会觉得你的职业兴趣不够清晰，甚至怀疑你是否只是随意找个工作。

错误示例　这些回答会让HR"出戏"

错误示例1：回答太模糊，没有展示具体原因

"我最满意的一份工作是我的第一份数据分析实习，因为我喜欢数据。"

HR可能会想："喜欢数据具体体现在哪？你的能力和成就是什么？"回答有点太过笼统，没有展现出实际技能和职业成长。

错误示例2：重点偏离职业发展

"我最满意的一份工作是大学期间的一次创业项目，因为能自由支配时间。"

HR可能会想："这和你申请的岗位有什么关系？你的成就感来源是否和岗位需求匹配？"这样的回答不仅不会让HR觉得你匹配，反而有可能让HR产生新的疑惑。

高分解析　怎样回答才能让HR眼前一亮？

这个回答，应该遵循"背景→挑战→你的行动→结果→你的成长"的逻辑，清晰展现你的职业兴趣、个人成就感，以及对未来职业发展的思考。

高分示范1：针对数据分析师岗位

"我最满意的一份工作，是我在××公司的数据分析实习。当时，我负责分析用户留存率，初期遇到的最大挑战是数据庞杂，

缺乏有效的分析逻辑,导致团队对用户流失的原因判断不清。

为了找出影响用户留存的关键因素,我深入分析了历史数据,并使用 SQL 和 Python 构建了一个用户分层模型,将用户行为进行分类,找出了高流失率的用户群体特征。最终,我发现用户流失的核心原因是某个关键环节的交互体验较差,导致用户在使用过程中产生困惑。

在团队的支持下,我们优化了该环节的交互设计,并对关键用户群体进行了定向营销,最终用户留存率提升了 15%。这次经历最让我有成就感的,不只是提升了数据分析能力,而是让我意识到,数据不仅仅是工具,更是帮助企业优化运营的关键。这让我更加坚定了在数据分析方向发展的信心,也激励我不断提升自己的建模能力和数据可视化能力。"

这个同学之所以能拿到 offer,是因为他展现了自己的技术能力和问题解决能力,还强调了他对数据分析的热爱,以及如何在工作中获得成就感,让 HR 相信他是一个有热情、有技术、有思考的人。

高分示范 2:针对人工智能算法工程师岗位

"我最满意的一份工作,是我在××公司 AI 团队的工作经历。当时,我们团队正在开发一款智能客服系统,我的主要任务是优化自然语言处理(NLP)模型,以提高客服机器人的准确率。但初期模型在处理复杂问题时,错误率较高,特别是涉及长文本对话时,模型的语义理解能力不足。为了优化模型,我首先分析了错误样本,发现模型在处理长文本时,容易丢失上下文信息。因此,我尝试引入新的预训练模型,并结合注意力机制优化文本理解能力。经过几轮实验,模型的准确率提高了8%,并且在真实客服场景中,用户的满意度评分也明显提升。

最让我有成就感的是,这次优化不仅仅是一个单纯的技术实现,而是对 AI 技术在实际业务场景中的落地应用进行了深入探索。它让我意识到,算法不仅仅是研究论文上的理论,而是可以真正改善用户体验和业务效率的工具。

而且,这次经历让我更加坚定了在 AI 领域发展的决心,也促使我在之后的学习中更深入地研究新的人工智能模型和多模态 AI 的应用,以提升自己的算法工程能力。"

这个同学很会在面试中讲"故事",这个"故事"不仅展示了求职者的技术能力和创新思维,还突出了他解决问题的能力和对 AI 行业的深刻理解,让 HR 相信他能在新岗位上创造实际价值。

实战练习 你的职业生涯中最满意的一份工作是什么?

试着写一个符合自身经历的答案,并检查以下三个关键点:

(1)你的回答是否展示了你的职业兴趣,而不仅仅是待遇或环境。

(2)你的故事是否体现了你的能力,而不仅仅是个人喜好。

(3)你的职业成就感是否与目标岗位匹配,而不是随意选一段经历。

你可以这样开头:

"我最满意的一份工作,是我在××公司从事×××的经历。当时,我的主要任务是×××,但在执行过程中,我遇到了×××

挑战。为了克服这个问题,我采取了×××方法,并最终实现了×××成果。这让我深刻体会到×××,也让我更加坚定了×××方向的发展。"

5.1.5 在取得某个结果的过程中,你的角色是什么?

题目拆解　HR 为什么要问这个问题?

对于有相关实习经验的候选人,这道题或许比较容易回答。但如果没有对应的工作经历,如何让 HR 看到你具备所需的能力? 这时候,校园经历、学术项目、志愿者活动、社团经验等,都是你最好的素材。

没有相关经历不可怕,只要你的"故事"能让 HR 看到,即使没有正式的行业经验,你依然能够通过过往的经历展现出岗位的匹配度。

因此,我们的面试"故事"来源,不一定必须是之前的实习经历,也可以是你的校园经历。

错误示例　这些回答会让 HR"出戏"

错误示例 1:过于模糊,听不出你的贡献

"在一次金融案例大赛中,我们团队获得了第一名。"

HR 可能会想:"那你的作用是什么? 是负责策略分析还是数据建模? 如果没有你的参与,团队还能获胜吗?"这个回答缺乏自己的贡献描述。

错误示例 2：只强调努力，没有结果

"我在一次商业比赛中付出了很多努力，每天都在准备材料，但最终没有进入决赛。"

HR 可能会想："虽然努力很重要，但没有好的结果是不是能力欠佳?"我们选择过往故事，应该尽量选择产生好结果的故事，哪怕是小结果。

高分解析　怎样回答才能让 HR 眼前一亮?

一个优秀的回答，不一定非要是正式的实习经历，而是要体现你在团队中的核心贡献，并展现你所具备的与岗位匹配的能力。

高分示范 1：针对投行 IBD 岗位（以校园金融大赛经历为例）

"在××金融案例大赛中，我和团队负责为某家企业的并购交易做财务分析和估值，这是我最有成就感的一次经历。我的角色是负责目标公司的估值建模，但挑战在于，我当时没有正式的投行实习经验，需要快速学习 DCF、Comparable Analysis 等估值方法。在时间紧迫的情况下，我查阅了大量公开市场数据，并主动联系金融系的学长请教建模思路，最终搭建了一套较为完整的估值模型。

在决赛路演时，我们的估值模型得到了评委的认可，被评价为'逻辑清晰、假设合理'，最终帮助团队拿下了前三名。这次经历让我意识到，投行的核心竞争力不仅是技术能力，更是学习能力和对数据的敏感度。我也因此更加坚定了未来从事投行业务的目标。"

这个同学虽然没有正式的投行 IBD 实习经历,但是他的回答中突出了他的快速学习能力和解决问题的能力,让 HR 相信,即使没有正式的投行实习经验,他依然具备投行工作所需的核心技能。

高分示范 2:针对四大会计师事务所税务岗位(以志愿者经历为例)

"我最有成就感的一次经历,是我在学校志愿者组织中,为一群创业者提供税务咨询支持。当时,我们团队的任务是帮助初创企业更好地理解税务政策,但问题是,这些企业的创始人大多缺乏财务知识,对于增值税、所得税等概念并不熟悉,甚至有的企业连基本的税务合规流程都不了解。

我的角色是负责整理最新的税务政策,并用简单的语言向创业者解释复杂的税务条款。我研究了大量的税法文件,并结合案例分析,设计了一份'税务合规指南'。最终,这份指南被 20 多家初创公司使用,帮助他们规范了税务申报流程,减少了财务风险。

这次经历让我意识到,税务工作不仅仅是数字计算,更是对企业财务健康的保障。最让我有成就感的是,我的知识真正帮助了别人,也让我更加坚定了投身税务行业的决心。"

实习经历并非必须"高大上",哪怕一段校园经历,也可以展示出我们的"匹配度"进而顺利拿到 offer。以这个回答来说,它不仅展示了求职者的税务知识和政策解读能力,还突出了他的沟通能力和影响力,让 HR 相信,即使没有正式的税务实习经验,他依然具备在四大税务团队中工作的潜力。

> **实战练习　在取得某个结果的过程中,你的角色是什么?**

试着写一个符合自身经历的答案,并检查以下三个关键点:

(1)你的回答是否突出你的核心贡献,而不仅仅是团队的成功?

(2)你的故事是否体现了你的学习能力、分析能力或执行力?

(3)你的角色是否与目标岗位的核心技能匹配,而不是随意选一段经历?

你可以这样开头:

"在××比赛/项目/志愿活动中,我的任务是×××,但在执行过程中,我遇到了×××挑战。为了克服这个问题,我采取了×××方法,并最终实现了×××成果。这让我深刻体会到×××,也让我更加坚定了×××方向的发展。"

5.1.6　案例剖析:如何在一次秋招中拿到八个 offer?

在求职竞争激烈的今天,海归身份不再是"必胜法宝",尤其是对于那些想回国进入顶级投行和咨询公司的同学来说,秋招往往是一场充满挑战的"硬仗"。

Jack 是一名在美国就读商科的留学生,他的目标很明确——回国进入顶级投行或咨询公司。

但在秋招初期,他屡屡碰壁:投递了十几家公司,只拿到了寥寥几个笔试和面试机会,甚至有几次面试到最后一轮还是被拒。

他的问题出在哪?

明明在美国顶尖商学院学习过金融和战略课程,简历上也有不错的实习经历,为什么 HR 却不买账?

在带着他仔细复盘后,我们发现,Jack 最大的问题在于:

(1)面试回答缺乏故事感,表达生硬,不能打动面试官。他的回答逻辑性强,但太过"公式化",让人听完没有记忆点。

(2)没有站在国内投行和咨询公司的角度去匹配自己的经历,导致面试官无法快速理解他的优势。

(3)讲述的案例缺乏结果导向,HR 听不出他具体的贡献点。

意识到这些问题后,我们带着 Jack 开始调整面试策略。Jack 的早期面试表现最大的问题,就是"缺乏故事感"——他会把经历按照"任务—结果"的方式直接陈述,但缺少细节、缺少情感、缺少悬念,让面试官无法沉浸在他的故事里。

举个例子,在投行面试中,面试官问他:"你在实习中遇到过的最大挑战是什么?"

Jack 的原回答是这样的:

"在实习中,我需要分析一家公司的财务报表,最初的数据质量较差,所以我花了很多时间清理数据,最终得到了一个更精准的分析。"

问题在哪?

这听起来像是一句"摘要",缺少了故事的起承转合,没有情绪波动,无法让面试官感受到他的努力和价值。

我们帮他调整后的回答是这样的：

"在××银行的暑期实习中，我被分配到一个并购项目，负责目标公司的财务分析。但当我拿到第一手数据时，我发现很多关键数据缺失，导致模型计算出的估值波动很大。团队的压力很大，因为客户要求在一周内给出初步估值。

意识到问题的严重性后，我主动联系了公司的财务团队，深入研究财报附注，并利用行业基准数据进行补充修正。在短短三天内，我完成了数据清理，并调整了模型的估值假设，使最终估值误差降低了 20%。

这次经历让我意识到，投行工作不仅仅是做财务模型，更重要的是如何在信息不完美的情况下做出最精准的判断。这种思维方式，让我在之后的分析中更加注重细节，也让我更有信心面对复杂项目。"

这样调整后的回答更加生动，让面试官能"看到"他遇到的困难、"感受到"他的努力，同时能明确理解他的贡献点。

除了这一点之外，他的表达方式也有问题。

Jack 最初的表达方式，带有一些海外求职的"痕迹"，比如他过于强调自己在美国实习时的国际化视角，而忽略了国内投行和咨询公司更关注的"本土市场经验"。

每个候选人的面试短板一定是不同的，在帮助 Jack 优化面试策略时，我们引导他在表达中增加对中国市场的理解，这种调整，让他的回答更贴合国内投行和咨询公司的关注点，提升了对面试官的吸引力。

这两点调整完以后，Jack 的面试大方向没问题，但是一些细节还是需要调整,毕竟细节决定成败。我们发现,Jack 的早期面试回答,很多时候都在描述团队的工作,而不是他自己的贡献。

比如,在咨询面试中,他最初的回答是这样的:

"我和团队一起做了一个关于中国新能源市场的增长策略研究,最终向客户提交了报告。"

这个回答的问题是,听起来像是在谈"路人甲",面试官完全不知道他的个人贡献点。

调整后的回答变成:

"在这个新能源市场增长策略项目中,我负责市场竞争分析部分。我发现,行业内的主要玩家在定价策略上有明显的分层,但中小企业往往缺乏品牌溢价,导致利润率过低。因此,我提出了分层定价策略,建议客户在不同渠道针对不同用户群体进行精准定价。"

这个回答清晰地展现了他的核心贡献,让面试官对他的分析能力和商业判断力留下深刻印象。

我们带着他完成这三个点的调整后,Jack 的面试表现发生了巨大的变化。原本"死板"的回答变成了生动的故事,原本"泛泛而谈"的经历被优化成了有数据支撑的亮点。

最终,他在秋招和春招中一路高歌猛进,拿下了高盛、摩根士丹利、瑞银的投行 offer,以及美世、贝恩、BCG 等咨询公司的录取,成为秋招中的"满贯选手"。

他的成功,不是因为学历背景"碾压"别人,而是因为他学会了如何讲述自己的故事,让 HR 真正看到他的价值。

5.2 面试不自夸,数据自会说话

面试是一个证明自己能力的过程,例子可以证明能力,而数据可以证明例子。

在面试中,很多同学都想表现自己的能力,但方式却不太正确——有的人说得很夸张,比如"我在实习期间提升了公司的销售额",但当 HR 追问"提升了多少?"时,他们就答不上来了;有的人则太过保守,明明做出了不错的成绩,却因为没有数据支撑,导致 HR 无法真正判断他们的贡献。

面试中,HR 和面试官更信任事实和数据,而不是"感觉"或"自我评价"。你可以说自己"沟通能力强",但如果你能补充一句:"在××项目中,我与多个部门协调合作,最终让项目提前两周完成。"HR 才会真正信服。

职场中,数据是最直观的说服工具。那么,在面试中,如何正确使用数据来增强自己的竞争力?有以下四种方式。

第一种,用"前后对比"的方式展示成果。 一个简单的"前后对比"数据,可以让 HR 直观地看到你的贡献。比如,"我优化了团队的工作流程"就不如"我优化了团队的工作流程,使每周报告的完成时间从 8 小时减少到 5 小时,提高了 37.5% 的效率"。

第二种,尽可能量化你的影响力。 即使你的工作内容偏向支持性,你也可以用数据量化你的价值。比如,"我帮助团队整理了大量数据"就不如"我整理了 5 000＋条用户数据,并搭建了一套更高效的分类模型,使数据分析时间缩短了 50％"。

第三种,用行业基准对比,突出你的成果。如果你的数据本身看起来不够"惊人",你可以对比行业平均水平,强调你的优势。比如,"我在实习期间负责了新客户的拓展"就不如"在实习期间,我拓展了 15 个新客户,是团队平均水平的 2 倍"。

第四种,强调趋势变化,展现你的贡献。如果结果数据不是那么直观,这时候可以用趋势数据增强你的回答。比如,"我优化了××业务的运营方式,最终留下了 72 名新用户"就不如"在我优化××业务后的三个月内,用户留存率从 42％提升至 57％,增长了 15 个百分点"。

当你在面试中用具体的数据呈现自己的成果,HR 不仅会更信服你的能力,也会觉得你是一个注重实际结果、有商业思维的求职者。

5.2.1 请你分享一个过去的成就,并说明你的贡献

题目拆解　HR 为什么要问这个问题?

这道题其实是很多题的"变体",我们拆解完可以用在很多面试题上。

第一步要明确面试官问这个问题的原因是什么。面试官问这个问题,并不是单纯想听你炫耀自己的"高光时刻",而是希望借此判断你的实际能力、问题解决能力、团队协作能力,以及你对

"成就"这个概念的理解。他们最关注以下三点:

(1) 你的成就是否体现了你的核心能力?——你在这个成就中的关键作用是什么? 它如何体现你的专业能力?

(2) 你的贡献是否具体、可衡量?——你提供了哪些独特的价值? 你的工作有没有实实在在的结果?

(3) 你的成就是否与目标岗位匹配?——你的经历是否能证明你适合这个工作? 你的能力是否可迁移到这家公司?

在回答中,我们一定要注意"STAR 法则"的应用和数据的量化。

错误示例 这些回答会让 HR"出戏"

错误示例 1:回答太笼统,缺乏具体数据

"在我的上一份实习中,我们团队成功帮助公司优化了销售流程,提高了业绩。"

HR 可能会想:"'优化销售流程'具体是指什么?'提高业绩'又是提高了多少? 你的贡献点在哪里?"没有数据支撑的回答,HR 无法判断你的真实价值。

错误示例 2:没有结果导向,HR 看不到影响力

"我曾在实习期间负责数据分析,并撰写了一份市场研究报告。"

HR 可能会想:"这份报告的价值是什么? 它是否带来了商业上的影响? 你的分析最终如何被公司使用?"缺乏结果量化,HR 无法感受到你的真正贡献。

高分解析 怎样回答才能让 HR 眼前一亮?

一个优秀的回答,应该遵循"背景→任务→你的贡献→结果→你的成长"的逻辑,让 HR 清晰地看到你的能力和价值。

高分示范 1:针对四大会计师事务所税务岗位

"在××会计师事务所的税务实习期间,我的任务是帮助客户优化税务合规流程。当时,客户公司面临税务申报流程烦琐的问题,每次提交数据都会产生时间延迟,甚至导致罚款。我负责整理他们过往两年的税务申报数据,并对流程中的关键瓶颈进行分析。

我发现,客户的数据整理方式存在大量重复步骤,于是我设计了一套自动化 Excel 工具,帮助他们快速核对发票和财务数据。最终,这个工具让他们的税务申报时间减少了 40%,并降低了因数据错误导致的罚款风险。

这次经历让我意识到,税务工作不仅仅是合规性审核,更重要的是如何通过数据优化企业的财务流程。我也因此对税务科技的应用产生了浓厚兴趣,希望能在四大的税务团队中进一步发展。"

这个回答之所以能证明候选人的匹配,是因为在回答中通过"40%"这样的趋势性数字量化了工作结果,让 HR 直接看到求职者的能力。

高分示范 2:针对产品运营岗位

"在××公司的产品运营工作中,我负责提升新用户的留存率。

当时,公司推出了一款新的APP,但用户的7天留存率只有15%,远低于行业平均水平。我分析了用户流失的关键节点,并发现大部分用户在注册后第一天就停止使用,原因是应用的核心功能入口不够直观。

我设计并AB测试了一种新的引导机制,在用户首次登录时提供个性化推荐,并优化了界面布局。最终,这项调整让7天留存率提升到了28%,增长了13%。

这次经历让我意识到,运营工作的核心是数据驱动的增长策略,而不仅仅是用户获取。我也因此更加明确了自己未来的发展方向,希望能够继续在产品运营领域深耕。"

这个回答展示了求职者的数据分析和用户增长策略,还强调了他的问题解决能力和商业思维,让HR看到他的长期潜力。

实战练习　请你分享一个过去的成就,并说明你的贡献。

试着写一个符合自身经历的答案,并检查以下三个关键点:

(1)你的回答是否突出了你的核心贡献,而不仅仅是团队的成功?

(2)你的故事是否体现了你的分析能力、执行力或创新能力?

(3)你的成就是否用数据或具体成果支撑,而不是单纯的主观描述?

你可以这样开头:

"在××比赛/项目/实习中,我的任务是×××,但在执行过程中,我遇到了×××挑战。为了克服这个问题,我采取了××

×方法,并最终实现了×××成果。这让我深刻体会到×××,也让我更加坚定了×××方向的发展。"

5.2.2 你如何帮助团队提升工作效率?

题目拆解　HR为什么要问这个问题?

这个问题对于一些职能部门的岗位非常常见,比如会计、人力部门、行政部门。

HR问这个问题,是想知道你是否具备发现问题、优化流程和提升团队效能的能力。每家公司都希望员工不仅能完成本职工作,还能主动发现低效之处,并提出改进方案,尤其是在人力资源和会计这样的岗位上,很多重复性工作如果没有优化,可能会大幅增加工作量,影响整体运营效率。

HR也在考察你的思维方式——当你遇到低效的流程时,你是选择被动接受,还是主动寻求更好的解决方案?此外,这个问题也能帮助HR判断你是否有数据思维和成果导向,是否能清楚地描述自己的改进措施以及它们带来的具体影响。一个好的回答,应该能让HR看到你的问题识别能力、改进措施以及最终的成效。

错误示例　这些回答会让HR"出戏"

错误示例1:没有具体改进措施,描述过于笼统

"在我的上一份实习中,我帮助团队提升了工作效率,优化了流程,使工作变得更顺畅。"

HR可能会想:"具体优化了什么?如何提升的?有没有数据支持?"描述得太空泛了,没有提供具体案例,HR无法判断你到底做了什么贡献。

错误示例2:没有数据支持,无法体现优化效果

"我帮助公司优化了工资发放流程,使支付更加高效。"

HR可能会想:"优化前后效率提升了多少?具体改进了哪些环节?"缺乏数据支撑和细节,HR无法量化你的贡献。

高分解析 怎样回答才能让HR眼前一亮?

运用"STAR法则",遵循"背景→任务→你的贡献→结果→你的成长"的逻辑,让HR清晰地看到你的能力和价值。

高分示范1:针对人力资源岗

"在××公司人力资源部实习期间,我的任务是协助招聘流程,但我发现简历筛选的环节效率很低。

当时,公司每天都会收到上百份简历,而HR团队需要花费大量时间手动筛选,导致候选人回复滞后,部分优秀人才可能已经被其他公司抢走。虽然团队已经尽量加快筛选速度,但招聘效率依然受限。

我主动研究了市面上的AI简历筛选工具,并建议团队使用关键词匹配功能进行初筛。我还设定了自动回复模板,让系统在筛选完成后自动通知候选人面试进展。最终,这项优化让HR团队的简历筛选时间减少了30%,提高了整体招聘效率。

这次经历让我意识到,人力资源不仅仅是沟通和管理,更是数据驱动的决策和流程优化。我希望未来能继续深入研究HR

科技,提高招聘工作的智能化水平。"

这个回答用"效率提升30%"的数据支撑了自己的工作结果是有效的,而且还强调了如何利用技术提升招聘效率,让HR看到他在HR职能中的创新思维。

高分示范2:针对会计岗

"在××公司财务部实习期间,我的任务是协助会计团队进行报销审核,但我发现,报销流程非常低效。

当时,员工需要填写纸质报销单,并附上发票提交审批,整个流程烦琐且容易出错。有时候,一张报销单的审批可能需要2—3周,严重影响了员工的工作效率和财务结算的及时性。

我对比了市场上的报销管理系统,并推荐团队试用一款基于OCR(光学字符识别)技术的自动化报销工具,让员工可以通过手机APP拍照上传发票,系统自动识别金额和类别,并直接对接财务软件。最终,审批时间从2—3周缩短至5天以内,员工满意度大幅提升。

这次经历让我深刻认识到,财务不仅仅是数据处理,更重要的是通过优化流程来提升效率,减少人为错误。我希望未来能在财务管理中,结合更多数字化工具,推动财务工作的智能化发展。"

对于无法量化结果的职能部门,"数据"是一个非常有力的证明,能让HR快速看到你的工作能力。

实战练习 你是如何帮助团队提升工作效率的?

试着写一个符合自身经历的答案,并检查以下三个关键点:

（1）你的回答是否展示了你的主动性，而不仅仅是执行任务？

（2）你的优化方案是否有清晰的逻辑，而不是笼统描述？

（3）你的回答是否有数据支持，能让 HR 直观感受到成果？

你可以这样开头：

"在××公司/团队的实习中，我发现×××问题，导致×××低效。为了优化这个流程，我采取了×××措施，最终使×××效率提升了××％，并带来了×××结果。这次经历让我深刻体会到×××，也让我更加坚定了×××方向的发展。"

5.2.3 你有没有经历过失败之后的改进，最终结果如何？

题目拆解 HR 为什么要问这个问题？

面试中不需要刻意回避自己的失误，不严重的失误是我们工作中或多或少会遇到的问题，这很正常，优秀的求职者反而会坦诚讲述自己的失误，并通过自己的反思和后续动作凸显出自己的能力，实现"反败为胜"。

当 HR 问这道题，他们真正想知道的是，你是否具备自我反思、问题分析和优化改进的能力。失败在工作中是不可避免的，但真正重要的是，你能否从失败中吸取教训，并迅速调整策略，让事情朝着更好的方向发展。

这就意味着，一个好的回答，不是简单地描述失败，而是要展现出"背景→失败的尝试→失败原因分析→采取的改进措施→最终结果"的完整过程,让 HR 看到你是一个具备学习能力和适应能力的人。

错误示例　这些回答会让 HR"出戏"

错误示例 1：没有分析失败的原因

"在一次项目中,我尝试优化数据库查询速度,但效果不理想。"

HR 可能会想："具体是什么问题？你为什么会失败？有没有后续的改进？"这个回答只是简单描述了失败,但没有深入剖析问题,也没有展现出求职者的学习能力。

错误示例 2：把失败归咎于外部环境

"我曾尝试推动一个数据分析自动化项目,但由于公司资源有限,最终没有落地。"

HR 可能会想："是资源问题,还是方案本身不够成熟？如果资源有限,你有没有尝试调整方法？"回答没有反思自身的问题,容易让 HR 觉得你缺乏解决问题的能力。

错误示例 3：只是强调"后来更努力了",但没有改进策略

"我在开发一个新功能时,最开始进展很慢,后来我花了更多时间去钻研,最终解决了问题。"

HR 可能会想："具体是怎么解决的？你做了哪些调整？这个经历体现了你哪些能力？"缺乏具体改进措施,HR 无法判断求职者的实际成长点。

高分解析　怎样回答才能让 HR 眼前一亮?

我们可以用"背景→失败的尝试→失败原因分析→采取的改进措施→最终结果"的逻辑来回答,让 HR 清晰地看到你的成长和适应能力。

高分示范 1:针对软件开发岗位

"在××公司的软件开发实习中,我负责优化一个后端 API 的性能,希望减少响应时间。最开始,我直接尝试优化 SQL 查询,把原来的多表联查合并成一个复杂查询,希望能提升查询效率。但上线后,我发现 API 的响应时间不降反升,系统甚至出现了超时错误。

复盘后,我分析了 SQL 执行计划,发现我的优化方案虽然减少了查询次数,但增加了数据库的计算压力,导致整体性能下降。我调整了策略,改用索引优化和缓存机制,而不是直接合并查询。优化后,API 响应时间从原来的 800 ms 降到了 350 ms,提高了效率。

这次经历让我意识到,优化代码不能只关注单个环节,而要考虑整个系统的负载均衡。也让我养成了在优化前先分析瓶颈数据,而不是盲目调整代码的习惯。"

候选人没有逃避讨论自己之前的失败,反而通过解决方案展示了自己的技术能力和问题分析能力,还强调了优化思维和系统性思考,让 HR 看到他在失败后的成长。

高分示范 2:针对数据分析岗位

"在××公司的数据分析实习中,我尝试搭建一套自动化的数据清洗流程,希望减少手动处理的时间。

我最初的想法是编写 Python 脚本,将所有原始数据自动清洗、去重,并填充缺失值,以提高数据质量。但在测试过程中,我发现脚本清洗后的数据有很多异常值,甚至有些关键字段的缺失值被填充成了错误的数据,影响了后续的数据分析。

复盘后,我发现,原始数据的格式比预期的更复杂,不同来源的数据标准不一致,简单的填充策略无法适用所有情况。我调整了方法,先找出各字段的异常情况,再针对不同类型的数据设计特定的清洗规则。最终,数据清洗的准确率提升了 30%,并减少了 80% 的手动修改工作。

这次经历让我认识到,数据分析不仅仅是写代码,更重要的是理解数据的特性和业务需求。优化一个数据流程,不能只追求'自动化',还要确保数据质量是可控的。"

这个例子的选择和岗位非常契合,而且突出了他对数据质量的理解,让 HR 相信他能在未来的工作中精准分析和优化数据流程。

实战练习　你有没有经历过失败之后的改进,最终结果如何?

试着写一个符合自身经历的答案,并检查以下三个关键点:

(1) 你的回答是否展示了你的思考能力,而不仅仅是描述失败?

(2) 你的改进措施是否具体可行,而不仅仅是"我后来更加努力了"?

(3)你的最终结果是否能体现你的成长,而不仅仅是失败本身?

你可以这样开头:

"在×× 公司的实习中,我尝试优化××× 流程,但在执行过程中,我发现××× 问题,导致改进未能达到预期。复盘后,我意识到××× 是失败的主要原因,因此我调整了策略,采取了×××改进措施,最终使××× 结果得到了提升。这次经历让我深刻体会到××× ,也让我在××× 方面成长了许多。"

5.2.4 如果你在一个岗位从零开始,如何证明你的快速成长?

题目拆解　HR 为什么要问这个问题?

许多候选人跨岗位求职时,经常面临这个问题。

没有经验不可怕,HR 希望通过你的回答,了解你是否具备高效学习的方法、自我驱动力以及如何在短时间内达到岗位要求。比如,他们会特别关注:你在面对全新岗位时,如何快速上手?你采取了哪些具体的学习和适应策略?你的成长是否有实际成果和数据支撑?

一个高分回答,不应该只是笼统地说"我学习能力强",而是要通过实际案例展示你如何在短时间内掌握新技能、适应新环境,并取得成果。

错误示例　这些回答会让 HR"出戏"

错误示例 1：只强调自己"学得快"，但没有具体方法

"虽然我是零基础进入这个岗位，但我学习能力很强，很快就能适应。"

HR 可能会想："学习能力强是怎么体现的？有没有具体的学习过程和成果？"没有提供具体案例和步骤，HR 无法判断你是否真的具备快速成长的能力。

错误示例 2：只讲努力，没有成果展示

"我在进入公司后，每天都努力学习新技能，加班加点研究行业知识。"

HR 可能会想："努力是好事，但努力的结果是什么？你的学习是否真正带来了实际成果？"强调努力但缺乏步骤和成果，无法让 HR 信服你的成长能力。

高分解析　怎么回答才能让 HR 眼前一亮？

我们应该遵循"背景→适应挑战→学习策略→取得的成果→个人成长"的逻辑，让 HR 清晰地看到你的成长过程和能力提升。

高分示范 1：针对抖音带货主播

"在进入××公司做抖音带货主播时，我对直播销售完全没有经验，刚开始的直播效果并不好，用户停留率很低，销售数据也远低于团队平均水平。

我意识到，单纯依靠公司提供的产品介绍并不能提高转化率,因此,我主动研究了带货主播的表现技巧,拆解了头部主播的直播风格,并每天复盘自己的直播回放,分析哪里需要优化。

在学习过程中,我调整了直播策略,增加了互动环节,并优化了产品讲解逻辑。两周后,我的直播间用户平均停留时长从1.5分钟提升到4.2分钟,单场销售额提升了200%。一个月后,我的直播业绩已经超过了团队的平均水平,并且多次跻身公司直播榜单前五。

这次经历让我意识到,短时间内的成长不仅仅是学习知识,更在于快速找到核心突破点,并持续优化自己的表现。我相信,无论进入哪个行业,我都能通过高效学习和实践,实现快速成长。"

这个回答充分展示了求职者的自学能力和策略调整能力,还用具体数据证明了自己的成长速度,让HR相信他能够快速适应并创造价值。

高分示范2:针对四大会计师事务所审计岗位

"在××会计事务所审计部工作时,我是零基础进入这个岗位,刚开始面对大量的财务报表和审计流程,感到非常吃力。

为了尽快适应工作节奏,我制定了高效的学习策略。我利用下班时间系统学习审计准则,并请教经验丰富的同事。我还主动申请参与多个不同类型的审计项目,以更快地积累经验。

一开始,我在审计底稿的准备上总是出错,复核时频繁被打回。我意识到自己的问题在于不够熟悉财务数据的逻辑,因此,我每天花额外的时间研究审计底稿,并梳理出一套自己的检查流程。两周后,我提交的底稿错误率降低了80%,从'需要大量修改'变成'一次通过'。

到后期,我已经能独立负责小型公司的审计底稿,并且被主管评价为'学习速度快,适应能力强'。这次经历让我深刻体会到,在完全陌生的领域,最重要的不是被动等待培训,而是主动学习、持续优化自己的工作方法。"

这个回答不仅展示了求职者的高效学习策略和主动性,还通过具体的业绩数据(错误率降低80%、底稿一次通过)来证明自己的成长速度,让HR看到他能够快速适应并提升工作表现。

实战练习　如果你在一个岗位从零开始,如何证明你的快速成长?

试着写一个符合自身经历的答案,并检查以下三个关键点:

(1)你的回答是否具体展现了你的学习过程,而不仅仅是说"我学习能力强"?

(2)你的成长是否有数据支撑,而不仅仅是主观描述?

(3)你的学习策略是否有逻辑性,而不是简单地说"我努力了"?

你可以这样开头:

"在××岗位上,我最初完全没有经验,但为了尽快上手,我采取了×××方法。刚开始,我遇到了×××问题,但通过×××策略,我逐步提升了自己的能力。最终,我的×××成果证明了我的成长,这次经历让我深刻体会到×××。"

5.2.5 上段工作带给你的最大成长是什么？

题目拆解　HR 为什么要问这个问题？

自我复盘能力，是一个成熟职场人必备的"软技能"。

之所以问这个问题，HR 并不是单纯想了解你过去的经历，而是希望从你的回答中判断出几个关键点：你是否能从工作中总结经验、是否具备成长性思维，以及你的职业发展方向是否清晰，因为对 HR 来说，一个优秀的候选人，不仅要有能力完成任务，更要具备持续学习和自我提升的能力。

那么对于我们来说，需要做的不仅仅是复述工作内容，而是清晰地展示"挑战→学习→成长→迁移价值"的过程，让 HR 看到你的进步，并相信你能在未来的岗位上持续成长。

切记，如果申请岗位和你过去工作岗位不同，我们可以提取那些可以"迁移"的软技能，比如学习能力、沟通能力、领导力。

错误示例　这些回答会让 HR"出戏"

错误示例 1：只描述工作内容，没有突出个人成长

"在实习期间，我负责社交媒体的内容发布，每天编辑推文，并分析数据优化推广策略。"

HR 可能会想："这只是你的工作职责，真正的成长在哪里？有没有遇到挑战并克服？"这个只是描述了任务，没有突出个人的学习和成长点。

错误示例2：成长点与应聘岗位无关

"在上一段工作中,我学会了如何快速整理数据并制作PPT。"(应聘投行风控岗)

HR可能会想:"这个成长和风控岗有什么直接联系?你的经验如何迁移到新岗位?"回答中成长点和目标岗位不匹配,无法增强HR的信任感。

高分解析　怎样回答才能让HR眼前一亮?

对于这个回答,我们应该遵循"挑战→学习→成长→迁移价值"的逻辑,让HR清晰地看到你的职业发展轨迹。

高分示范1：针对新媒体运营岗位

"在××公司的新媒体运营实习中,我最开始以为只要持续产出高质量内容,账号的增长就会很快。但在实际操作中,我发现,仅仅靠好内容,并不能带来流量的爆发。

刚开始,我花很多时间打磨推文,但阅读量却始终无法突破2 000。我意识到,单纯的内容创作并不够,运营的核心是如何让内容精准触达目标用户。于是,我开始系统研究流量增长策略,包括SEO优化、热点事件借势、社群营销等,并结合数据分析不断调整策略。

经过一个月的优化,我运营的公众号粉丝增长了8千+,文章的平均阅读量提升了400%,多篇内容登上行业热榜。这次经历让我深刻认识到,新媒体运营不仅是内容创作,更是一门精细化流量管理的艺术。

这个成长对我未来的职业发展至关重要,因为在任何一家公司,能够'抓住流量密码'的人,往往能创造更大的商业价值。我希望在未来的工作中,持续优化内容策略,结合数据驱动,创造更大的增长可能性。"

这个回答的亮点在于,它不仅展示了求职者的自我调整能力,还清晰地展示了从单纯内容创作转变为数据驱动运营的思维进化,让 HR 看到他能够真正胜任新媒体运营岗位的挑战。

高分示范 2:针对投行风控岗位

"这段工作给我带来最大的成长是:重新认识了风控岗位,以前我觉得风控工作就是检查财务数据是否合规,但在实际工作中,我发现,它更像是一种'商业决策支持'。

我的任务是分析贷款申请人的信用数据,刚开始,我只是机械地填写数据表格,按评分模型计算风险系数,但有一次的客户违约案例让我意识到,仅仅依靠财务数据评分,并不能精准预测风险。

于是,我开始主动学习行业信用分析模型,并在导师的建议下,研究历史违约案例,寻找更深层次的风险信号。我发现,某些贷款人的还款能力虽然符合标准,但现金流结构存在隐患。于是,我优化了风险评估的参数,加入了现金流波动率作为考量因素。

最终,这项改进帮助团队在后续评估中提前识别出两起高风险贷款申请,避免了超过 80 万元的潜在损失。这次经历让我认识到,风控工作不仅仅是审查数据,而是要站在更宏观的视角,预测并规避金融风险。"

这是个很巧妙的回答,不仅体现了求职者的学习能力和问题分析能力，还强调了他在工作中如何从基础执行者成长为能主动优化风险评估流程的人，让 HR 看到他的长期发展潜力。

实战练习　上段工作带给你的最大成长是什么？

试着写一个符合自身经历的答案，并检查以下三个关键点：

（1）你的回答是否清晰展示了你的成长，而不仅仅是复述工作内容？

（2）你的成长点是否与你应聘的岗位匹配？

（3）你的学习和适应能力是否在答案中得到体现？

你可以这样开头：

"在××公司的××岗位上，我最初以为×××（你的原始认知），但在实际工作中，我发现×××（你遇到的挑战）。为了应对这个问题，我采取了×××策略，并最终实现了×××成果。这次经历让我深刻认识到×××（你的成长点）。"

5.2.6　案例剖析：如何拿到顶级投行——德意志银行的 offer？

2023 年的秋招季，Lucas 找到我们时，他的自信心几乎跌到了谷底。

他的背景在众多竞争者中并不占优势：国内双非本科，英国 QS 排名 100 开外大学的硕士，没有强大的家庭资源支持，也没有任何"光环加持"。

他的求职目标是四大会计师事务所和商业银行，但在投递了数十封简历后,他发现自己的简历连面试机会都拿不到,更别说最终的 offer 了。

在整个求职经历中,他犯了很多错误。

比如在求职初期,Lucas 做得最错误的一件事,就是"海投简历,不做针对性准备",他把自己放在"会计和金融"这个大框架里,认为能进一个就进一个,没有认真研究岗位要求,也没有制订好求职策略,这导致他在网申环节就被筛掉了一大半,少数几个进入面试,也因为回答模糊、缺乏数据支撑,在 HR 面前没有竞争力。

在总结失败经验后,我们帮助他从"精准匹配岗位+数据驱动表达+高效面试策略"三个方面进行了全面提升。

选择比努力重要,求职也是如此。

Lucas 的求职方向是四大会计师事务所和商业银行,但他之前的简历和面试回答总是泛泛而谈,比如"我对财务分析很感兴趣""我希望进入金融行业"等。这种表达缺乏针对性,导致 HR 无法快速判断他的价值。

为了增强岗位匹配度,我们帮助他重新规划了投递方向,深度拆解了目标岗位的职位描述,明确岗位所需的核心能力,并用数据化的方式重新包装他的经历。

例如,在描述实习时,他原本的表达是:

"我在××公司财务部实习期间,参与了财务报表分析。"

优化后的表达变成了:"在××公司财务部实习期间,我负责支持季度财务分析,并通过优化报表格式提高了数据分析效率 30%。"

这种调整让 HR 在第一时间看到他的数据敏感度和财务分析能力,大大增强了他的岗位契合度。

另外,在模拟面试中,他暴露出自己的一个短板:只会用形容词堆砌,不会用数据提炼亮点。比如,在回答"你最大的职业成就是什么?"时,他的原始回答是:"在实习中,我负责财务数据整理,并帮助团队更好地完成分析。"

这样的回答不仅笼统,而且没有说出自己在团队中的具体贡献。

经过优化后,他的回答变成了:"在××实习期间,我发现团队在 Excel 数据处理上耗费大量时间,于是我主动选择了一套自动化工具,使数据录入时间减少了 50%,提升了财务分析的效率,并最终在季度报告中帮助团队节省了超过 20 个小时的人工工作量。"相比原来的答案,这种表达方式更能让 HR 感受到 Lucas 的问题解决能力和数据驱动的思维,大幅提升了他的竞争力。

对于投行和四大,竞争是非常激烈的,那么在众多优秀面试者中"如何让 HR 相信,他能在竞争激烈的金融行业中生存下来?"成了大问题。

毕竟,他的背景并不占优势,如何才能在短短 30 分钟的面试里打动面试官呢?

我们为他制定了"STAR 法+数据支持"的策略,每个问题都尽可能按照"情境(Situation)—任务(Task)—行动(Action)—结果(Result)"的结构回答,并加入数据增强说服力。

这样的策略调整,让他的面试能力快速提升,最终让 Lucas 正式拿到了德意志银行风控岗的 offer,成为他们学校中少数进入顶级银行的中国留学生之一。

由从零开始到最终拿下德意志银行风控岗 offer,Lucas 用了 7 个月的时间。这期间,他做出的最大改变不是"努力更多",而是"用数据证明自己",让 HR 看到他的真实价值。

Lucas 的故事证明,即使是双非本科＋QS 排名 100 开外高校的硕士生,只要掌握正确的求职策略,依然可以在竞争激烈的市场中拿到顶级公司的 offer。

5.3 没有可讲的,是因为不会提炼"亮点"

"我没有什么亮点,经历也很普通,HR 会不会觉得我很平庸?"

每年秋招季,我们都会听到大量同学发出的这种困惑。他们可能有实习、社团、竞赛经历,但一旦进入面试环节,讲出来的内容却没有任何吸引力,甚至 HR 听完就跳过,没有继续追问的兴趣。

但事实是,90%的候选人并不是没有亮点,而是不会提炼和表达亮点。

我们曾辅导过一位同学,他在投行实习期间参与了一个并购项目,但在面试时,他的回答却是这样的:

"我在××投行实习期间,参与了一个并购项目的分析,负责数据整理和财务分析。"

听上去很普通,没有任何让人眼前一亮的地方。换个角度来看,他的经历真的没价值吗? 当然不是! 问题在于,他没有讲清楚问题的难度、他的具体贡献,以及最终的成果。

于是,我们帮他重新梳理亮点,优化后的回答变成了:

"在这个项目中,我和团队一起负责目标公司的财务尽调。由于企业的历史财务数据缺失,我们无法直接计算盈利能力,于是我主动研究了行业数据,搭建了一个对标分析模型,最终帮助团队估算了企业的合理估值。"

同样的经历,在表达方式上做了一些调整,立刻变得更有吸引力。

那么,在本节,我们就来拆解如何从普通经历中提炼出亮点,让你的面试回答更具竞争力。

5.3.1 如何评价你在上一份工作中的表现?

题目拆解 HR 为什么要问这个问题?

当 HR 问你"如何评价你在上一份工作中的表现?"时,他们并不是单纯想听你夸奖或者批评上一家公司,而是希望通过你的回答,判断你的职业观、成长思维和团队合作意识。

很多候选人会掉入两个常见的"陷阱":

(1)"上一份工作很好,但我觉得自己没学到太多。"——这会让 HR 觉得你缺乏主动性,没有从经历中总结经验。

(2)"公司管理混乱,领导不给机会。"——这会让 HR 担心你适应能力差,或者未来也会对新公司抱怨。

HR 真正想考察的,是你如何客观看待自己过去的经历,并

在其中找到自己的收获。一个优秀的回答,应该包含以下三个关键点:

(1) 你的工作表现如何?
(2) 你的成长和收获是什么?
(3) 你如何看待上一家公司?

你需要做的,不是简单地夸奖或者贬低,而是用理性、数据化的方式,展现自己在上一份工作中的成长,并强调这段经历如何为你的下一步职业发展奠定基础。

错误示例　这些回答会让 HR"出戏"

错误示例 1:评价过于模糊,缺乏数据支持

"我在上一份工作中学到了很多东西,总体来说还是不错的。"

HR 可能会想:"具体学到了什么? 有哪些成果? 这段经历对他下一步的职业发展有什么帮助?"如果没有提供具体细节,那么 HR 就无法判断你的真实能力。

错误示例 2:回避问题,过于敷衍

"我觉得自己表现还不错,公司的氛围也挺好的。"

HR 可能会想:"他是不是缺乏自我复盘的能力?"这个回答没有展现职业思维和成长意识,缺乏深度。

高分解析　怎么回答才能让 HR 眼前一亮?

一个优秀的回答,应该遵循"工作表现→具体成果→个人成长→对未来的帮助"的逻辑,让 HR 看到你如何从上一段经历中积累经验,并为未来做准备。

高分示范 1：针对短视频运营岗位

"在××公司短视频运营岗位上，我的核心目标是提升账号的用户黏性和转化率。刚入职时，我主要负责视频内容制作和数据分析，但很快我发现，仅靠内容创作无法显著提升账号的增长速度。

于是，我开始深入研究平台算法，并尝试优化视频发布时间、封面设计和互动策略。比如，我发现我们的完播率普遍低于行业均值，于是调整了前5秒的视频剪辑方式，并增加了强互动型话题。

最终，我负责的账号粉丝增长了10万＋，平均互动率从3.5%提升到7.2%。这次经历让我深刻理解了短视频运营不仅是内容创作，更是用户心理和数据分析的结合。我相信，这段经历让我更具备数据驱动的思维，也能帮助我更快适应贵公司的短视频运营工作。"

这个回答强调了自己的成长，并精准匹配了新岗位的核心能力。

高分示范 2：针对课程销售顾问岗位

"在××教育公司的课程销售岗位上，我的目标是提升用户转化率和客户满意度。刚开始时，我主要通过电话和微信与客户沟通，但我很快发现，传统的推销方式往往让客户产生抵触心理。

为了优化销售策略，我研究了客户的购买行为，并尝试在沟通中加入'需求挖掘＋案例分享'的环节。比如，在了解客户需求后，我会提供真实的学员案例，让客户看到课程的实际价值。

这种方法帮助我将个人成交率从15%提升到32%，并成为团队内Top 3的销售人员。这段经历让我意识到，销售不仅是推销产品，更是建立信任的过程。我希望将这种精准匹配客户需求的能力,应用到贵公司的销售体系中。"

这个回答为什么能打动 HR？因为它不仅展示了求职者的销售思维和客户洞察力,还通过数据量化了自己的成果,让 HR 看到他的真实能力。

实战练习　你如何评价上一份工作的表现?

试着写一个符合自身经历的答案,并检查以下三个关键点：

(1) 你的回答是否清晰展现了你的成果,而不仅仅是描述工作内容?

(2) 你的成长点是否与你应聘的岗位匹配?

(3) 你的表达是否展示了你的职业思维,而不是简单地夸奖或批评上一家公司?

你可以这样开头：

"在××公司的××岗位上,我的核心目标是×××(你的主要职责)。刚开始时,我面临×××(你的挑战),但通过×××方法(你的优化方案),我最终取得了×××成果(数据支持)。这次经历让我深刻认识到×××(你的成长点),并让我更有信心在贵公司的岗位上发挥我的能力。"

5.3.2　用三个词形容自己,你会选择哪些词,为什么?

题目拆解　HR 为什么要问这个问题?

这个问题回答并不难,但回答好还是有些难度的。一个高分的回答应该避免使用空洞、无实际支撑的词汇,要精准选择既符合自己特点、又能与岗位匹配的词,并用具体案例加以支撑。

当 HR 问你"用三个词形容自己"时,他们并不是想听一串好听的形容词,而是想考察你的自我认知是否清晰以及你的特质是否符合岗位需求。

当然,在词的选择方面,我们不是只能选择和"岗位强相关"的词,也可以选择一些从你个人特质中提炼的词,也许和岗位无关,但是能让 HR 更全面地认识你。

错误示例　这些回答会让 HR"出戏"

错误示例 1:形容词堆砌,没有逻辑

"我觉得自己是努力的、负责的、善于沟通的、创新的、团队合作精神强的……"

HR 可能会想:"你到底想表达哪几个特点?这些词没有实际案例支持,说了等于没说。"这个回答没有重点,显得凌乱且空洞。

错误示例 2:选择的词和岗位无关

"我觉得自己是一个很幽默、乐观、喜欢旅行的人。"

HR 可能会想:"你的喜欢旅行和这个岗位有什么关系?"这个回答既没有考虑岗位需求,也没有体现出自己的个人特质。

高分解析　怎样回答才能让 HR 眼前一亮?

高分示范 1:针对咨询公司

"如果让我用三个词形容自己,我会选择:结构化思维、适应力强、以终为始。

第一,结构化思维。在咨询行业,解决复杂问题的能力很重要,而结构化思维能让我快速拆解问题,找到最优解。在××咨询公司的实习中,我负责某制造企业的市场调研。当时,客户的业务涵盖多个板块,数据庞杂。为了让团队更高效地分析,我设计了一套信息分类框架,把数据按市场规模、竞争格局、政策影响三个维度拆解,最终帮助团队梳理出关键市场趋势,并提高了报告撰写效率。

第二,适应力强。在咨询行业,我们经常需要在短时间内掌握一个全新行业的知识。在××公司的项目中,刚开始我对新能源行业不熟悉,但为了尽快上手,我在短时间内阅读了大量行业报告,并请教团队内的行业专家,最终在短短一周内掌握了行业核心逻辑,并成功完成了分析部分。这次经历让我更加确信,快速适应新环境是我的核心优势之一。

第三,以终为始。咨询行业讲究结果导向,每个项目的目标都是为客户提供可落地的解决方案。在实习期间,我发现很多初稿报告的建议较为空泛,所以我在做分析时,始终从客户的落地需求出发,确保所有的结论都有数据支持,并能真正为客户所用。这种以终为始的思维方式,让我的报告质量得到了导师的认可,并多次被作为团队学习的案例。"

这个回答选择的三个词非常完美地匹配了咨询岗位所需要的技能,而且都有对应的例子证明。

高分示范 2:针对运营岗位

"如果让我用三个词形容自己,我会选择:数据驱动、创意执行力强、用户思维。

第一,数据驱动。短视频运营不仅仅是内容创作,更是数据分析和策略优化的过程。在××短视频团队的实习中,我负责优化账号的运营策略。通过分析后台数据,我发现我们的用户偏好短节奏、高互动的视频风格,于是我调整了视频剪辑节奏,并优化了封面设计。调整后,视频的完播率提升了35%,粉丝增长速度加快了50%。

第二,创意执行力强。在短视频行业,好的创意是关键,但创意本身并没有价值,真正能落地并产生效果才是关键。在××公司的实习中,我策划了一次热点挑战赛,通过创意脚本和互动话题,让用户自发参与,最终该活动的单条视频播放量突破30万次。

第三,用户思维。短视频的本质是'用户喜欢什么,我们就创造什么'。在运营某教育类账号时,我发现传统的知识科普视频播放量一般,但如果以'故事＋干货'的形式展现,用户的接受度会大幅提高。于是,我调整了内容结构,用案例故事引入,再嵌入知识点,最终该系列视频的平均播放量提升了70%。"

实战练习 用三个词形容自己,你会选择哪些词?

试着写下答案,并检查以下三个关键点:

(1)你的词是否与岗位核心能力匹配?

(2)你的回答是否清晰地展现了你的能力,而不仅仅是描述形容词?

(3)你的表达是否有具体案例支持,而不是空泛的自夸?

你可以这样开头：

"如果让我用三个词形容自己，我会选择×××、×××、×××。第一，×××，这意味着我……（用一个具体案例展开）。第二，×××，在某次经历中，我……（用一个具体案例展开）。第三，×××，通过这次经验，我意识到……（用一个具体案例展开）"

5.3.3 你的实习经历这么少，如何证明和这个岗位相匹配？

题目拆解　HR为什么要问这个问题？

这个问题对于没有相关实习经历的同学来说，确实具有挑战性，但是我们依旧可以通过我们的校园经历/实践经历来证明我们和这个岗位匹配。

即使你的经历看似不相关，也可以通过巧妙的表达，建立和岗位需求的关联，让HR相信你具备胜任这份工作的潜力。

具体来讲，对于实习经历较少的同学，关键在于：用最相关的经历，证明你的可迁移能力（Transferable Skills），例如学习能力、领导力、数据分析能力、沟通能力、团队协作能力，这些都是大多数岗位需要的核心能力。

错误示例　这些回答会让HR"出戏"

错误示例1：直接承认自己不匹配，缺乏信心

"是的，我的相关经验不多，所以可能不太适合这个岗位……"

HR可能会想:"你自己都不相信自己,我为什么要相信你?"这个回答没有提炼自己的可迁移能力,反而显得缺乏自信,让HR失去兴趣。

错误示例2：仅仅复述岗位要求,没有展示自身优势

"我知道这个岗位需要团队协作、数据分析和商业思维,我会在工作中不断提升自己。"

HR可能会想:"这些都是岗位要求,你自己有什么证据证明你具备这些能力?"这个回答只是重复了岗位描述,没有结合自身经历展现能力。

高分解析　怎样回答才能让HR眼前一亮?

高分示范1：针对数据分析岗位

"虽然我没有正式的数据分析实习经历,但在大学期间,我通过学术研究、竞赛和个人项目,积累了数据处理和分析能力,同时也培养了团队协作和沟通能力。

例如,在一次跨学科研究项目中,我带领团队分析某城市的交通流量数据,寻找高峰期拥堵的核心原因。虽然最初我们没有相关经验,但我们迅速查阅了大量文献,并请教教授和行业人士,最终构建了一套优化交通流的模型,并在研究竞赛中获得了一等奖。

这次经历让我认识到,数据分析不仅仅是技术问题,更需要跨学科的沟通能力和快速学习能力。我相信,在贵公司的数据分析岗位上,我可以凭借这种学习能力快速上手,并为团队带来新的思考角度。"

你看,这个回答没有谈论实习,而是通过学术研究项目展现了数据分析能力,同时强调了跨学科学习能力、团队协作和解决问题的能力,让HR相信候选人具备转化能力,能够胜任数据分析岗位。

高分示范2:针对四大会计师事务所审计岗位

"虽然我没有在四大会计师事务所实习的经历,但我在大学期间曾担任学生组织的财务负责人,这段经历让我培养了财务管理、数据处理和沟通能力。

在这段经历中,我负责管理社团的预算,并优化了报销流程。最初,我们的财务管理混乱,报销周期长,影响了活动进度。我主动分析了过去的报销数据,发现审批流程冗长是主要问题,于是我与学校财务部门沟通,优化了审批流程,最终将报销周期缩短了50%。

这次经历让我意识到,财务管理不仅仅是数字的计算,更是流程优化和沟通的结合。我相信,这种问题分析和流程优化能力,可以帮助我在审计工作中快速适应,并为团队创造价值。"

虽然依旧选择的是校园经历,但是展现了数据管理、流程优化和沟通协调能力,这些能力与审计工作的核心要求高度匹配,让HR看到候选人的学习能力和解决问题的能力。

实战练习 你的实习经历这么少,如何证明和这个岗位相匹配?

试着写一个符合自身经历的答案,并使用以下三种逻辑结构：

（1）承认没有相关实习经验，但强调自己的可迁移能力。

（2）用校园经历、竞赛、志愿者项目或个人项目来证明这些能力如何与岗位匹配。

（3）总结自己的成长，并强调自己快速学习的能力。

你可以这样开头：

"虽然我没有相关的实习经历，但我在×××（校园经历/竞赛/个人项目）中，积累了×××（岗位相关能力），这让我在×××（目标岗位）上也能快速上手。"

5.3.4 谈谈过去工作中你遇到的瓶颈以及是如何突破的

题目拆解　HR为什么要问这个问题？

对于这个问题，瓶颈不重要，突破瓶颈才重要。

这个问题的本质，并不仅仅是让你描述一个挑战，而是考察你的问题解决能力、学习能力、抗压能力，以及你是否具备持续成长的潜力。

同时，这个问题的回答不仅能用在本题，还可以迁移到"你如何解决工作中的冲突？""你如何面对挑战？""你在工作中最有成就感的时刻是什么？"等多个面试问题中。

因此，在准备面试时，我们建议提前整理自己的"面试语料库"，确保遇到不同题目时，都能灵活调整、准确作答。

错误示例　这些回答会让HR"出戏"

错误示例1：描述问题，但没有给出解决方案

"在上段工作中，我发现客户总是拒绝我，导致业绩一直上不去。"

HR可能会想："那后来呢？你是怎么解决的？"这个回答只描述了瓶颈，但没有展现思考和行动，缺乏解决问题的能力。

错误示例2：把责任推给外部环境，而不是自身成长

"在开发项目中，我遇到了技术难点，但公司没有提供足够的资源支持，所以最后只能勉强完成。"

HR可能会想："每个工作环境都会有资源限制，关键是你有没有主动想办法解决？"客观困难也许存在，但我们更需要展现的是自己如何在困境中找到突破口。

高分解析　怎样回答才能让HR眼前一亮？

一个高分的回答，应该遵循以下三步逻辑"描述瓶颈→分析思考→行动和结果"。

高分示范1：针对软件开发工程师岗位

"在××公司的软件开发中，我负责一个数据处理模块的开发，但项目初期遇到了性能瓶颈，数据处理速度远低于预期，严重影响了整体进度。

一开始，我尝试优化代码逻辑，但效果不理想。后来，我主动查阅了开源库的解决方案，并请教了资深工程师，发现问题的根源在于数据结构的选取不合理。于是，我将原来的顺序遍历改为索引查找,并引入了并行计算优化处理流程。

优化后,数据处理速度提升了三倍,成功满足了项目需求。这次经历让我深刻意识到,软件开发不仅仅是写代码,更是找到最优解的过程,而高效解决问题的关键在于主动学习和请教高手。"

这个回答展示了求职者在遇到技术瓶颈时,如何主动分析问题、请教前辈,并最终通过优化方案成功突破,让 HR 看到他的学习能力、技术思维和解决问题的能力。同时,这个案例也可以用在"你如何面对挑战?""你如何提升自己的技术能力?"等类似问题中。

高分示范 2:针对销售岗位

"在××公司的销售工作中,我的前两个月业绩一直很低,客户对我的产品兴趣不高,我每次打电话后都被直接拒绝。

最初,我以为是市场竞争太激烈,但后来我观察到,团队里业绩好的同事并没有单纯推销产品,而是先挖掘客户需求。我开始调整策略,先通过提问了解客户的痛点,再结合成功案例讲述解决方案,最后才介绍产品。

经过这一调整,我的成交率从 5% 提升到了 18%,并在第三个月成为团队 Top 5 的销售。这次经历让我意识到,销售不仅仅是推销产品,而是建立信任和提供价值,理解客户的需求才是关键。"

这个回答清晰展现了求职者如何通过观察、调整策略,最终提升了业绩,同时也体现了他快速学习和适应市场的能力。

此外,这个案例也可以用在"你如何面对业绩压力?""你如何优化销售策略?"等类似问题中,让面试回答更具灵活性。

实战练习　谈谈过去工作中你遇到的瓶颈以及是如何突破的?

试着写一个符合自身经历的答案,并使用以下三种逻辑结构:

(1) 描述瓶颈(遇到了什么挑战?)
(2) 分析思考(你是如何寻找突破的?)
(3) 行动和结果(你具体做了什么,最终取得了什么成果?)

你可以这样开头:

"在×××项目/岗位中,我遇到了×××问题(瓶颈)。起初,我尝试了×××方法,但效果不理想,于是我开始思考/请教/学习×××(突破点)。最终,通过×××方法,我成功解决了问题,并取得了×××成果。"

5.3.5　你在过去工作中做过哪些创新?

题目拆解　HR为什么要问这个问题?

这个问题并不是要求你一定要有突破性的行业级创新,而是想考察你的问题解决能力、思维灵活性,以及你是否能够主动优化现有工作流程,提高效率或创造新的价值。

很多求职者误以为,自己没有做过什么颠覆性的创新,所以这个问题无从回答。其实,创新并不一定要是"重大发明"或"新产品开发",哪怕是优化一个流程、提高一个环节的效率,或者创造性地解决某个问题,都可以算作创新。

尤其是对于岗位转换者,也就是之前的经历与目标岗位并不完全匹配的求职者,HR 更希望看到的是你的可迁移能力——也就是说,你在不同工作中积累的能力,如何应用到新岗位,并为团队创造价值。

错误示例　这些回答会让 HR"出戏"

错误示例 1：笼统空泛,没有具体案例

"我喜欢创新,遇到问题时会主动想办法解决。"

HR 可能会想:"那具体是什么创新?有没有实际成果?"有点过于泛泛了,缺乏案例支持,听完后 HR 还是不知道你做了什么。

错误示例 2：描述了创新点,但没有关联岗位匹配度

"在上一份工作中,我提出了新的社交媒体推广策略,提高了品牌曝光度。"

HR 可能会想:"这个创新很好,但它和你应聘的岗位有什么关系?"没有展现可迁移技能,让 HR 难以判断候选人是否适合目标岗位。

错误示例 3：过度夸大,缺乏逻辑支撑

"我曾经提出了一项战略级创新,彻底改变了公司的业务模式。"

HR 可能会想:"听起来太夸张了,你真的在实习期间做到了这一点?"这个回答没有事实支撑,过度吹嘘,反而会引起 HR 的质疑。

高分解析　怎样回答才能让 HR 眼前一亮？

回答这个问题，我们应该遵循以下三步逻辑：描述背景→讲述创新点→展现成果。

高分示范1：针对外企市场管培生

"在我之前的数据分析师岗位上，我的核心工作是整理市场数据并提供报告支持。但我发现，单纯提供数据并不能很好地帮助市场团队制定营销策略，因此，我尝试从'数据可视化'的角度进行创新。

我设计了一套自动化数据仪表盘，把不同市场的用户增长情况、购买行为和渠道转化率用动态图表呈现，让市场团队可以实时查看趋势，而不是依赖固定周期的 Excel 报告。

这个创新大幅提高了市场团队的数据利用效率，团队反馈他们的决策效率提高了 30%。这次经历让我意识到，数据不仅仅是分析工具，更应该成为营销决策的核心依据。

我相信，在市场管培生岗位上，我可以将这种数据驱动决策的思维运用到品牌策略和市场分析中。"

虽然这个候选人之前并没有市场的经历，但这个回答不仅展示了候选人如何发现问题、提出创新解决方案，还强调了数据分析能力如何迁移到市场营销领域，让 HR 看到候选人的成长性和适应能力。

高分示范2：针对管理咨询公司

"在我的 HR 实习经历中，我主要负责招聘筛选和员工培训支持。但我发现,许多新人在入职初期缺乏对公司业务的全面理解,导致适应周期较长。因此,我提出并设计了一套'快速业务理解培训模块',帮助新人在短时间内掌握核心业务知识。

因此,我与不同业务部门沟通,收集了关键岗位的工作流程,并整理成结构化的培训材料。最终,这套培训模块帮助新员工的适应时间缩短了40%,提高了试用期的留存率。

这次经历让我认识到,结构化问题解决能力在任何行业中都适用,而这正是管理咨询所看重的核心技能。我相信,在咨询岗位上,我可以用同样的方法论,在有限的时间内快速拆解客户问题,并提供高效的解决方案。"

这个回答不仅展示了候选人在 HR 岗位上的创新能力,还通过培训项目的结构化思维,成功迁移到咨询行业的逻辑分析能力,让 HR 看到候选人的思维方式和潜力。

实战练习　你在过去的工作中做过哪些创新?

试着写一个符合自身经历的答案,并使用以下三种逻辑结构:

(1) 描述背景(你原来的岗位是什么?你发现了什么问题?)

(2) 讲述创新点(你是如何找到新的解决方案的?)

(3) 展现成果(你的创新带来了什么具体成效?如何证明你的可迁移能力?)

你可以这样开头:

"在×× 岗位上,我发现××× 问题,这影响了×××(业务/团队/效率)。为了优化这一点,我尝试××× 方法,并设计了×

××解决方案。最终,这项创新带来了×××成果(提升了效率、优化了流程、减少了成本等)。这次经历让我认识到,×××(总结可迁移能力),而这正是我在×××岗位上可以继续发挥的能力。"

5.3.6 案例剖析:背景普通,如何拿到欧莱雅和联合利华双offer?

普通背景,如何实现跨越?

很多人认为,进入欧莱雅、联合利华这样的外企市场管培生岗位,需要名校光环和出色的外企实习经历。

但事实是,我们曾辅导过的一个普通高校商科同学,他来自四川一所不知名的院校,起点并不占优势,却凭借提前规划、实习积累和精准面试表现,最终成功拿到欧莱雅和联合利华的双offer。

这位同学的故事,正好印证了一个关键点:校招面试并不只是筛选简历的游戏,而是一个寻找潜力和匹配度的过程。只要方法得当,即使背景普通,也能在面试中赢得机会。

这位同学最初找到我们时,面临的最大问题是简历普通,实习经历不够突出。他的经历包括:一家本地快消公司的市场实习、一次学校组织的品牌营销比赛、一段电商运营相关的兼职经历。

这些经历看起来并没有特别耀眼的地方,和很多名校生相比,并不占优势。如果不懂得提炼亮点,简历容易显得平淡无奇,在面试中也难以让 HR 眼前一亮。

因此,在面试准备阶段,我们和他一起梳理过往经历,并通过 STAR 法则提炼了几个关键亮点,让他的普通经历变成面试中的"加分项"。

比如,很多同学觉得校园比赛不值一提,但如果能和真实市场环境结合,就会成为面试中的加分项。他在一次营销比赛中主导了数据分析部分,我们让他这样表达:

"在品牌营销比赛中,我负责数据分析,拆解了竞品策略,并优化了目标人群定位,最终帮助团队赢得了最佳方案奖。这让我意识到,市场决策不仅仅是创意,更需要数据支持。"

此外,他的电商兼职原本只是日常的店铺管理,但我们引导他挖掘其中的策略思维,比如:

"在运营过程中,我尝试调整产品详情页的文案和视觉设计,并测试了不同的促销策略,最终使页面转化率提升 20%。这段经历让我对消费者行为和数字营销的关联有了更深的理解。"

这些经历的详细拆解和梳理非常有效地帮他整理了思绪,让他对面试不再恐惧。除此之外,在面试中,他并没有急于展示所有经历,而是学会了精准匹配岗位需求,让 HR 看到他的经历如何与岗位要求相契合。

当 HR 问他:"你为什么选择快消行业?"时,他没有泛泛而谈,而是结合自己的经历,强调了自己在市场营销、品牌推广和数据分析方面的积累,并且讲述了自己如何通过这些经历逐步培养对行业的兴趣。

最关键的是,他的面试回答中没有出现空洞的"我很热爱"

"我很努力"之类的表述,而是用"真实经历＋量化成果",让 HR 感受到他的逻辑清晰、表达精准,也符合市场管培生岗位的核心能力要求。

最终,他顺利拿到了欧莱雅和联合利华的市场管培生 offer,打破了"背景普通＝机会渺茫"的偏见。

这位同学的故事告诉我们,面试的本质不是让 HR 帮你发现亮点,而是你自己要懂得提炼亮点,让 HR 看到你的独特价值。

第 6 章
面试实战题精讲——未来篇

6.1 "职业规划三步法",轻松勾勒职业未来

小李和小张是同一所学校的同班同学,都主修市场营销,毕业后,两人都开始找工作,但他们的求职经历却天差地别。

小李在找工作的过程中,一直抱着"先试试,进了再说"的心态。

他投递了市场、咨询、运营等各种岗位,面试时 HR 问"你的职业规划是什么?"他总是含糊其辞:"我希望未来能多学习,提升自己。"结果,面试官听完后毫无兴趣,认为他对岗位没有深入了解,也看不到他的长期潜力。最终,小李的求职之路充满波折,迟迟未能拿到满意的 offer。

而小张在求职前,就已经清楚自己想进入快消行业的市场管培生岗。他的简历、实习经历、面试回答,全部围绕品牌营销展开。面试时,当 HR 问到"你的职业规划是什么?"他用清晰的三段式逻辑回答:

"短期内,我希望通过市场部轮岗,掌握数据分析、消费者研究等核心能力;3—5 年后,我希望能独立负责一个品牌的营销推广,并在品类增长上作出贡献;长期来看,我希望能够成长为品牌总监,推动公司品牌发展。"

最终,小张顺利拿到了欧莱雅的市场管培生 offer,而小李仍然在迷茫地投递简历。

我们在面试中,经常会被问到"未来类"的问题,比如"你的职业发展规划是什么?""你喜欢什么样的工作"等。这些问题都可以用"三段式"来回答,即短期目标、中期目标、长期目标,这样既能帮助我们有效梳理思路,也可以让面试官清晰知道自己的"职场蓝图"。

6.1.1 你的职业发展规划是什么?

题目拆解 HR为什么要问这个问题?

这是一个非常常见的问题,几乎所有企业在面试中都会问到。在面试中,HR问"你的职业发展规划是什么?"并不是随口一问,而是希望通过这个问题判断你的职业稳定性、成长潜力和岗位匹配度。

尤其需要注意的是岗位匹配度,因为面试是一个筛选的过程,在招聘之前,HR对于这个岗位的合格候选人需要具备什么特质有着非常清晰的认知,比如像销售岗一般要求沟通能力强的候选人,而人事、会计职能类的岗位又希望候选人能长期稳定。因此,面试官希望通过这个问题判断出你的职业发展需求是否和公司对于这个岗位的需求一致,这才是这道题的核心。

那么我们继续延展,这道题中HR真正关心的几个核心点是:你对自己的未来是否有清晰的认知,还是只是随便找个工作试试看?你是否对这个岗位有长期投入的意愿,还是只是暂时过渡?你的规划是否符合岗位的发展路径,或者说,你的成长方向能不能跟公司需求对上？

我们需要注意的是，如果一个人完全没有职业规划，HR 会担心他缺乏动力，容易迷失方向；如果一个人目标过于远大或与岗位发展方向脱节，比如刚毕业就想当总监，HR 可能会认为他不够现实，缺乏对行业的基本认知。

与此同时，这道题也完全可以用我们刚才讲解的"三段论"来回答。同时给大家一个加分的"结尾"——"当然，这只是我目前的规划，我也希望根据将来公司的需要和将来的实际情况进行适当调整"。这样组合起来既能体现出我们对于职业发展有清晰的认知，同时也能体现我们的忠诚度和成熟的职业素养。

错误示例　这些回答会让 HR"出戏"

错误示例 1：没有方向，显得很迷茫

"我暂时还没有明确的规划，想先找份工作积累经验。"

HR 可能会想："连自己未来要做什么都不知道，这种候选人进入公司后能稳定发展吗？"这个问题一定是在面试前，甚至求职前想清楚的，不然即使通过了面试，也容易导致入职后发现自己并不喜欢这份工作的情况出现。

错误示例 2：规划不合理，缺乏匹配度

"我希望五年内成为行业顶级专家，在公司高层任职。"

HR 可能会想："这个规划太不现实了，公司不可能让一个应届生五年内直接做到高管。"这样的回答明显脱离实际，不仅不能凸显我们的雄心壮志，反而容易让 HR 觉得我们对岗位缺乏清晰认知。

错误示例 3：和岗位发展方向不匹配

"我一直对创业很感兴趣，希望未来能开一家自己的公司。"

HR 可能会想："你的目标是创业？那为什么要应聘这个岗位？"这样的回答不仅不会加分，反而容易让 HR 觉得我们只是拿这个工作当过渡进而缺乏稳定性。

高分解析　怎样回答才能让 HR 眼前一亮？

一个好的回答，应该遵循我们刚才说的"三段论"结构，即：

（1）短期目标（1—2 年）：学习和适应——进入职场后，快速掌握岗位核心技能，适应工作环境。

（2）中期目标（3—5 年）：专业化和深耕——积累经验，承担更大的责任，在某个领域建立自己的专业能力。

（3）长期目标（5 年以上）：职业发展和影响力——逐步成长为行业专家或管理者，推动业务发展。

高分示范 1：针对法律顾问岗位

"我目前是按照三个阶段来进行职业规划的。短期内（1—2 年），我希望能够快速熟悉公司法律事务，深入理解企业合规、合同审查、劳动法等相关领域，并在资深法务的指导下，积累实战经验，提高法律分析能力。中期来看（3—5 年），我希望能够独立处理公司法律事务，包括合同审核、风险评估、诉讼管理等，同时提升自己的谈判和跨部门协作能力，逐步向公司法务团队的核心成员发展。长期而言（5 年以上），我希望成长为一名资深法律顾问，能够更好地帮助客户，提升企业法律合规水平，并在行业内积累影响力，为公司提供更高层次的法律支持。当然，这只是我目前的规划,我也希望根据将来公司的需要和实际情况进行适当调整。"

这个回答清晰地展现了候选人对法律顾问岗位成长路径的规划。从短期的专业知识积累,到中期的独立承担法律事务,再到长期的战略级法律支持,每一步都符合企业对法务人员的成长预期,同时也体现了候选人的成长意识和长期投入的态度。HR听到这样的回答,会觉得候选人目标清晰,职业发展方向和岗位需求高度契合,未来有潜力成为公司的核心法律人才。

高分示范2:针对HRBP(人力资源业务合作伙伴)岗位

"我是想长期在这个岗位发展的,目前我把它划分为三个阶段。短期内(1—2年),我希望能够熟悉公司的HR体系,深入学习招聘、培训、员工关系管理等核心模块,并在HR团队的指导下,积累实战经验,提高沟通和数据分析能力。中期来看(3—5年),如果有机会,我希望能够独立负责某个业务部门的人力资源管理工作,深入了解业务需求,为团队提供有效的人才支持和组织发展策略,并提升自己在绩效管理和组织架构优化方面的能力。长期而言(5年以上),我希望成长为一名资深HRBP,能够参与公司的人才战略规划,推动组织变革,提升企业整体的人才竞争力,同时在行业内建立一定的专业影响力。当然,这只是我目前的规划,我也希望根据将来公司的需要和实际情况进行适当调整。"

这个回答展现了候选人对HRBP岗位的发展路径有清晰的认知,短期内专注于基础HR模块的积累,中期开始独立承担业务部门的人力资源管理工作,长期目标是成为 HRBP 的战略角色。这样的回答不仅逻辑清晰,而且能够让 HR 感受到候选人的成长规划与公司的发展需求相契合,能为企业带来长期价值。

实战练习　你的职业发展规划是什么?

试着写一个符合自身经历的答案,并使用以下三种逻辑结构:

(1) 短期目标(1—2 年)——进入职场后,你的首要任务是什么? 如何快速学习并适应岗位?

(2) 中期目标(3—5 年)——你希望在哪些方面积累经验,逐步承担更大的职责?

(3) 长期目标(5 年以上)——你希望在行业中发展成什么样的角色? 你的愿景是什么?

你可以这样开头:

"短期内,我希望通过×××提升自己在×××领域的核心能力。3—5 年后,我希望能够独立负责×××工作,并在某个领域形成专业优势。长期来看,我希望在×××领域成长为专家,推动×××的发展。当然,这只是我目前的规划,我也希望根据将来公司的需要和将来的实际情况进行适当调整。"

6.1.2　你当下选择新工作,最看中的三个要素是什么?

题目拆解　HR 为什么要问这个问题?

我们在面试准备中,一定要具备"举一反三"的能力,比如这道题和上面的"你的职业规划是什么"其实是同样的考核意图,当HR问"你当下选择新工作,最看重的三个要素是什么?"时,绝对不是单纯想了解你的个人偏好,而是想通过你的回答判断你的求职动机是否真实、你对岗位和行业的理解是否深入,以及你的职业价值观是否与公司文化匹配。

我们所说的三个关键词,同时也会让HR从中去判断这个岗位的实际情况是否能满足你的诉求,进而判断你将来是否愿意接这个offer以及能否长期在公司工作。

错误示例 这些回答会让HR"出戏"

错误示例1:标准太功利,缺乏成长性

"我主要看薪资、福利和离家远近。"

HR可能会想:"他对岗位本身其实并没有兴趣,只是想找一份待遇好、通勤方便的工作。这样的人很可能会因为更好的薪资就跳槽。"虽然对于绝大多数求职者而言,这3个要素确实占到非常多的比重,但是还是建议结合一些和岗位、公司、行业相关的内容增加匹配度。

错误示例2:回答过于模糊,缺乏逻辑性

"我希望找到一个能让我成长、能学到东西的公司。"

HR可能会想:"这句话所有求职者都会说,但具体怎么成长?学什么东西?"如果没有具体思考,这样的回答没有说服力。

错误示例3:和岗位需求脱节

"我希望公司有良好的艺术氛围,并且能支持我的写作兴趣。"

HR可能会想:"你的关注点和岗位毫无关联,说明你对这份工作并没有真正的兴趣。"我们的回答一定不要太偏离岗位需求。

高分解析　怎样回答才能让 HR 眼前一亮？

我们可以按照"行业/技术成长性""岗位匹配度""公司文化/工作氛围"三个方面选择细节进行阐述。

高分示范 1：针对算法工程师岗位

"在选择新工作时，我最看重三个方面。首先，我希望进入一个技术驱动型的公司，在强技术氛围的环境中成长。算法行业发展迅速，我希望能和优秀的工程师共事，接触前沿算法，持续提升自己的技术能力。其次，我希望岗位的项目内容能让我算法技术成长，并且能够真正落地应用。我不希望只停留在理论层面，而是希望通过自己的算法优化，实际提升产品的性能和用户体验，这对我来说是非常有成就感的事情。最后，我看重公司对于人才培养的投入。我希望能在一个重视工程师成长的公司工作，能够有系统的学习机会，包括内部培训、技术分享和团队合作氛围，这样我可以更快地成长为一名优秀的算法工程师。"

这个回答的三个标准——技术成长性、项目挑战性、人才培养氛围，既符合算法岗位的特性，又展现了候选人的求职动机和成长潜力。HR 听到这样的回答，会觉得你是一个愿意深入技术、踏实成长的求职者，而不是只看薪资待遇的"短期选手"。

高分示范 2：针对数据分析岗位

"我在选择新工作时，最看重三点，分别是符合我的职业发展方向、有一定探索空间、团队氛围和谐。首先，我希望能够加入一家数据驱动的公司，真正让数据成为业务决策的重要依据，而不是简单的报表支持,我希望能在真实的商业场景中,通过数据分析帮助团队优化运营策略,这也是我投递贵公司的原因。

其次,我希望这个岗位能提供一定的探索空间,而不仅仅是执行固定的分析任务。我喜欢通过数据挖掘发现新的商业机会,比如预测用户行为、优化增长策略等,这样的工作内容能让我持续提升自己的分析思维。

最后,我很看重团队的合作氛围。我认为数据分析并不是孤立的,而是需要和市场、产品、运营等团队密切合作。我希望在一个跨部门沟通顺畅、重视数据价值的环境中工作,这样不仅能让我学到更多业务逻辑,也能更高效地推动分析结果落地。"

这个回答突出了数据驱动文化、探索空间、跨部门协作三个核心点,每一点都和数据分析岗位的核心特性高度匹配,同时展现了候选人的逻辑思维能力和团队协作意识,让 HR 觉得这个人不仅懂技术,还懂业务,具备长期发展的潜力。

实战练习 你当下选择新工作,最看中的三个要素是什么?

试着写下答案,并检查以下三个关键点:

(1) 你的选择标准是否符合岗位需求?
(2) 你的回答是否展现了成长性,而不仅仅是待遇问题?
(3) 你的表达是否清晰、逻辑严密,能够让 HR 信服?

你可以这样开头:

"在选择新工作时,我最看重三个方面,分别是××、××和××。首先,我希望进入一个×××(行业/岗位匹配)环境,在这里可以×××(成长目标)。其次,我希望岗位能提供×××(岗位匹配),让我在×××方面得到提升。最后,我很看重×××(公司文化/成长环境),因为×××(你的个人理解)。我相信这样的工作环境能让我更好地成长,同时为公司创造价值。"

6.1.3 如何证明自己可以胜任这个工作?

题目拆解　HR为什么要问这个问题?

当HR问"你如何证明可以胜任这个工作?"时,并不是希望你单纯列举自己过往的经历,而是要考察你是否真正理解岗位要求,并能用有说服力的证据证明自己的能力。

我给大家介绍一个新的面试模板——EAC法则:"经历—行动—成果",这个模板可以很好回答这个问题:

(1) 经历(Experience)——说明你有过相关的经历,并简单介绍背景。

(2) 行动(Action)——描述你具体做了什么,突出你的贡献和思考。

(3) 成果(Conclusion)——用数据或具体影响来证明你的能力,确保回答有说服力。

错误示例　这些回答会让HR"出戏"

错误示例1:空泛的自我夸耀,没有数据支撑

"我觉得我自己很适合这个岗位,因为我性格外向,喜欢和人沟通,对新媒体很感兴趣。"

HR可能会想:"兴趣不等于能力,你具体做过什么能证明自己擅长这项工作?"这个回答缺乏具体的例子和数据支撑。

错误示例2:列举经历但没有重点

"我大学期间参加过很多社团活动,也运营过公众号,平时也会关注很多新媒体大V,所以我觉得自己适合做新媒体运营。"

HR可能会想:"听起来做了很多事情,但具体成果呢?有没有数据证明你的运营能力?"面试中列举十点不如把一点讲透,一定要分层次和逻辑。

高分解析 怎样回答才能让HR眼前一亮?

这道题,我们可以用"经历—行动—成果"(EAC法则)来组织答案。

高分示范1:针对新媒体运营岗位

"我认为自己可以胜任新媒体运营岗位,因为在大学期间,我曾负责运营学校的官方微信公众号。起初,这个公众号的阅读量一直很低,我分析了内容质量和用户互动情况后,发现我们推送的内容过于生硬,缺乏互动性。

于是,我调整了内容策略,增加了话题性强的校园热点文章,并策划了'校友故事'系列,让不同年级的学生分享自己的经历。此外,我还在社交平台上进行了用户互动,通过评论区留言引导讨论,提高了粉丝黏性。

在3个月的时间里,我们的公众号粉丝增长了40%,文章的平均阅读量从500提升到了3 000+,多篇推文被学生自发转发,扩大了影响力。这次经历让我深入理解了内容运营、用户增长以及社群互动的关键点,也让我对新媒体行业有了更强的兴趣和实践经验。"

这位候选人的回答非常契合要求,回答中不仅凸显出了实际运营经验,还能通过数据验证自己的策略有效性,证明了自己的新媒体运营能力。

高分示范 2:针对快消市场管培生岗位

"我相信自己能够胜任快消市场管培生岗位,因为在大学期间,我曾担任校园品牌推广大使,负责某国际快消品牌在校园内的推广活动。当时,公司希望提高在大学生群体中的品牌认知度,但单纯的海报宣传效果一般。我意识到,学生更容易被'体验式营销'吸引,因此我策划了一场'盲测挑战',让学生在没有品牌标识的情况下品尝不同产品,并通过社交媒体投票,提升了互动性。最终,这场活动吸引了 500 多名学生参与,品牌社交媒体账号在校园内的关注量提升了 30%,公司反馈这次活动带来的品牌曝光度远超预期。这次经历让我深刻理解了快消行业的市场推广策略,也让我更清楚如何在有限的预算和资源下,实现最大的营销效果。"

虽然这个候选人没有实习经历,但是仅通过校园经历也展现了自己有实际的市场推广经验,还体现了他能站在消费者角度思考,并通过创新的营销方式提升品牌影响力。

实战练习 如何证明自己可以胜任这个工作?

试着用"经历—行动—成果"(EAC 法则)组织答案,并检查以下三个关键点：

(1) 你的经历是否与岗位匹配？

(2) 你的行动是否展示了你的主动性和思考能力？

(3) 你的成果是否有数据支撑，让回答更具说服力？

你可以这样开头：

"我认为自己可以胜任这个岗位，因为在×××经历中，我负责×××工作，并发现了×××问题。为了优化这个问题，我采取了×××方法，包括×××（具体行动）。通过这些调整，我成功实现了×××（数据或具体影响）。这次经历让我掌握了×××能力，也让我更加确信自己对×××行业的兴趣和匹配度。"

6.1.4 如果加入公司，你的第一年目标是什么且如何实现？

题目拆解　HR 为什么要问这个问题？

没有目标的人，在工作中容易迷茫，HR 希望通过你的回答判断你是否有成长意识，能否在短时间内进入状态，并且具备一定的执行能力。对于公司来说，雇佣一个应届生意味着要投入时间和资源进行培养，如果你能展现出清晰的成长路径，HR 会更倾向于录用你。

在此，我们依旧可以用之前讲的"三段论"的模板套用，只不过之前"职业规划"那道题我们是将五年拆成三个阶段，那么这道题我们可以将一年来拆成三段时间来回答。

错误示例　这些回答会让 HR "出戏"

错误示例 1：目标过于模糊，没有具体方向

"我希望在第一年里快速适应工作，提升自己的能力，为公司创造价值。"

HR 可能会想："这个回答听起来没毛病，但具体怎么适应？怎么提升？完全没说清楚。"一个能让回答有条理的好方法就是按照下文所述的"三步法"来回答。

错误示例 2：目标过高，脱离实际

"我希望第一年就能成为团队的核心成员，带领项目并创造显著业绩。"

HR 可能会想："你一个新人，连基本业务都还没熟悉，怎么可能一年内就成为核心？"我们可以在面试前了解一下岗位的基本工作或者可能遇到的难点，这样回答就不会脱离实际。

高分解析　怎样回答才能让 HR 眼前一亮？

一个好的回答，应该具备清晰的目标、符合岗位特点的成长路径，以及可执行的实现计划。可以采用"三步法"进行表达：

（1）短期适应（前 3 个月）——熟悉业务流程，掌握岗位基础技能，快速融入团队。

（2）中期成长（3—9 个月）——独立承担一定工作任务，提升核心能力，开始创造价值。

（3）长期突破（9—12 个月）——总结经验，优化自己的工作方法，争取承担更大责任。

高分示范 1：销售管培生岗位

"第一年我的目标是从基础销售技能入手，逐步成长为一名能够独立开发客户、完成业绩目标的销售人员。在前 3 个月，我会专注于学习产品知识、销售流程以及行业动态，观察和学习优秀销售同事的经验，同时争取尽快完成自己的第一单。3—9 个月的阶段，我希望能够开始独立开发客户，并形成自己的一套销售方法论。除了日常的客户维护，我会主动向主管和同事请教，优化自己的沟通和谈判技巧，提升转化率。9—12 个月，我希望能够在业绩上有所突破，不仅能稳定完成公司分配的销售指标，还能尝试更复杂的客户谈判，提高自己的成交单量。如果有机会，我也希望能承担部分新人培训的工作，把自己的经验总结出来，帮助团队成长。"

HR 听到这样的回答，会觉得这个人不仅有明确的目标感，而且有具体的执行思路，是一个能快速上手并创造价值的候选人。

高分示范 2：针对人力资源管理岗位

"作为一名 HR 新人，我第一年的目标是从招聘和员工关系两个核心模块入手，逐步建立自己的人力资源管理能力。在前 3 个月，我会尽快熟悉公司的招聘流程、用人需求，并参与简历筛选和初步面试，确保自己能快速适应 HR 的基础工作。3—9 个月，我希望能够独立负责部分岗位的招聘工作，并开始接触员工培训和考核，提升自己的沟通协调能力。这个阶段，我会主动向团队成员学习，也会关注行业招聘动态，优化自己的面试技巧。9—12 个月，我希望自己不仅能稳定完成招聘任务，还能在员工管理方面有所突破，比如参与公司文化建设、优化员工沟通机制等。我也希望在年底能够总结自己的 HR 成长经验,为接下来的职业发展做好准备。"

这个回答逻辑清晰,目标明确,短期关注基础技能的掌握,中期独立负责招聘和员工培训,长期希望能在 HR 领域深入发展。

实战练习　如果加入公司,你的第一年目标是什么且如何实现?

试着用"短期适应—中期成长—长期突破"三步法组织答案,并检查以下三个关键点:

(1) 你的目标是否具体清晰,而不是模糊的大话?

(2) 你的实现路径是否符合岗位特点,而不是盲目设定不现实的目标?

(3) 你的表达是否有逻辑,让 HR 能够直观感受到你的规划能力?

你可以这样开头:

"第一年我的目标是×××。在前 3 个月,我会专注于×××,确保自己能快速适应岗位。3—9 个月,我希望能×××,提升×××能力,并开始承担×××任务。9—12 个月,我希望能×××,争取在×××方面有所突破,并为未来的职业发展做好准备。"

6.1.5　谈一下你对于某个行业及技术发展趋势的理解

题目拆解　HR 为什么要问这个问题?

当前时代,新技术不断涌现,因此面试官更希望能招到愿意了解前沿趋势、学习能力强的候选人,这道题也就会被经常问到,尤其人工智能对于行业的改变,一定是我们在找工作前重点关注的。

这道题中,HR希望通过你的回答判断几个关键点:你是对行业有长期关注,还是仅仅在面试前临时抱佛脚?你的分析是具备一定的深度,还是只是泛泛而谈?最重要的是,你能不能将行业趋势与你的职业发展结合起来,展现出你的思考能力?如果你的回答太空泛,HR可能会觉得你缺乏行业敏感度,也可能怀疑你对这份工作的长期投入。

错误示例 这些回答会让HR"出戏"

错误示例1:纯粹背诵行业报告,没有自己的观点

"软件开发行业发展迅猛,人工智能和云计算正在成为主流趋势,许多公司都在推进数字化转型。"

HR可能会想:"这些内容随便上网搜一下都能看到,你自己的思考呢?"看一些研究报告是必要的,但是更要结合行业和岗位有自己的理解。

错误示例2:和岗位无关,缺乏个人思考

"我觉得科技行业发展很快,特别是区块链和元宇宙未来会很有潜力。"

HR可能会想:"你应聘的是会计岗位,你讲区块链和元宇宙干什么?和你的工作有关系吗?"再次强调,我们的回答应尽可能凸显我们与岗位的匹配度。

高分解析　怎样回答才能让HR眼前一亮？

一个好的回答,应该具备清晰的行业趋势、结合岗位发展路径、展现个人思考这三个关键点。可以使用"趋势—影响—个人发展"三步法来组织答案：

(1) 趋势——结合行业现状,简要说明你观察到的核心发展方向。

(2) 影响——分析这个趋势对你所申请的岗位可能产生的影响。

(3) 个人发展——结合自己的职业发展,说明你如何应对这个趋势,提升自己的竞争力。

高分示范1：针对软件开发等技术岗

"我认为软件开发行业的核心趋势是'低代码与AI辅助开发'的兴起。近年来,越来越多的企业在使用低代码平台来提升开发效率,同时,AI辅助代码生成工具也在不断进步,使开发流程变得更加智能化。这一趋势的影响是,基础性的重复性代码工作可能会被自动化工具部分取代,但这并不意味着开发岗位会减少,反而对开发者提出了更高的要求。未来的软件工程师不仅要会写代码,还要具备更强的系统架构设计能力,以及更深入的AI和自动化运维技能。因此,我在学习基础开发技能的同时,也会关注云计算和AI相关的技术,提升自己的全栈能力。此外,我认为开发者还需要具备更强的跨学科协作能力,因为未来的项目将越来越依赖多团队协作,而不仅仅是单纯的编码工作。"

这个回答,会让HR觉得这个人不仅对行业趋势有深入了解,还能主动思考如何提升自己的竞争力,是一个有潜力的候选人。

高分示范 2:会计行业的趋势分析

"我认为会计行业的核心趋势是'财务数字化与自动化'。近年来,越来越多的企业开始采用 RPA(机器人流程自动化)来处理基础的财务核算工作,同时,财务分析也正在向数据化、智能化方向发展。这种趋势对传统的会计岗位提出了新的要求。简单的记账和报表编制工作未来可能会被自动化工具取代,但企业对于'财务分析'和'战略性财务决策'的需求正在增加。因此,会计行业正在从'传统财务'向'管理会计'和'数据驱动财务'转型。面对这个趋势,我在学习传统会计技能的同时,也会加强财务数据分析能力,比如掌握 Python 和 SQL 等数据处理工具。此外,我也会关注管理会计的知识,比如成本控制、财务战略规划等,这样才能更好地适应未来的行业需求。"

这个回答展示了候选人对会计行业未来的深入理解,特别是自动化对传统会计工作的影响,并通过"如何提升数据分析能力"和"学习管理会计"两个方向,展现了候选人的成长思维。

实战练习 谈一下你对某个行业及技术发展趋势的理解

试着用"趋势—影响—个人发展"三步法组织答案,并检查以下三个关键点:

(1)你的回答是否紧扣行业实际,而不是空谈概念?

(2)你的分析是否结合岗位需求,而不是泛泛而谈?

(3)你的个人发展计划是否能体现出你的思考能力?

你可以这样开头:

"我认为××行业目前最重要的趋势是×××(描述核心发展方向)。近年来,随着×××技术/政策的变化,越来越多的公司正在向×××方向发展。这一趋势对××岗位的影响是×××(分析行业变化如何影响岗位需求)。未来从业者需要具备×××能力,而传统的×××工作方式可能会逐步被新技术替代。因此,我在学习×××的同时,也会关注×××技能的提升,以确保自己能适应行业的变化,并在未来职业发展中具备更强的竞争力。"

6.1.6 案例剖析:如何拿到咨询公司——埃森哲的offer?

咨询公司,一直是许多商科同学梦寐以求的求职终点。

很多人觉得进入顶级咨询公司是名校生的专属,但事实并非如此。正确的规划和充分的准备,完全可以让一名普通211大学的学生,在求职竞争中脱颖而出,打破学历壁垒,成功拿到埃森哲的offer。

今天的案例主角小Z,就是这样一位普通211大学的同学。大一时,他对咨询行业几乎一无所知,只是听学长提起过"咨询公司的薪资不错,成长快",但并不知道自己是否适合这个行业,也不了解咨询面试到底在考察什么。幸运的是,他在大一时找到了我们,并且愿意尽早开始规划。

小Z同学大一时候就意识到规划的重要性,这一点非常重要,如果小Z等到大四秋招时才开始了解咨询行业,那他的竞争力会很弱,甚至连面试机会都拿不到。因此,我们帮助他从大一就开始做规划,让他利用大学的时间逐步积累咨询所需的核心能力。

大一,我们建议他先积累一些商业思维和数据分析能力,所以他加入了学校的商业社团,并积极参加商业案例分析比赛。虽然一开始他在团队中只是个负责PPT的"工具人",但在比赛过程中,他逐渐学会了用数据支撑自己的观点,掌握了咨询行业最看重的逻辑推演能力。

大二暑假,我们帮他锁定了一家行业内知名的咨询公司的实习机会,虽然只是一个短期的市场研究实习,但这段经历让他的简历上多了一行"咨询相关经验",让他在未来的秋招中更有竞争力。同时,我们还帮助他在实习过程中积累可以用在面试中的"案例素材",让他的简历和故事更有说服力。

进入大三后,小Z的目标非常明确:冲刺顶级咨询公司。这个阶段,实习经历已经为他打下了一定的基础,但咨询公司的面试难度极高,仅靠实习经历远远不够,我们重点帮助他在以下几个方面突破:

首先,案例面试(Case Interview)的针对性训练。咨询公司的案例面试是一大门槛,很多同学初次接触时会觉得无从下手,甚至在面试时因思路混乱被直接淘汰。我们针对小Z的情况,帮他建立了一套系统的训练方法,从最基础的MECE(相互独立,完全穷尽)拆解方法,到复杂的市场进入、盈利分析、增长战略等案例,我们带着他一遍遍实战演练,并通过录音复盘,找出他的逻辑漏洞。

其次,咨询公司非常看重候选人的表达逻辑,一个思维跳跃、不够清晰的回答,很可能会让面试官直接失去兴趣。为了提升他的表达能力,我们采取了"金字塔原理"训练法,即让他在回答问题时先给出结论,再用数据和事实支撑,确保逻辑清晰有力。此外,我们还帮他改进了语速、语气,让他的表达听起来更自信、更有条理。

群面也是咨询公司校招面试的核心,我们模拟了埃森哲真实的群面场景,让小 Z 练习如何在团队讨论中既能积极贡献,又不过于抢话,让自己在面试官眼里成为"高效的团队合作者"而非"独自表现的孤狼"。

这些贯彻三年的准备,让小 Z 同学的面试能力得到了显著的提升。在秋招正式开始前,我们给小 Z 做了一轮完整的模拟面试,涵盖简历深挖、行为面试问题、案例分析等所有关键环节,并针对他的薄弱点进行了最后的强化训练。每一次模拟面试后,我们都会让他复盘,总结自己的问题,并不断优化表达。

最终,他顺利通过埃森哲的网申和笔试,在群面环节展现了出色的团队合作和分析能力,进入了一对一面试。在最终面试中,他用扎实的案例拆解能力、清晰的表达逻辑以及过往实习的积累,成功打动了面试官,最终拿到了埃森哲的 offer。

回顾这段成功之路,核心秘诀是什么?其实主要聚焦于下面的三点:

第一,提前规划,构建行业相关经验。如果没有大一、大二的积累,他的简历很可能连网申这一关都过不了。咨询行业的门槛高,很多名校生都在竞争,只有提前布局,才能在秋招时占据优势。

第二,针对性训练,提升面试竞争力。咨询公司的面试和普通面试完全不同,案例拆解、结构化表达、群面策略,都是需要系统训练的。小Z的优势在于,他没有盲目准备,而是通过系统性的训练让自己具备了真正的竞争力。

第三,精细化模拟,让面试变成"可控的考试"。很多同学面试失败,不是因为能力不够,而是因为缺乏实战经验。在我们的辅导下,小Z的每一场模拟面试都像是正式面试,让他在真正面对埃森哲的考官时,不会慌张,而是有条不紊地发挥自己的优势。

小Z的故事告诉我们,进入顶级咨询公司,不是名校生的特权,而是任何愿意提前规划、脚踏实地提升自己的人都可以做到的。对于所有想进入咨询行业的同学来说,越早开始准备,越容易在求职中脱颖而出。

所以,如果你的目标是埃森哲、麦肯锡、贝恩等顶级咨询公司,那么现在就开始规划吧!每一步的积累,都会让你的求职之路更加顺畅,最终让你拿到梦寐以求的 offer!

6.2 没有经验不可怕,用未来价值打动 HR

很多应届生在求职时都会有这样的担忧:"我没有实习经验,怎么和那些有丰富经验的候选人竞争?"

但事实是，对于校招来说，HR 更看重的是你的潜力，而不仅仅是你过去的经验。毕竟，公司招聘的是未来可以成长为优秀员工的人，而不是一个已经完全符合所有岗位要求的"即插即用"型员工。

因此，对于没有实习经验的求职者来说，最好的策略不是去掩盖自己的不足，而是要学会用未来价值来打动 HR，让他们看到你在这个岗位上的可塑性。比如，我们可以展示自己的快速学习能力、主观能动性或者之前可以证明有相关能力的核心能力，哪怕这些经历不完全是工作经验。

这就意味着，即使你没有相关实习，也可以通过校园经历、项目实践、志愿者工作，甚至个人学习经历来展现自己的匹配度。关键不是你过去做了什么，而是你如何把你的经历与岗位要求联系起来，让 HR 看到你的成长潜力。

在接下来的小节里，我们会拆解一些"未来导向型"的面试问题，教你如何用自己的潜力和学习能力，去打动 HR。

6.2.1 你认为这个岗位最大的挑战是什么，如何应对？

题目拆解　HR 为什么要问这个问题？

很多人面对这个问题时会产生误解，以为 HR 是在"刁难"他们，但其实这更像是一道开放性的测试题。

HR 其实想通过这道题知道：你对这个岗位是否有足够的了解，你能不能客观评估自己的不足，你是否有实际的学习计划或解决方案,而不是仅仅表达担忧。

那么对应的是,我们只需要在回答中包含清晰的挑战点、具体的应对策略就可以了,如果能展现你的思考能力和成长潜力就更好了。

错误示例　这些回答会让 HR"出戏"

错误示例 1:回答过于消极,显得缺乏自信

"我觉得这个岗位的挑战很多,比如我没有相关经验,可能一开始会很难适应。"

HR 可能会想:"你的意思是你自己也不确定能不能胜任?这可不是一个让人放心的回答。"没有相关经验不可怕,但要在回答中展示出自己对于岗位的兴趣和不惧怕挑战的态度。

错误示例 2:泛泛而谈,没有具体解决方案

"我觉得适应新环境是个挑战,我会努力学习,希望尽快上手。"

HR 可能会想:"学习是应该的,但具体怎么学?你有明确的计划吗?"我们要在回答中展示自己面对挑战的初步预案,可以给出一个初步的方案。

高分解析　怎样回答才能让 HR 眼前一亮?

一个好的回答,应该具备明确的挑战点、符合岗位要求的分析、具体的应对策略,我们可以使用"挑战—分析—应对"的逻辑进行表达:

高分示范1：针对投行人力资源岗

"我认为作为一名应届生，进入投行HR岗位最大的挑战是快速适应高强度的招聘节奏，并精准理解投行的业务需求。相比于一般的企业招聘，投行的招聘节奏快，涉及的岗位专业性强，这对于新人来说是一个很大的挑战。

为了应对这个挑战，我会在入职前主动学习投行的业务模式，了解不同岗位的核心职责，例如IBD、S&T、研究岗等，这样在筛选简历或面试沟通时，我可以更快地抓住关键点。此外，我会在前期多向前辈请教，观察他们如何与业务部门协作，以提高自己的判断力和沟通效率。

我相信，HR不仅仅是筛选简历和安排面试的角色，更是公司与候选人之间的桥梁。如果我能在短时间内掌握投行的用人逻辑，我就能更好地完成招聘工作，并为公司吸引到真正适合的人才。"

这个回答精准找到了投行HR的核心挑战（招聘节奏快、岗位专业性强），并且提出了具体的学习计划（提前学习业务知识＋向前辈请教），让HR看到候选人的主动性和学习能力，这种"未来导向型"的回答，让HR相信即使没有经验，这位候选人也能快速成长。

高分示范2：针对销售管培生岗位

"我认为销售管培生岗位对我最大的挑战，是如何快速建立客户信任，尤其是在我刚进入行业，对产品和客户需求还不够熟悉的情况下。

但是我觉得销售不仅仅是推销产品，更重要的是理解客户需求,提供针对性的解决方案。因此,我计划在入职前,通过行业报告和公司官网,深入研究产品特点和市场情况。此外,在前几个月的实习期,我会主动跟随资深销售同事学习,观察他们如何与客户建立关系,如何在沟通中挖掘客户需求。通过系统学习和实际经验积累,我可以在短时间内提升自己的客户沟通能力,并逐步成为一名优秀的销售人员。"

这个回答找到了销售管培生岗位的真实挑战(建立客户信任),并且提出了合理的应对策略(提前学习市场信息+向资深销售学习),HR会觉得这个候选人对岗位有清晰认知,并且已经有了明确的成长规划,这种思考方式远比"我会努力适应"更具说服力。

实战练习 你认为这个岗位最大的挑战是什么,如何应对?

试着用"挑战—分析—应对"的面试逻辑组织答案,并检查以下三个关键点:

(1)你的挑战点是否符合岗位要求,而不是随便编的?
(2)你的分析是否展现了对岗位的深入理解?
(3)你的应对措施是否具体,而不是简单说"努力学习"?

你可以这样开头:

"我认为这个岗位对我最大的挑战是×××,因为×××(分析原因)。为了克服这个挑战,我计划×××(具体的学习或行动计划)。我相信通过×××(方法),我可以在短时间内适应岗位要求,并持续成长。"

6.2.2 如果你在这个岗位遇到瓶颈,你会如何突破?

题目拆解　HR为什么要问这个问题?

每一份工作都会遇到瓶颈,区别在于,有些人面对困难会选择逃避或消极面对,有些人则能够主动寻找解决方案,突破现状。

HR在面试时问这个问题,最主要是想要了解你解决问题的能力和抗压能力,同时也希望判断出你是否具备清晰的自我认知和成长思维。

因此,对于这个问题,我们应该结合岗位特性给出合理的解决方案,哪怕你并不知道实际的瓶颈会是什么,但是系统的方法论一定可以帮助你获得面试官的青睐。

错误示例　这些回答会让HR"出戏"

错误示例1:模糊不清,缺乏实际行动

"如果我遇到瓶颈,我会保持积极的态度,相信自己一定能克服。"

HR可能会想:"光靠心态积极可不行,具体你会怎么做?"我们应该在回答中给出具体的解决步骤。

错误示例2:缺乏结构化思维,显得没有逻辑

"如果我遇到瓶颈,我会多看看相关资料,然后努力学习。"

HR可能会想:"学习是好事,但除此之外呢?"职场中,问题可能就一个,但是解决问题的方案一定是多样的,不妨在回答中多给几种思路。

高分解析　怎样回答才能让 HR 眼前一亮？

一个高分的回答,应该具备清晰的应对思路、合理的方法论,以及展现学习能力的行动方案,可以使用"分析—调整—行动"的面试逻辑来组织答案:

高分示范 1：针对产品经理岗位

"如果我在工作中遇到瓶颈,第一步,我会进行客观分析,找出问题的核心点。我不会急着解决,而是先思考:是因为信息不足?是因为能力短板?还是因为方法不对?只有找到真正的原因,才能对症下药。第二步,我会调整自己的方法。如果是知识上的欠缺,我会快速学习相关技能,方法有阅读行业报告、观看专业课程、研究竞品案例等。如果是工作方式上的问题,我会复盘自己是否可以换一种思路,比如尝试不同的产品优化策略,或者引入新的工具来提升效率。第三步,我会采取实际行动。比如,主动向团队里的经验丰富的产品经理请教他们的经验,同时在工作中不断尝试新的方法,验证哪种方式最有效。我相信,所有的瓶颈都是短暂的,只要有持续的学习能力和优化意识,就一定能找到突破的方法。"

这个回答展现了候选人的结构化的思考路径("分析—调整—行动"),让 HR 看到候选人并不会被问题困住,而是能够冷静分析、调整策略、主动学习,最终实现突破。

高分示范 2：针对财务分析师岗位

"如果我在财务分析的工作中遇到瓶颈,我会先停下来做一个系统性的分析,看看问题的本质是什么。有时候是因为数据理解不够深入,有时候是因为分析方法没有选对,甚至可能是沟通不到位导致的信息不对称。找准问题所在,是突破瓶颈的第一步。接下来,我会调整自己的策略。如果是数据分析能力不够,我会复盘自己的计算逻辑,学习更高级的建模方法,比如通过Python或SQL优化数据处理流程。如果是报告逻辑不清晰,我会研究优秀的财务分析案例,看看行业内成熟的分析框架如何搭建。最后,我会采取具体行动去解决问题。我会多和资深的财务分析师沟通,听取他们的建议,也会在实际工作中不断练习和优化自己的分析报告。同时,我会保持一个开放的心态,愿意接受反馈,并在下一次分析时做得更好。我相信,财务分析的本质是持续优化,每一次的瓶颈都是成长的机会。"

这个回答同样使用了"分析—调整—行动"的思考路径,并结合财务分析的岗位特点,展现了候选人的思维能力和学习能力,会让HR觉得这个人具备自我突破能力,而不是遇到问题就停滞不前,是一个有潜力的候选人。

实战练习 如果你在这个岗位遇到瓶颈,你会如何突破?

试着用"分析—调整—行动"的面试逻辑组织答案,并检查以下三个关键点:

(1)你的回答是否展现了清晰的思维逻辑,而不是随便应付?

(2)你的方法是否具有可操作性,而不是"努力适应"之类的空话?

(3) 你的表达是否展现了学习能力和主动性,让 HR 相信你能快速成长?

你可以这样开头:

"如果我在工作中遇到瓶颈,首先,我会冷静分析,找出问题的本质。然后,我会调整自己的方法,比如×××(具体的方法)。最后,我会采取实际行动,比如×××(具体的学习或优化方案),确保自己能够突破这个挑战,并不断提升。"

6.2.3 你如何处理工作中的压力?

题目拆解 HR 为什么要问这个问题?

在职场中,压力是不可避免的,无论是高强度的工作任务、人际关系的挑战,还是重要项目的时间紧迫感,几乎所有岗位都会涉及如何应对压力的问题。

因此,HR 问这个问题的目的,不是想听你说"我不会有压力",而是想知道你是否具备抗压能力,比如面对高强度的工作,你会不会轻易崩溃?那么我们在回答中要凸显出我们拥有合理的压力管理方式并且这些方法能够真正帮助调整状态。

错误示例 这些回答会让 HR"出戏"

错误示例 1:完全否认压力的存在,显得不现实

"我从来不会有压力,因为我一直都能很好地完成工作。"

HR可能会想:"每个人都会有压力,你这么说要么是在回避问题,要么是缺乏真实的职场经验。"还是那句话,人无完人,不怕暴露问题,提供解决方案更加重要。

错误示例2：回答太过笼统,没有具体应对方法

"如果遇到压力,我会尽量放松自己,调整心态。"

HR可能会想:"具体怎么放松？怎么调整？如果没有具体的方法,光说'调整'是没有说服力的。"面试是一个"说服"的过程,那么,我们就要有具体的原因和方法,这样才能让面试官真正相信。

高分解析　怎样回答才能让HR眼前一亮？

一个高分的回答,应该具备理性认识压力、合理的应对方法、适用于职场的调整策略,我们可以使用"认知—方法—行动"的面试逻辑来组织答案：

高分示范：适用于所有岗位

"我认为压力是职场的一部分,每个人都会遇到,关键是如何调整自己,让压力变成前进的动力,而不是阻碍。

对我来说,压力通常来源于两个方面：一是任务量大,二是对自己的高标准要求。当我面对高强度的工作时,首先,我会合理规划任务,把工作拆解成小部分,按照优先级排序,确保能有条不紊地推进,自己不会被任务量压垮。这样可以减少因混乱带来的焦虑感。

其次,我会通过调整心态来处理压力。如果压力来自对自己的高要求,我会提醒自己'成长是一个过程,不可能一蹴而就',给自己设定合理的目标,避免不必要的焦虑。同时,我也会和团队成员沟通,寻求合理的支持,而不是一个人硬扛所有问题。

最后,我会在工作之外寻找适当的方式来缓解压力,比如运动、阅读,或者短暂地换个环境思考问题。我发现,当我用健康的方式给自己'充电',我的思维会更加清晰,面对挑战时也能更有耐心。"

这个回答不仅承认了压力的存在,还展现了任务管理、心态调整和健康缓解压力的完整思考路径。HR 听到这样的回答,会觉得候选人具备较强的自我管理能力,能够稳定发挥,不会因为压力而崩溃,这是职场中非常重要的素质。

实战练习　你如何处理工作中的压力?

试着用"认知—方法—行动"三步法组织你的答案,并检查以下三个关键点:

(1) 你的回答是否展现了清晰的思维逻辑,而不是简单说"我会克服"?

(2) 你的方法是否具有可操作性,而不是仅仅靠意志力硬撑?

(3) 你的表达是否展现了自我调节能力,让 HR 相信你能够长期适应职场环境?

你可以这样开头:

"我认为压力是职场的一部分,而不是完全可以避免的。面对压力,我通常会先分析压力的来源(认知),然后采取合理的应对方法,比如×××(方法)。最后,我会通过×××(实际行动)来缓解压力,并确保自己能高效完成工作。"

6.2.4 上司给你安排了一个不属于你的工作,你如何处理?

题目拆解　HR为什么要问这个问题?

在职场中,工作职责往往不是固定不变的,尤其是在团队协作和项目推进过程中,员工时常需要承担额外的任务,甚至是超出自己岗位描述的工作。

HR问这个问题,主要是想考察你的职场适应能力、团队合作精神和处理突发情况的能力。所以,一个好的回答需要展现出你的职业素养、问题解决能力和团队协作意识,同时也要体现出合理的边界感,让HR相信你既愿意承担责任,又不会让自己陷入无序的工作状态。

我们依旧可以用"三段论"来回答这道题,比如我们可以用三个步骤解决这个问题:

(1)评估:先判断任务的重要性和紧急程度,以及对自己工作的影响。

(2)沟通:与上司确认任务的背景和预期目标,确保自己的角色清晰。

(3)执行:合理分配精力,高效完成任务,同时确保自己的本职工作不受影响。

错误示例　这些回答会让 HR"出戏"

错误示例 1：过度拒绝，显得没有团队精神

"这不是我的工作，我觉得应该由相关部门的同事来完成。"

HR 可能会想："工作有时候是需要灵活应对的，如果每个人都这么固守边界，那团队还能正常运作吗？"团队协作非常重要，"独狼精神"在很多大公司的招聘中并不是亮点。

错误示例 2：毫无边界感，容易被压榨

"只要是上司安排的工作，我都会无条件接受，全力完成。"

HR 可能会想："这听起来像个'好员工'，但如果所有工作都不加筛选地接受，你可能会很快被过度消耗，甚至影响本职工作。"这也是为什么我们面试模板的第一步是"评估"而不是"执行"的原因所在。

高分解析　怎样回答才能让 HR 眼前一亮？

面对这道题，我们可以使用"评估—沟通—执行"的三段论来组织答案。

高分示范：适用于所有岗位

"如果上司给我安排了一个不属于我的工作的任务，我的第一步是冷静评估这个任务的重要性、紧急程度，以及它对我的本职工作的影响。如果任务较小，不会影响我当前的工作节奏，我会主动承担，并尽快完成。

如果任务较大，可能会影响我的核心职责，我会与上司进行沟通，确认这项任务的优先级，并确保我的本职工作不会因此受到影响。例如,我可能会询问:'这个任务的截止时间是什么?我目前在负责××工作,您希望我如何协调时间?'这样可以既表达我的责任心,也能让上司了解到我的工作安排。

在执行过程中,我会尽力做到高效协作。如果任务涉及其他团队成员,我会主动与他们配合,确保信息流畅,避免因不了解情况而影响工作质量。同时,如果任务涉及新的技能或知识领域,我也会借此机会学习,提升自己的综合能力。

我认为,职场中的灵活性和责任感同样重要。面对新的任务,不仅要展现团队合作精神,也要学会合理规划时间,确保既能高效完成新任务,也不会影响本职工作。"

这个回答清晰地展现了"评估—沟通—执行"的处理思路,既体现了团队合作精神,又有合理的时间管理逻辑。HR 听到这样的回答,会觉得这个人既有担当,也有边界感,能够理性处理职场中的突发任务,是一个值得信赖的候选人。

实战练习 上司给你安排了一个不属于你的工作,你如何处理?

试着用"评估—沟通—执行"三步法组织答案,并检查以下三个关键点:

(1)你的回答是否展现了团队合作精神,而不是一味拒绝?

(2)你的方法是否具有可执行性,而不是简单说"努力适应"?

(3)你的表达是否展现了时间管理能力,让 HR 相信你能合理安排工作?

你可以这样开头:

"如果上司安排了一项不属于我的工作，我会先评估这项任务的重要性和紧急程度。如果是一个可以快速完成的任务，我会优先处理，以支持团队的整体运作。如果任务较大，我会和上司沟通，确认任务优先级，确保我的本职工作不会受到影响。同时，在执行过程中，我会保持高效协作，必要时寻求团队支持，确保任务顺利完成。"

6.2.5　当你和上级观点不一致时，会如何处理？

题目拆解　HR为什么要问这个问题？

在职场中，你的上级不一定总是对的，而你的观点也不一定总是完全正确的。

HR问这个问题，并不是想测试你的服从性，而是想了解你在面对不同意见时的沟通能力、解决问题的方式以及你的职业成熟度。

像我们之前说的，碰到面试题，我们先不要着急回答，而是要拆解背后面试官的真实考察意图，并且想明白我们的回答中应该具备什么。比如，像这道题，我们应该具备"冷静分析、有效沟通、团队合作"这三个要素，因此回答也可以是三个部分：

首先，表示理解，我们应该分析上级的观点，理解他们的出发点。其次，如果有不同意见，选择合适的方式表达自己的看法，并提供数据或事实支持。最终，如果仍需执行上级的决策，要确保团队目标不受影响，同时在执行过程中观察和优化方案。

错误示例　这些回答会让 HR "出戏"

错误示例 1：过于服从，显得没有独立思考能力

"上级的决定肯定是正确的，我会毫无疑问地执行。"

HR 可能会想："如果你连基本的思考都不做，未来遇到真正的业务问题时，会不会盲目执行错误的指令？"我们还是应该在回答中凸显出独立思考的部分。

错误示例 2：过于对抗，显得情商低

"如果我觉得上级的观点是错的，我会直接指出问题，并坚持自己的意见。"

HR 可能会想："职场不是辩论赛，如果你总是这么直接，可能会让团队合作变得困难。"这种回答会让面试官觉得我们之后在团队协作上可能会出现问题。

高分解析　怎样回答才能让 HR 眼前一亮？

高分示范：适用于所有岗位

"如果我和上级的观点不一致，我的第一步是先冷静分析对方的逻辑，理解上级为什么这么决策。我会站在全局的角度思考：他的决策是否有更大的战略考量，或者他是否掌握了我没有的信息？

如果在理性分析后，我依然认为我的观点更有价值，我会选择适当的时机向上级表达我的想法。例如，在团队会议或一对一沟通中，我会用数据、案例或市场趋势来支持我的观点，而不是单纯表达'我觉得这样更好'。同时，我会以开放的态度倾听上级的反馈,而不是试图强行说服。

如果最终上级仍然决定按照他的方式执行,我会尊重他的决策,并在执行过程中密切观察结果。如果我之前的判断是正确的,我会在复盘时向上级反馈,并提供改进方案。这种方式不仅能体现我的专业能力,也能在未来赢得上级的信任。"

这个回答逻辑非常清晰,清晰地展现了"理解—表达—执行"的处理思路,既强调了分析和沟通能力,也体现了尊重上级和团队合作的态度,让 HR 看到候选人的职场成熟度。

实战练习 当你和上级观点不一致时,你如何处理?

试着用"理解—表达—执行"的面试逻辑来组织答案,并检查以下三个关键点:

(1) 你的回答是否展现了冷静的分析,而不是情绪化对抗?

(2) 你的表达方式是否专业,能够让上级更容易接受你的观点?

(3) 你的执行方式是否体现了团队合作精神,而不是一味坚持己见?

你可以这样开头:

"如果我和上级的观点不一致,我会先理性分析对方的思考逻辑,确保自己理解他的出发点。然后,我会选择合适的方式表达我的看法,并提供数据支持,而不是单纯依靠个人判断。如果最终仍然采用上级的方案,我会全力执行,同时在过程中观察效果,确保团队目标得以实现。"

6.2.6 案例剖析：如何零经验成功上岸全球四大会计师事务所之一的安永？

每年秋招，四大会计师事务所都会吸引无数应届生投递。但现实是，许多候选人因为没有相关实习经验、对面试缺乏理解，最终折戟沉沙。

今天，我们就来看一个真实的案例——一位普通国内一本会计学专业的同学，如何在几乎零经验的情况下，通过精准准备，成功拿下安永的 offer。

L 同学，毕业于国内一所普通一本院校，专业是会计学。他的学业成绩不错，但面临一个严峻的问题——没有实习经验，对比那些已经在券商、银行、咨询公司有过实习经历的竞争者，L 同学的简历并没有特别突出的亮点。

最初，他也曾因为"没有实习经验"而焦虑，甚至一度怀疑自己是否能进入四大，但他最终意识到，与其在意自己缺少的东西，不如利用好自己现有的优势。于是，他开始围绕"学术能力＋校园经历＋精准面试准备"来构建自己的竞争力。

首先，L 同学选择扬长避短地增加自己的竞争力。既然没有正式的实习经历，就在面试前强化自己的"专业能力"标签，因此他系统复习了会计准则、审计流程，并且针对安永过往的面试问题，我们带着他整理了一套自己的答题框架。

在这个阶段，他特别花时间研究了两件事：

（1）研究安永的业务领域和核心客户——比如安永在中国

市场的主要业务板块,以及近年来在ESG审计、新兴行业咨询等领域的投入,经过这样的准备,就能在面试时展现出自己对公司发展趋势的理解。

(2)强化自己对行业的理解——通过阅读行业报告、关注财会相关公众号,提升自己的商业敏感度。在群面时,他能够迅速抓住行业趋势,让自己的发言更加专业。

与此同时,L同学充分利用校园活动、课程项目填补了简历上的"空白"。

他在大学期间参加过财会相关社团,曾在学校的模拟商业竞赛中负责财务分析。他将这段经历重新包装,强调自己在团队中如何分析财务数据、搭建财务模型,并用数据支撑商业决策。虽然这些经历不是正式的公司实习,但核心能力(数据分析、逻辑推理、团队协作)与四大的工作要求高度匹配。

同时,他在面试中没有回避缺少实习经历的问题,而是主动提及:"虽然我没有正式的公司实习经历,但在××项目中,我负责财务数据的整理和分析,并在最终报告中提出了优化成本结构的建议。这段经历让我理解了财务数据在商业决策中的重要性,也让我更坚定地想加入安永,从更专业的角度接触真实的审计工作。"

这种巧妙的表达方式,既展示了他的经验,也打消了HR的顾虑。

除了补充自己的实习,L同学深知,四大的面试并不是单纯的知识考核,而更像是一场"商业逻辑+团队协作"的测试。因此,他在面试准备时,特别训练了"讲故事"的能力,让自己的回答更加流畅、有逻辑。

在安永的群面环节,他使用了三大策略:

(1) 不抢话,但每次发言都带"增量信息"——在讨论中不是第一个开口的人,而是先听清楚别人的观点,然后补充更深入的分析,提升自己的"话语权"。

(2) 避免"自说自话",而是"搭话+推进"——当其他人发言后,顺势补充观点,比如"关于××刚刚提到的增长率问题,我补充一个行业数据,进一步证明这个趋势……"这种方式让他的发言更具价值,同时不会显得过于抢风头。

(3) 逻辑清晰、结构化表达——在答题时使用"STAR法则"或"三段论"进行表达,让自己的回答更有条理。

最终,L同学在群面阶段拿到了最高评分,成功进入了最终面试。在安永的终面中,面试官提出了一个有挑战性的问题:

"你没有实习经历,那你如何证明自己能胜任审计工作?"

L同学没有慌张,而是从"学习能力+逻辑思维+对行业的理解"三个角度回答:

"我认为四大的核心能力是逻辑分析、数据处理和团队协作。这三点我在校园经历中都进行了训练。比如,在×××项目中,我通过数据建模优化了团队的财务分析流程,这与审计工作中的数据分析逻辑非常类似。此外,我在面试前系统学习了××审计准则,并结合案例进行练习,我相信我的学习能力能让我快速上手。"

面试官对这个回答表示认可,因为L同学不仅承认了自己的短板,还主动提供了解决方案,展现出了"成长型思维",最终,L

同学成功拿到安永的 offer。

很多应届生在求职时,总是过于纠结自己的弱点,却没有想过如何放大自己的优势。如果你能用正确的策略,去构建自己的竞争力,即使是零经验,也完全可以进入顶级公司。

如果你也在为"没有实习经历"而焦虑,不妨借鉴 L 同学的策略,找到自己的优势,并通过正确的方法展现它们。因为职场的机会,永远属于那些懂得包装自己,并善于展现学习能力的人。

6.3 面试收尾,谈判与提问的双赢策略

面试的最后阶段,很多候选人容易放松警惕,觉得前面表现得不错,结尾就随便应付一下。但事实上,面试的收尾阶段可能是决定成败的关键。

真正的求职高手,在面试结尾不仅能加深 HR 对自己的认知,而且还有可能为自己博得更高的薪资。在这个阶段,HR 通常会考察两方面的内容:

(1)薪资期望与谈判能力——他们想了解你的市场认知、个人定位,以及你在薪资谈判中的逻辑性和策略。

(2)候选人提问环节——这不仅是你了解公司和岗位的机会,也能让 HR 看到你的职业思考深度。

因此,一个高质量的面试收尾,不仅能提升你的薪资待遇,还能进一步加深 HR 对你的好感,让你在候选人中脱颖而出。

在本节,我们将详细拆解常见的面试收尾问题,帮助你在最

后阶段展现职业素养,实现"谈判与提问双赢"。

6.3.1 你的期望薪资是多少?

题目拆解 HR为什么要问这个问题?

薪资谈判是面试中最敏感的环节之一,也是HR最关注的问题之一。HR问这个问题,最主要是希望通过你的期望薪资判断本岗位的薪资是否能满足你的预期,进而判断匹配度和稳定性。

很多候选人要么要价太低,失去了提升空间;要么要价过高,被HR直接淘汰。因此,一个高分回答,应该做到既有理有据,又不过度强势,同时展现灵活性和沟通能力。

那么,在回答这个问题前,你需要先明确自己的市场薪资区间,否则很容易出现"要价过高"或"要价过低"的情况。以下是五种常见的薪资调研方法:

(1)参考行业薪资报告——可以通过猎聘、BOSS直聘、脉脉、Glassdoor等网站查看目标岗位的薪资区间,确保自己的要价在市场价格区间内。

(2)向学长学姐/行业前辈请教——如果你身边有已经进入该行业的朋友,可以向他们打听同类岗位的薪资情况,获取真实数据。

(3)查看招聘岗位描述——部分企业在招聘信息里会标注薪资范围,比如"15—25千元/月",这可以作为你评估薪资的参考值。

（4）咨询猎头或 HR——如果你有猎头资源，或者在面试前的沟通中 HR 透露了薪资区间，你可以结合自身情况调整预期。

（5）结合自身能力和过往经历——如果你有优秀的实习经验、特殊技能或项目经历，你的薪资可以在市场均值基础上适当上浮。

只有先掌握了市场行情，你才能在谈判时更有底气，也能更有逻辑地表达自己的期望薪资。

错误示例　这些回答会让 HR"出戏"

错误示例 1：完全没有目标，显得不专业

"我对薪资没什么要求，您看着给就行。"

HR 可能会想："一个连自己市场价值都不了解的候选人，是否真的足够成熟？"同时也会觉得求职者对这个岗位的真实意愿度不够。

错误示例 2：缺乏谈判技巧，容易失去主动权

"我希望能拿到××薪资，但如果不行，也可以接受更低的。"

HR 可能会想："那我是不是可以给你更低的薪资？"这个回答最大的问题就是首先就给了 HR 压低薪资的可能。

高分解析　怎样回答才能让 HR 眼前一亮？

一个高分的回答，应该具备市场调研、个人价值、灵活谈判三个核心要素。可以使用"市场认知＋自我定位＋开放态度"的面试逻辑来组织答案：

高分示范 1：针对数据分析岗

"根据我对行业的了解，目前数据分析岗的市场薪资范围大

致在×××—×××之间,具体会根据公司、岗位职责和个人能力有所浮动。结合我的专业背景、项目经验和在数据处理方面的能力,我的薪资期望在×××左右。当然,我更关注的是岗位本身的成长空间和学习机会,如果公司有完善的培训体系、晋升机制或者长期发展的激励措施,我愿意在薪资上保持一定的灵活性,重点关注长期成长。"

这个候选人结合了自己的能力,合理表达了期望,然后展现了开放态度,让 HR 觉得候选人更看重成长,而不是纯粹为了薪资谈判。

高分示范 2:针对销售管培生岗位

"我了解到,销售管培生的薪资通常由'固定薪资+绩效奖金'组成,整体范围在×××—×××之间。我希望在合理的市场范围内,结合我的个人能力和过往在销售领域的实习经验,获得具有市场竞争力的薪资待遇。

当然,我也明白销售是一个结果导向的岗位,收入和业绩高度相关,所以我也会更关注公司的激励机制、提成政策,以及成长路径。如果公司能提供好的发展平台,我相信我能够通过自身努力,在未来创造更大的价值。"

这个回答不仅展现了行业薪资认知,还结合了销售岗位的特殊薪资结构,展现了业绩导向思维,让 HR 觉得你是一个有成长意识的候选人,而不是只关注固定工资的人。

实战练习　你的期望薪资是多少?

试着用"市场认知+自我定位+开放态度"的面试逻辑组织

答案,并检查以下三个关键点:

(1)你的回答是否展现了对行业薪资水平的了解,而不是凭空要价?

(2)你的期望值是否结合了自己的经验和能力,而不是盲目跟风?

(3)你的表达是否既有谈判空间,又不会让 HR 觉得你缺乏自信?

你可以这样开头:

"根据我对行业的调研,目前×××岗位的市场薪资范围在×××—×××之间。我希望我的薪资能够与我的经验和能力匹配,在×××左右。当然,我更关注的是岗位的成长性和长期发展空间,所以在整体薪资结构上,我愿意保持一定的灵活性。"

6.3.2 你有什么想问我的问题吗?

题目拆解 HR 为什么要问这个问题?

面试的最后,HR 往往会问:"你还有什么问题要问我吗?"这个问题主要有两个目的:一方面,测试你的求职动机,如果你对岗位和公司真的感兴趣,肯定会有思考过的疑问,而不是"没什么问题了";另一方面,公司在进一步筛选候选人,如果你的问题展现出对成长路径、工作内容等重要方面的关注,HR 会认为你比那些"没有问题"的候选人更值得考虑。

在这里我们给大家提供两个提问的方向:

（1）岗位相关——询问该岗位的核心职责、短期目标或成功关键点。

（2）成长路径——询问公司内部的晋升机制、培训体系，展现你的职业规划意识。

错误的应对方式会让 HR 降低对你的印象分，而一个有价值的提问，可以让你在最后阶段拉高面试评分，甚至影响最终录取决定。

错误示例　这些回答会让 HR"出戏"

错误示例 1：问一些网上就能查到的问题

"贵公司的主营业务是什么？"

HR 可能会想："这个问题连百度都能查到，说明候选人根本没做功课。"这样的问题不仅没有加分反而会扣掉印象分。

错误示例 2：问与职位无关的问题

"公司可以提供免费下午茶吗？"

HR 可能会想："你的关注点是不是有点偏？"提问应该更多讨论职业发展相关内容，仅有的提问环节本可以问更多高质量的问题。

高分解析　怎样回答才能让 HR 眼前一亮？

一个高分的提问，应该从职业规划、岗位认知、公司发展三个核心要素中挑选问题，我们给大家提供几个示例回答：

高分示范 1：针对市场营销岗

"在这个岗位上，您认为一名优秀的市场营销人员，除了基本的营销能力，还需要具备哪些关键素质？"

"贵公司近年来在数字营销方面的投入比较大,我很好奇,公司是如何衡量营销活动的 ROI(投资回报率)的?在这个岗位上,我们会参与哪些关键的数据分析和优化工作?"

"如果我有幸加入贵公司,您认为在前六个月我应该优先提升哪些能力,才能更快适应并为团队创造价值?"

这些问题展现了候选人对岗位的深入理解,同时体现了职业成长意识和对公司业务的思考,HR 会对这样的候选人印象深刻。

高分示范 2:针对软件开发岗

"在这个岗位上,公司对代码质量和开发效率的考核标准是什么?团队如何权衡开发速度和代码可维护性?"

"贵公司目前在××技术(如 AI、大数据)方面的应用有哪些?如果加入团队,我会有哪些学习和应用这些技术的机会?"

这些问题不仅能让候选人了解自己的岗位情况,还能展现他对技术团队协作、行业趋势的关注,增加面试官的好感度。

实战练习 你有什么想问我的问题吗?

试着准备 2—3 个高质量问题,并确保它们符合以下标准:

(1)问题展现了你对岗位的深入思考,而不是简单的待遇、福利类问题。

(2)问题有助于你了解岗位职责、成长路径或公司发展,能让你做出更好的职业决策。

(3)你的提问方式应该自然、专业,避免让 HR 觉得你是在"考验"他们。

你可以这样开头:

"我对这个岗位很感兴趣,有几个问题想进一步了解:首先,在这个岗位上,公司最看重的核心能力是什么?其次,团队内部的工作协作模式是怎样的?最后,公司未来一年在这个业务方向上是否有新的发展规划?"

6.3.3 你的入职时间怎么安排?

题目拆解 HR为什么要问这个问题?

当面试接近尾声,HR问你"你的入职时间怎么安排?"通常意味着他们已经对你比较满意,进入了录用流程的考量阶段。

这时候,HR的关注点主要有三个:

(1)你的可用性——公司是否需要等待很久?你的入职时间是否符合团队的规划?

(2)你的诚意和求职优先级——你是否真的想加入公司,还是只是一个备选方案?

(3)你的离职或毕业安排——如果你目前有其他实习/工作,HR需要评估你的交接周期是否合理。

一个合理的回答,应该展现你的职业规划和对公司的尊重,同时保持灵活性,避免让HR觉得你"太难安排"。

错误示例 这些回答会让HR"出戏"

错误示例1:回答含糊,缺乏诚意

"这个要看情况,得再考虑一下。"

HR可能会想："是不是对我们公司没那么感兴趣？还是在等更好的offer？"我们还是要告诉HR一个大概的时间区间，哪怕后期你有其他的变动，也可以到时候再及时告诉HR。

错误示例2：拖延时间，影响公司招聘节奏

"我预计三个月后再入职，具体时间还不确定。"

HR可能会想："这个周期太长了，我们可能等不了。"我们在求职前应该知道许多公司的入职时间是比较紧张的，如果入职时间确实比较晚，我们可以适当延迟求职节点。

高分解析　怎么回答才能让HR眼前一亮？

一个高分的回答，应该具备清晰的时间规划、灵活性以及对公司的尊重：

高分示范1：针对应届毕业生岗位

"我目前预计在××月完成所有毕业相关手续，理论上××月初就可以正式入职。如果公司有特定的入职时间安排，我也可以根据具体情况进行调整。

同时，我希望能提前了解公司的培训安排，如果有入职前的准备工作，比如学习相关行业知识或工具，我也愿意提前开始熟悉。"

这个应届毕业生同学的回答不仅清晰地表明了入职时间，还展现了对公司入职安排的尊重和适应能力，HR会觉得这是一个靠谱且愿意为新岗位做准备的候选人。

高分示范2：针对有实习/在职经验的候选人

"目前我正在××公司实习（或任职），需要大约×周时间完成交接,确保对原团队的影响降到最低。按照这个计划,我预计在××月××日可以正式入职。当然,如果公司有更紧迫的安排,我可以协调提前完成交接,保证尽快到岗。"

这个回答非常坦诚,同时展现了候选人的职业责任感(对当前工作的交接安排)、职业规划能力(提前考虑入职时间)以及灵活性(愿意配合公司安排),让 HR 觉得这是一个值得信赖的候选人。

实战练习　你的入职时间怎么安排?

试着用"时间预估+交接安排+灵活性"的面试逻辑组织你的答案,并检查以下三个关键点:

(1)你的回答是否清晰,能让 HR 快速理解你的入职时间?

(2)你的交接安排是否合理,展现了职业责任感?

(3)你的表达是否展现了灵活性,让 HR 觉得你愿意配合公司?

你可以这样开头:

"目前我预计在××月××日可以正式入职,但如果公司有更紧迫的安排,我可以协调时间,尽快完成交接。"

6.3.4　作为面试者,你会如何给自己打分?

题目拆解　HR 为什么要问这个问题?

这个问题听起来有些突兀,但经常在校招中出现,这个问题像是 HR 在"反向面试"你,但其实它考察的是你的自我认知能力、反思能力以及职业成熟度。

HR 希望通过你的回答了解你能否理性分析自己的表现,而不是盲目自夸或过度谦虚。同时,HR 希望判断你是否具备快速学习和调整的能力,HR 希望听到你的反思,而不是简单的分数。

一个好的回答,不是简单地给自己打个高分,而是要展现出你对自己表现的清晰认知,并结合你的优势和可提升的地方,给 HR 留下"这个候选人很有成长性"的印象。

错误示例　这些回答会让 HR"出戏"

错误示例 1:过度自信,容易让 HR 反感

"我觉得自己表现得非常完美,应该是满分吧。"

HR 可能会想:"这个人是不是缺乏自省能力?真正优秀的候选人不会觉得自己毫无瑕疵。"这个回答没有体现出自己的自我复盘、自我反思能力。

错误示例 2:过度谦虚,显得不自信

"我可能只能给自己打 60 分吧,感觉回答得不是很好。"

HR 可能会想:"如果你自己都觉得不合格,我们为什么要录用你?"这个回答是另一个极端,没有体现出自己对于这个岗位的匹配度和自信。

高分解析　怎样回答才能让 HR 眼前一亮?

一个高分的回答,应该具备客观评价、自我反思、成长意识三个核心要素。可以使用"优势总结+改进点+成长思维"三步法来组织答案：

高分示范1：针对管理培训生岗位

"如果让我自己打分，我会给自己打8.5分。整体来说，我认为我在面试中的表达清晰、逻辑结构完整，能够准确传达我的核心竞争力。同时，我在过往经历中积累了团队协作、跨部门沟通的经验，也能展现出对岗位的理解。

但我也意识到，在某些问题的回答上，我的案例表达可以更精炼一些，避免信息量过大影响核心观点的传达。如果有机会的话，我希望能够在未来的工作中进一步提升自己的表达效率，让沟通更精准高效。

整体而言，我对自己的表现比较满意，同时也希望能通过后续的学习和实践，进一步优化自己的表达和岗位匹配度。如果HR有任何反馈，我也非常愿意听取您的建议！"

这个回答既展示了自信，又不会过度夸大，同时还展现了对自身提升的清晰认知，HR会觉得这是一个有自我驱动力的候选人。

高分示范2：针对软件工程师岗位

"如果要给自己打分，我会给自己打8分左右。我认为自己在技术理解和逻辑思维方面的表现不错，尤其在回答涉及算法优化和代码质量的问题时，我能够结合实战经验，表达得较为清晰。

不过，我也意识到自己在面试过程中，对于部分业务层面的理解还可以更深入，比如在回答系统架构设计相关问题时，我的表达可以更有条理，增加一些具体的业务场景分析。

如果有机会加入公司，我希望能在实战中快速提升对行业业务逻辑的理解,并在团队中不断优化自己的表达方式,让技术思维和业务结合得更紧密。"

这个候选人的回答展现了技术思维、成长意识和对自身表现的精准分析,让 HR 觉得这是一个善于学习、愿意提升自己的候选人。

实战练习　作为面试者,你会如何给自己打分?

试着用"优势总结+改进点+成长思维"的面试逻辑组织答案,并检查以下三个关键点:

(1) 你的回答是否展现了你的核心竞争力,而不是简单地给自己打分?

(2) 你的反思是否展现了成长思维,而不是简单地"检讨"自己?

(3) 你的表达是否既有自信,又不过于夸张,展现了职业成熟度?

你可以这样开头:

"如果让我评价自己的表现,我会给自己打 8.5 分。整体来说,我在逻辑表达、案例分享方面表现不错,能够较完整地展现我的核心能力。同时,我也意识到在××问题的回答上,可以更加精炼和精准,以便让 HR 更直观地理解我的思路。"

6.3.5　你对这次的面试有什么感受?

题目拆解　HR 为什么要问这个问题?

这道题其实是上一道题的"变体",通过这道题的讲解,我们希望大家可以具备"举一反三"的能力。当 HR 在面试结束前问你"你对这次面试有什么感受?"时,并不是随口一问,而是想从你的回答中获取以下信息:

(1)你的反馈能力和观察力——你是否对面试过程有真实的感受,并能用理性和专业的方式表达。

(2)你的沟通能力——你能否用得体的方式传递信息,而不是简单地用"套话"或者过于随意地回答。

(3)你的求职态度——你的回答是否展现出你对公司的兴趣,以及你的职业成熟度。

很多候选人会随便回答几句,比如"挺好的,很顺利"或者"感觉还不错",但这样其实错过了一个能让 HR 记住你的机会。一个高质量的回答,不仅可以提升你在 HR 心中的印象,还能在最后阶段巩固你的求职竞争力。

错误示例　这些回答会让 HR"出戏"

错误示例 1:过度吹捧,显得刻意

"这是我经历过最棒的面试,所有的问题都非常有深度,流程完美无缺!"

HR 可能会想:"真的有这么完美的面试吗?是不是在刻意讨好?"面试是筛选候选人,也是在筛选 HR 自己的同事,因此太过于刻意的回答我们是需要尽量避免的。

错误示例 2:直接抱怨,影响自身形象

"感觉时间有点长,问题也有点难,有些问题感觉没什么必要。"

HR 可能会想:"如果以后工作遇到挑战,会不会也这样抱怨?"哪怕我们真的持有这样的想法,也没有必要完全表达出来,因为这不会对我们拿 offer 有促进作用。

高分解析　怎样回答才能让 HR 眼前一亮?

这个问题,我们可以使用"总体评价+具体亮点+期待未来"的面试逻辑来组织答案:

高分示范 1:针对产品经理岗位

"整体来说,我对这次面试的感受非常积极。这不仅仅是一次评估,更像是一场专业的交流,我在过程中也收获了很多。

我特别喜欢您问到的关于'如何优化产品增长策略'的问题,让我重新思考了用户增长的关键点,也让我意识到贵公司在产品策略方面的深度。这个问题让我印象深刻。

如果有机会加入贵公司,我希望能在这样专业且注重思维深度的团队中工作,并通过实践不断提升自己。"

这个回答突出了一些具体收获,同时也巧妙地表达了对公司的兴趣,让 HR 觉得这是一个思考深入、态度积极的候选人。

高分示范 2:针对软件工程师岗位

"这次面试让我对贵公司的技术团队有了更深入的了解,我很欣赏面试过程中注重实际案例分析的方式,让我能更直观地展现自己的技术思维。

特别是您问到的'如何权衡代码性能和可读性'这个问题,让我意识到团队在代码质量上的高要求,这让我对贵公司的工程文化有了更清晰的认知。

希望未来能有机会与贵公司团队并肩合作,共同探索更多技术挑战!"

这个回答让 HR 感受到候选人的技术思考能力,并且通过提及面试问题展现了对公司文化的认同,这种表达方式会让 HR 觉得你更契合团队文化。

实战练习 你对这次面试有什么感受?

试着用"总体评价+具体亮点+期待未来"的面试逻辑组织答案,并检查以下三个关键点:

(1)你的回答是否展现了你的职业素养,而不是简单地回答"挺好"或"还行"?

(2)你是否能从面试中提炼出具体的亮点,让 HR 觉得你的反馈是有价值的?

(3)你的表达是否既专业,又能展现出你的积极态度和期待?

你可以这样开头:

"这次面试让我对贵公司有了更深的理解,也让我对自己未来的职业规划有了更多思考。我特别喜欢您提到的××问题,这让我对××方向的认知更加深入。"

6.3.6 案例剖析:如何从 20 次被拒,到收获国家电网、中粮集团的双 offer?

普通二本的他,被拒 20 次后,终于拿下"双央企"的 offer。

2023年秋招结束后,张磊终于松了一口气。他拿到了国家电网和中粮集团的双offer,一个是稳定的央企岗位,一个是食品行业的龙头企业管培生岗。身边的同学都羡慕不已,毕竟这样的好机会,很多名校生都未必能拿到。但他们不知道的是,在拿到这两个offer之前,他已经被拒了整整20次。

张磊并不是到了大四才临时抱佛脚,他从大一就开始接触求职领域,参加各种就业讲座、线上求职课程,还在学校组织了一个求职交流群,热衷于收集各种求职信息。

但问题是,他的准备完全是碎片化的——刷刷简历模板,看看面试经验分享,时不时关注一下求职公众号,听听师兄师姐的求职故事。

他以为这样"未雨绸缪",可以比其他同学早一步找到工作。但真正到了实战阶段,他才发现,自己仍然会被无情地刷掉。

他先后投递了几家国企和互联网大厂,但在网申、笔试、群面、HR面等各个环节轮番碰壁。前后20次面试,没有一次进入最终面试,他一度怀疑自己的能力,甚至想过要不要就这样放弃,随便找个工作算了。

他的真实问题是什么?他缺的并不是努力,而是系统性的面试策略。

张磊逐渐意识到,过去的失败不是因为竞争激烈,而是他根本没有掌握面试的底层逻辑,于是他决定彻底调整求职策略。因此,他开始跟着我们进行系统性的面试训练,不再只靠自己"摸着石头过河"。我们给他设计了针对国企和大型民企的"面试题库",并且让他进行大量模拟面试训练,让他的回答逐步变得有逻辑、有说服力。

比如,最初他面对"你为什么选择国企"这种问题时,回答总是很模糊:"国企稳定,我觉得适合我的职业发展。"这样的回答既没有个人特色,也没有展现对行业的深度理解。

后来,在不断地优化下,他的回答变成了:

"我选择国企并不仅仅是因为稳定,还因为我希望在一个长期发展的环境中深耕行业。我在大学期间通过×××项目了解到国家电网在清洁能源方面的布局,也在×××实习中体验到了大型国企的管理模式,这让我更加坚定了自己的方向。"

这种回答让面试官一听就知道——他不是随便选国企,而是有思考、有准备的。

其次,我们还重点训练了他的结构化表达能力,让他的回答不再散乱,而是有清晰的层次感。以往,他的回答往往是想到什么就说什么,信息量虽然大,但缺乏重点,听起来没有条理。

通过训练后,他开始用"总—分—总"结构表达,比如:先表明观点(总),然后用具体案例支持(分),最后回扣岗位需求(总)。这样的表达方式让 HR 能迅速理解他的核心观点,提升了他的面试通过率。

这样的调整也不是立马见效的,能力的提升需要一个过程。在每次面试结束后,我们都会和他一起复盘,找出问题所在,并针对性优化。比如他在一次中粮集团的初面后,我们发现他对行业的了解还不够深入,回答过于泛泛,于是我们建议他去深入研究公司近期的行业动态和战略方向,确保在二面时能够展现更专业的视角。

最终，在经历了 20 次失败后，他迎来了两家顶级央企的 offer。

他从一个普通二本学校走到了央企，而这一路的逆袭，靠的不是运气，而是科学的准备和不放弃的坚持。

如果你也在求职路上遇到挫折，不要轻易放弃。成功的关键不在于你一开始有多强，而在于你能否持续提升自己，让每一次面试都比上一次更好。

第 7 章

掌握全场：不同类型面试突破全攻略

在前面的章节中,我们详细讲解了如何应对各种高频面试题,但现实求职过程中,你不会只面对"一对一"的结构化面试。不同公司、不同岗位的招聘流程可能涉及群面、无领导小组讨论、VI面试、压力面试、AI面试等各种形式,如果你没有针对性准备,可能会在这些特殊面试环节中被淘汰。

面试的核心不只是答题,而是掌握规则,在不同场景下展现自己的竞争力。本章将拆解各类特殊面试的逻辑,帮助你掌握群面技巧、一对一深度面试策略、远程VI/AI面试优化方案等,让你在任何形式的面试中都能游刃有余。

7.1 海外求职:面试如何从0开始准备?

很多留学生在毕业前都会面临一个选择:是回国求职,还是尝试在海外工作?

过去,"海归"身份曾是一块金字招牌,但随着全球化的加速,国内求职市场竞争越来越激烈,越来越多的留学生开始考虑"留在海外工作,给自己多一个选择"。而且,海外公司越来越看重中国市场,中国企业也有很多选择拓展海外业务,这使得这个时代更加需要拥有国际化视野的人才。而在海外拥有3—5年的工作经历,也令求职者将来在跳槽时,拥有更多职业选择和更高薪资的可能,像我们许多学员,在海外工作后再跳槽回国进入国内企业时,薪资基本都能有大幅度甚至2倍的涨幅。

但很多人一想到海外求职,就会本能地觉得难度太大——"本地人竞争力更强,我比不过""没有身份,公司不会要我""面试全英文,我表达不好"……这些担忧并非毫无道理,但真正阻碍大家的,并不是海外求职的难度,而是没有搞清楚规则。

首先,我们应该明白海外求职的签证政策,各个国家不同的签证政策会导致不同的难度,比如英国有学生签(Student Visa)和毕业生签证(PSW),美国有 H1B 工作签证,澳大利亚、加拿大也有对应的签证政策,我们在决定海外求职时应该详细了解当地的签证政策,这是第一步。

除此之外,我们必须明白海外求职和国内求职的招聘逻辑并不相同,按照我们过去 6 年的辅导经验,我把海外求职和国内求职的区别介绍一下:

国内求职:注重"硬实力",国内企业更加看重是否是名校毕业、是否有大厂相关实习、面试能力三个要素。

海外求职:注重"软实力",海外企业更加看重沟通力、领导力、学习力等软技能,主要通过笔、面试和简历来判断。

因此,在海外面试中,如何通过面试凸显出我们的核心"软实力"就特别重要,而且我们的面试准备都应该按照海外公司在校招中特别看重的"2C 原则"进行准备:

(1)你能不能胜任这份工作?(Competency)——你是否具备这个岗位所需的技能?有没有相关经验?是否快速上手?

(2)你能不能融入团队?(Culture Fit)——你的沟通方式、性格、工作习惯,是否适应公司的文化?团队是否愿意和你共事?

除此之外,我也给大家准备了海外求职的从 0 到 1 的准备步

骤,大家在求职前可以按照这个方法来准备:

第一步:构建你的"面试语料库"。我们在确定投递的方向后,需要准备5—7个高质量的个人经历,涵盖挑战、成就、团队合作、领导力、创新等不同方面,然后把每个经历都用STAR法则整理成结构化回答,并且用不同方式反复练习,确保在面试时流畅表达。更重要的是,你在面对不同公司的面试时,都可以调用这些经历,因为许多公司在校招中的考核点是非常相似的。

第二步:学会用数据和成果支撑你的回答。面试不是一场考试,而是一场沟通,而沟通就一定存在信息的"折损",那么我们想要避免这个问题就需要尽可能地使用"故事""数据"来印证我们的观点。比如回答中可以穿插上面准备的面试语料,同时用量化数据来展现我们的影响,比如:"在实习期间,我优化了××流程,使得项目交付时间缩短了30%。"这样的回答比"我参与了××项目"更有说服力。

第三步:多进行模拟面试,通过有效的反馈进行不断的调整。面试准备中,我们需要"借力",通过别人的反馈得到更多的提升建议,而不是把自己的错误反复重复,所以在准备中我们可以找朋友、导师或者求职辅导机构进行模拟面试,让自己适应海外面试的节奏和风格,同时还需要练习远程视频面试(VI面试),确保自己面对镜头时的表达自然、不僵硬。

第四步:扩大人脉,获取内部推荐机会。尤其是在美国求职,Networking是很重要的,因此我们需要尽可能多地参加行业线下活动、线上求职论坛、校友会、LinkedIn networking,多结识行业人士,一方面可以了解岗位的详情,另外也可以看看有没有内推的机会。

按照上述方法全力准备,相信能够帮你快速提升海外求职面试技能。

你已经站在了国际职场的门口,为什么不试着再往前走一步?

7.2 一对一面试:如何精准击中面试官的痛点?

王然是一名英国留学生,硕士毕业于 QS 前 50 的名校,专业背景相当不错。为了找到满意工作,他在秋招期间投递了几十份简历,幸运的是,他拿到了某知名跨国企业的一对一终面机会。

面试当天,他全力以赴,努力展现自己。他按照自己事先准备的套路,每个问题都答得非常全面,甚至在"你的职业规划是什么?"这个问题上讲了将近三分钟,详细描述了自己从初级职位一路成长为管理者的愿景。但奇怪的是,面试官的表情越来越冷淡,临近结束时,对方看了看时间,随便问了两个问题后,就匆匆结束了面试。

最终,王然收到了拒信。他百思不得其解:"我明明准备得这么充分,回答得这么全面,为什么面试官好像根本不感兴趣?"

后来,通过复盘他才认识到自己犯了很多面试者都会犯的错误:太聚焦于自己想说什么,没关注面试官在意什么。

这是很多同学都会犯的错误——在一对一面试中,不是你准备了什么就说什么,而是面试官关注什么,你就该讲什么。一对一面试这个阶段的面试官,通常不是 HR,而是未来可能与你共事的业务主管、部门经理,甚至是高层管理者。他们关心的,已经不仅仅是你的履历,而是你是否真的能为团队带来价值。

那么,在这个环节,面试官最关心的 3 个问题是:

(1)你能不能直接帮我解决问题?——企业不是在找一个"潜力股",而是要一个能尽快上手、为团队贡献价值的人。

(2)你适不适合我们的工作模式?——你的沟通风格、做事方式,是否能匹配团队文化?

(3)如果你和另一个背景相似的候选人竞争,我为什么要选你?——你有没有独特的优势,让你比其他人更值得被录取?

如果你的回答一直围绕"我想要什么""我擅长什么",而忽略了面试官真正想知道的内容,那再流畅、再完整的回答,都可能被打入"无效信息"一类。

所以,在一对一面试中,你的策略应该是:"讲面试官关注的,而不是你想说的。"

下面给大家详细介绍一下精准击中面试官痛点的"三步法":

第一步:不着急回答问题,而是先去拆解问题。 几乎没有一个面试问题是随便问的,每一个一对一面试的问题,背后都有它的考察意图。比如:面试官问:"你为什么选择这个岗位?"本质不是想要了解你选择这个岗位的原因,而是希望透过这个原因判断你是否和这个工作真的匹配。如果你只是泛泛而谈,比如"我对这个行业感兴趣""我觉得贵公司很有前景",这样的回答毫无竞争力,因为压根没有展现出自己的"匹配度"和"竞争力"。

那么,在明白这个意图后,我们就可以调用关键词和关键经历展示自己的"匹配度"和"竞争力",比如我们可以说:"我对××岗位的兴趣源自我在××实习期间的经历。在那次经历中,我参与了×××工作,发现自己特别擅长×××技能。而这个岗位的核心职责之一,正是利用×××技能来优化业务流程。我相信,这将让我能够快速上手,并为团队创造实际价值。"

这样一来,面试官会觉得:这个人不仅想清楚了自己适不适合这个岗位,还清楚自己能为公司带来什么。也只有在"拆解问题"后,我们才能保证自己的回答是有效的回答。

第二步:信息匹配,让面试官觉得"你就是我要的人"。 一对一面试不是讲述你"会什么"的场合,而是让面试官确信"你会的东西,刚好是我们需要的"。假设你面试的是咨询公司的岗位,但你的背景并不是纯商科,而是技术出身,怎么办?如果你只是强调自己的技术能力,面试官可能会觉得你和岗位匹配度不高。但如果你这样表达:"虽然我的背景是计算机科学,但在实习期间,我大量参与了业务数据分析,并通过 Python 搭建了一个数据可视化工具,帮助团队提升了 20% 的效率。而咨询行业正是需要善于数据分析、逻辑思维强的人,所以我相信我的背景能带来不一样的价值。"这就完成了"岗位要求"与"个人经历"的精准匹配,面试官会觉得你是一个"有独特视角的候选人",而不是一个被动适应岗位要求的人。

第三步:拒绝"信息狂轰滥炸",控制表达节奏。 很多人觉得,面试时说得越多越好,把自己所有的优势都讲出来,生怕漏掉什么。其实,这往往适得其反。信息过载的面试,只会让面试官记不住重点,反而对你的印象更模糊。那么如何让面试官记住你？我们要做的很简单,就是尽可能地在每个回答中只凸显最能印证"人岗匹配"的1—2个点,比如你讲自己是个"善于解决问题的人",那你的回答就围绕"我怎么解决问题"来展开,不要顺便讲自己"也擅长团队管理""也有创新精神"……这样会让信息点太发散,降低记忆点。

除此之外,还有两个对应的小建议可以让你的表达更有逻辑:第一是先给结论,再讲故事,不要从背景开始铺垫很久,而是要直接点明自己要表达的核心观点,再用案例支撑。其次是回答要简洁清晰,如果你的回答超过4—5分钟,面试官可能已经失去了耐心,我们可以通过较短的回答让面试官继续追问,形成更好的面试互动感,与此同时,面试官也能迅速抓住你的亮点,并且愿意继续深入聊下去。

一对一面试需要脱离"考试思维",我们需要明白一对一面试不是背稿子、不是机械性地展示自己的经历,而是与面试官进行有效的双向沟通,让对方觉得你就是合适的人选,做到这个点,你的一对一面试通过率一定会大幅提升。

7.3 VI面试与AI面试:如何让屏幕前的你突破面试算法?

王琳收到了一封来自某知名外企的面试邀请,但当她点开邮件时,发现这竟然是一场VI面试(Video Interview),她需要在限定时间内,对着电脑摄像头回答预设问题。这场面试没有面试官,只有一串倒计时,她必须在屏幕前独自作答,并在规定时间内提交。

这种面试形式让她感到陌生和不安。

没有人与她互动,也没有办法根据对方的反应调整自己的表达。她只能看着自己在屏幕上的脸,一遍遍尝试控制表情和语气。然而,真正开始回答时,她却变得慌张而僵硬,原本准备好的话语一到嘴边就变得生硬无比。最终,她觉得自己的表现十分糟糕,果然,几天后,她收到了拒信。

而她的失败,源于对于这种新型的面试方式不熟悉,这一节我们就系统解析一下 VI 面试和 AI 面试。

VI 面试,已经成为全球大企业的标准初筛手段之一。与此同时,AI 面试技术也在快速发展,越来越多的公司用 AI 算法评估候选人的语言表达、面部表情、语音语调,甚至心理稳定性,而这两种面试,在筛选过程中往往是结合在一起进行筛选的。因为只有这两种考核形式的结合,才能满足公司在当前时代筛选人才的需求——高效、精准。

VI 面试,最早由一些科技公司和外企采用,如今已成为全球招聘趋势。和传统面试相比,它更像是一场"录播考试",你需要在一定时间内录制自己的回答,HR 随后会观看视频,并根据表现决定你是否进入下一轮。

我们先讲一下 VI 面试。

在 VI 面试中,你的对手不是面试官,而是自己。许多求职者在面对镜头时,会因为没有互动对象而变得不自然,要么表情僵硬,要么眼神飘忽,要么语速过快或过慢,这些都是 VI 面试的

"雷区"。

那么,我们需要做的最关键的其实有两个点:首先,要适应镜头表达,这是 VI 面试和真人面试的最大区别。我们可以在正式面试前,用手机或电脑进行多次自我录制,并回看自己的表现,其中一定要注意调整眼神,让自己直视摄像头,而不是盯着屏幕里的自己,同时适当放慢语速,避免紧张时语气过快或吞字,最后调整坐姿,让自己呈现出自然、自信的状态,而不是僵硬地"坐立不安"。

做完这一步,准备工作已经做好了,但是如何能够通过 VI 的考核呢?核心还是在内容和回答本身。内容上可以通过"逐字稿"或者"思路大纲"进行提前打磨,以达到满足匹配度的诉求。除此之外,为了让表达更有条理,可以使用 PREP 法则(Point-Reason-Example-Point),即:

(1)直接给出结论(Point):先回答问题的核心观点,不要绕圈子。

(2)解释原因(Reason):简要说明为什么这样回答。

(3)举例说明(Example):提供具体案例支撑,增强说服力。

(4)再次总结(Point):简短收尾,让面试官记住你的核心观点。

例如,如果 VI 面试问:"你如何看待团队合作?"没有按 PREP 法则准备的同学可能会回答:"团队合作很重要,因为一个人做不了所有事情。我觉得合作需要沟通,也要分工。嗯……比如之前我在学校做过小组项目,我们分工完成了……呃……最终结果还不错。"其中逻辑混乱、语气犹豫、缺乏重点。

那么，如果我们按照 PREP 法则准备回答的话，可能是这样的："我认为团队合作的关键在于高效沟通和明确分工（Point）。在之前的一次实习经历中，我的团队负责优化一个电商平台的用户体验（Reason）。当时，我主动协调各部门需求，并利用数据分析工具，帮助团队发现了关键问题点（Example）。通过高效协作，我们最终提升了 20% 的用户留存率（Point）。"这样的回答，内容清晰，时间适中，既展现了逻辑性，又能让"机器"迅速抓住你的亮点。

如果 VI 是一种新的考核形式，AI 面试就是一种新的考核算法。

AI 面试的本质是数据评估，它会通过算法分析你的表现，包括语言流畅度、关键词匹配、表情管理等。虽然这听起来像是一场"机器游戏"，但你可以利用这一特点，优化自己的面试表现。

首先，AI 会识别你的用词与岗位匹配度。如果你在回答中能多次使用与岗位相关的关键词，例如"数据分析""用户增长""市场调研"等，AI 会认为你的回答与岗位高度相关，从而给出更高的匹配度评分。因此，在面试前，建议你熟悉目标岗位的职位描述，并在回答中适当地融入相关术语，但不要生硬堆砌。

其次，另外一个指标是"语言流畅度"。如果你的回答中夹杂大量"嗯、啊、呃"这种停顿词，或者句子结构混乱、逻辑不清，AI 可能会直接给你低分。因此，在回答问题时，要确保句子完整，语气连贯，可以在练习时刻意减少停顿词，并用短句代替冗长的表达。

另外，AI 还会分析你的面部表情、眼神交流和语音情绪。过于呆板的表情、眼神游离不定、语音平淡毫无起伏,都会降低你的综合得分。所以,在 AI 面试时,建议适当增加面部表情,比如微笑、点头等,让自己显得更自然。同时,调整语音语调,避免过于单调,让 AI"感受到"你的自信和积极性。

VI 面试和 AI 面试,已经成为企业筛选候选人的重要方式,尤其是全球化企业和科技公司,越来越倾向于使用这类技术来提升招聘效率。我们如果仍然只按照传统面试的思路去准备,很可能在第一轮就被淘汰。

但好消息是,这类面试的评分标准是可以优化的。只要掌握正确的技巧,调整表达方式,让自己的回答既自然又符合评分逻辑,你就能从众多竞争者中脱颖而出,顺利进入下一轮面试。

屏幕前的面试,虽然没有面对面的互动感,但它同样可以成为你的舞台。

适应它、掌握它,你就能在新型面试模式下,依然取得成功。

7.4 群体面试:如何从 10 个人中脱颖而出?

王磊在等待群面开始时,扫视了一眼四周,发现其他九位候选人正在低头看资料,或小声和熟悉的朋友交谈。

他知道,这一场面试,大家都是竞争对手,但也是一个临时的"团队"。这不是一个人与一个人的竞争,而是十个人一起"演一场戏"——谁的角色最关键,谁就能吸引面试官的注意。

而他所参加的面试,就是群面(Group Discussion)。这种考核形式是快消、投行、咨询、审计等行业最常见的面试形式之一,相比一对一面试,它的难度更大,因为你不仅要展现自己,还要让面试官在多个竞争者中记住你。

那么,我们这一小节主要来讲一下群面——如何从 10 个人中脱颖而出。

如果想要突破群面,我们必须了解,企业到底想要通过群面考察什么?我在过去 3 年,访谈过超 200 位国内和海外工作的大厂导师,我经常问他们一个问题:"你每天的具体工作有哪些?"让我意外的是,几乎每个人的回答中都有"开会"这一工作,这件事情并不稀奇,但是透过这个现象就可知道:当代企业推进工作最主要的形式就是团队合作,而"开会"是其中最主要的对齐方式。

那么,我们就可以了解,群面不单是企业降低招聘成本的招聘方式,而是希望通过尽可能最大化模拟工作场景的方式来筛选谁是那个将来在职场中对团队贡献最大的"潜力股"。知道了群面考核的本质,我们可以继续往下拆解群面的考核要素,企业在群面中考察的,通常是以下四个方面:

(1)领导力——你是能推动讨论、提升团队效率的人,还是一个只顾自己表现的"独行侠"?

(2)思维逻辑——你能不能在混乱的讨论中快速抓住核心问题,给出清晰的思路?

(3)沟通表达——你的观点是否清晰、简练、有说服力?能不能让别人迅速理解你的意思?

(4)团队贡献度——在一场讨论中,你到底为团队带来了什么?你有没有帮助团队达成共识?

所以，经过这样的拆解，我们可以得知：群面不是"抢话筒大赛"，而是"贡献度大赛"，你的目标不是成为团队里"说得最多的人"，而是成为"对团队贡献最大的人"。

那么，想要通过群面，我们一般需要做到下面四点：

第一，不需要做领导者，要做贡献者。传统的面试培训，会把候选人定义成不同的角色，比如：

- 领导者（Leader）——快速组织讨论，分配任务，确保团队有清晰的目标。
- 时间把控者（Timekeeper）——掌控讨论节奏，防止超出时间，确保大家有序发言。
- 信息整合者（Summarizer）——整理团队观点，形成最终方案，并在最后总结发言。
- 创新者（Innovator）——提供有洞察力的观点，让团队的方案更加有亮点。
- 执行者（Executor）——确保方案落地，补充细节，让方案更具可行性。

我们当然可以按照上面的角色进行"对号入座"，但是根据我们6年的面试辅导经验，在群面时，你不一定要当"领导者"，真正重要的是当"贡献者"，这是一种更加可以实操的方式。

什么是贡献者？就是承担讨论中的"救火队员"角色，即群面讨论中缺少什么角色，你就补上什么角色，甚至可以根据情况随时调整自己的位置。比如，团队没有人出来控场，你就主动组织框架，让讨论更有条理；比如，团队讨论节奏太快，大家都在抢话，你就适时打断，提醒大家一步步推进；比如，团队里没有人总结观点,你就当总结者,确保讨论内容最终落地。

因为只有这样,才能最大限度满足上面我们说的"群面考核标准"——面试官最喜欢看到的,是那些能够真正帮助团队解决问题、推动讨论向前发展的人,而不是一开始就争抢领导者位置却毫无贡献的人。

第二,开局去占位,用框架思维建立讨论框架。群面的前两分钟,往往决定了讨论的走向。如果你能在开局时就提出一个清晰的讨论框架,那么团队的后续讨论很可能会按照你的思路推进。

比如,如果题目是"如何提升某电商平台的用户转化率?",你可以说:"为了让讨论更有条理,我们可以从'产品优化''营销推广'和'用户体验'三个方向来分析,每个方向由一个人负责,最后再整合方案,大家觉得这个结构合理吗?"

这样,你的发言不仅展示了逻辑思维,也为团队提供了一个清晰的讨论框架,即使后面你没有说太多话,面试官也会记住你是"最早建立讨论方向的人"。

第三,不要为了发言而发言,而是要有深度地发言。群面中,发言的次数并不是越多越好,而是要有价值地发言。如果你总是在重复别人的观点,或者说一些"大家都知道的废话",那么即使你说得再多,也不会加分。有效的发言,应该具备以下特点:

(1)有建设性——你的观点要么能推动讨论前进,要么能补充关键信息,而不是单纯表态。

(2)有逻辑性——表达时要清晰、简练,不要绕来绕去,让人听不懂重点。

(3)有针对性——你的发言要回应讨论中的核心问题,而不是随意插话。

比如,你发现团队讨论开始混乱,你可以这样说:"我们现在有两个方向,一个是提升用户体验,一个是优化价格策略,我们要不要先确定主攻方向,再展开具体细节?"这样,你的发言既不抢风头,又能起到引导讨论的作用,让面试官看到你的逻辑能力和团队协作能力。

第四,可以适度争论,但要提供方案。 群面中,适度表达不同意见是好事,但很多人会犯的错误是:否定别人的观点,却不给出更好的替代方案。比如,有人提议:"我们可以通过打折促销来提升转化率。"有的候选人可能会反驳:"我觉得打折并不是一个好方法,竞争对手都在做。"但是这个回答是不完美的,因为没有提供更好的解决方案。我们可以在反驳后加入更好的解决方案,比如:"打折确实能提升短期转化率,但可能会损害品牌价值,是否可以考虑会员积分体系,既能提高复购率,又不会损害品牌形象?"

按照上面这四个方法,王磊在这次群面中,没有刻意抢领导者的位置,但他在团队混乱时主动梳理框架,在讨论陷入僵局时提出新思路,在最后总结阶段整理了最终方案。虽然他的发言次数不算最多,但每一次发言都有效推动了团队的讨论。最终,他收到了终面的邀请。

7.5 压力面试:如何在高压中稳住阵脚?

陈默坐在面试室里,对面的面试官一脸严肃,语速极快,接连抛出几个问题:"你觉得你真的适合这个岗位吗?你的简历看起来很一般,我们为什么要录用你?"

他刚开口回答,面试官突然皱起眉头:"你的回答太笼统了,换一个角度再讲。"陈默的手心开始冒汗,感觉自己被面试官狠狠地"审问"了一番,他越发紧张,脑子开始混乱,甚至有点想逃离这个房间。最终,这场面试毫无意外地以失败告终。

其实,他经历的是校招面试中一种常见的面试形式——压力面试(Stress Interview)。

压力面试是最让求职者头疼的一种面试形式,但是我们要知道它的本质不是为了为难你,而是为了测试你在高压环境下的应对能力,尤其在金融、咨询、互联网等高强度行业中,面试官很喜欢用这种方式来评估候选人的抗压能力、应变能力和心理素质。

但大多数人遇到压力面试时,往往会掉进两个陷阱:要么被压力击垮,表现失常;要么过于防备,导致沟通变得机械生硬,失去了应有的交流氛围。

我们首先要了解压力面试和普通面试的区别以及它的特征是什么。在普通面试中,面试官可能会温和地倾听你的回答,甚至给你鼓励和反馈,但在压力面试中,面试官的态度往往冷漠、挑剔,甚至故意打断你的回答,让你感到不安。他们可能会用以下四种方式给你制造压力:

(1)语气严肃、表情冷漠,不给你情绪上的正向反馈。

(2)不停地追问细节,甚至对你的回答表示怀疑。

(3)故意打断你,要求你换个说法或者重来一次。

(4)提出具有挑战性的问题,比如"你为什么觉得自己比其他候选人更优秀?"

他们之所以这样考核的底层原因即他们真正想考量的是:你在紧张环境下是否还能逻辑清晰地表达?你如何处理负面反馈?你是否具备情绪管理能力,不会因为压力而变得防御性过强。

因此,一旦理解了压力面试不是"针对你",而是一种评估方式,我们就不会再轻易被面试官的冷漠态度影响,而是能以更冷静的心态来应对。

那么,碰到压力面试,我们应该如何稳住阵脚?

第一,调整心态,理解"高压"只是表演。 面对压力面试,最重要的一点是保持冷静,明白这是一场"演技考验"。面试官不是故意为难你,而是想看看你的反应。当你听到尖锐的问题时,不要立刻急着解释,而是先在心里提醒自己:"这是压力测试,不是针对我个人。"

有时候,简单的一个深呼吸,或者在回答前短暂停顿一两秒,都能帮助你更好地控制情绪,让自己的语气保持稳定,不至于显得慌乱或防御性过强。

例如,面试官可能会冷冷地说:"你的简历很普通,我不明白你有什么特别的地方。"很多人的第一反应是急于证明自己:"不是的!其实我做了很多努力……"但这样容易让自己陷入被动,显得不够自信。更好的做法是,先微笑一下,然后镇定地回应:"我理解您的疑问,确实,从简历来看,我的背景可能不像某些候选人那样有亮点。但如果您愿意了解我的实际经历,可能会发现我有一些独特的优势。"这种方式不仅展现了你的自信,也让对方对你的回答产生兴趣,愿意继续听下去。

第二,掌控节奏,避免被对方牵着走。压力面试的另一个特点是,面试官会不断追问,试图让你陷入思维混乱。如果你每个问题都急于作答,很容易掉进面试官的"节奏陷阱",因此正确的做法是,掌控自己的回答节奏,不被对方的语速和情绪带偏。

假设面试官不停地追问你某个细节:"你具体做了什么?为什么这样做?这个方法真的有效吗?"如果你被带急了,可能会越讲越乱,甚至出现逻辑不清晰的问题。

更好的应对方式是:先简洁回应核心点,不要被对方带偏,其次如果问题太多,可以主动归纳总结,比如:"我可以从两个方面回答您的问题,第一是……第二是……"这样能让你的表达更有条理,避免被对方打乱节奏。

有时候,面试官会故意打断你:"你的回答太啰嗦了,能不能简短一点?"

这时,最忌讳的就是立刻慌乱地改口,而是应该从容应对:"好的,我用一句话概括就是……"这样的回应不仅展现了你的应变能力,也让对方觉得你能迅速调整自己,而不是被情绪影响。

第三,遇到"挑衅"问题,冷静应对,展现心理韧性。有些压力面试的问题,带有一定的攻击性,比如:"你觉得你比别人强在哪?我不觉得你有特别的优势。""如果你在团队里犯了错误,你认为你该负责?""你有这么大的自信,但你真的有这个能力吗?"这种问题的目的,是测试你的心理素质,而不是让你争论对错。那么我们面对这样的提问,不要急于反驳,也不要表现出不耐烦,而是用稳定的态度,冷静地回应。

比如,当面试官说:"我不觉得你有特别的优势。"我们不用着急地回应:"我真的很优秀!我曾经……"更好的回应是:"或许在简历上,我的经历不算特别突出,但在实际工作中,我有很强的执行力和学习能力。如果有机会,我愿意用实际表现来证明自己。"这样,你既没有被对方带入负面情绪,也展现了自己的自信和韧性。

陈默在第二次压力面试时,调整了自己的心态。他不再被面试官的语气影响,而是始终保持镇定,哪怕面试官冷着脸,他依然用稳定的语气回答问题。他不急于反驳,而是用逻辑清晰的方式回应挑战,并适当地展示幽默感,缓解了现场的紧张氛围。最终,他顺利通过了这场"心理战"。

从他的故事可以看出,压力面试并不可怕,真正决定成败的,不是你有没有"完美回答",而是你能不能在高压下依然保持稳定的状态。

面试中,无论面试官如何制造压力,你都能稳住阵脚,展现真正的职业素养。而这,才是他们真正想要看到的。

第 8 章

从失败到成功：面试复盘与提升全攻略

每个人的求职之路,几乎都不会是一帆风顺的。

我们见过很多优秀的求职者,满怀信心地走进面试场地,却带着挫败感走出来。有些人在收到拒信后,会陷入自我怀疑,觉得自己不够优秀,甚至开始否定自己的能力。而有些人,则能迅速调整状态,总结经验,越战越勇,最终拿到心仪的 offer。

那么,面试的成败真的只是运气问题吗?为什么有些人被拒一次就失去信心,而有些人却能在失败中找到成长的机会,最终脱颖而出?

答案就在于"复盘"。

在面试这场战役里,真正聪明的人,并不是从不失败的人,而是能够把每一次面试都当作成长的机会,从失败中找到问题,不断优化,直到成功的人。

本章,我们不再讨论如何准备面试,而是要解答一个更重要的问题——如果面试失败了,接下来该怎么办?这一章会给你提供清晰的方法,让你知道失败并不可怕,有了方法,我们依旧可以拿到满意的 offer,只是时间早晚的问题。

8.1 换个角度看,从来都没有失败的面试

李然从面试间走出来,脸上带着勉强的微笑,但心里却是一片空白。面试官的最后一句话"我们会在一周内通知你结果"让他有些不安——因为他知道,这通常意味着被淘汰的可能性

更大。

果然，一周后，他收到了拒信。短短几句话的邮件，没有解释原因，也没有任何反馈，只有一句冰冷的"感谢你的申请，期待未来有机会合作"。

他有些沮丧，甚至开始怀疑自己是不是不够优秀，是不是根本不适合这个行业。可是，冷静下来后，他意识到：面试真的只有成和败两种结果吗？如果我能从中找到经验和教训，那么这次经历还算是失败吗？

李然的想法不是个例，很多人把面试失败看作是对自己能力的否定，甚至开始自我怀疑，认为"如果我连这家公司都进不去，那我还能做什么？"但实际上，面试失败的原因往往比我们想象的更复杂，一般面试失败有下面三种原因：

第一种，公司可能已经有了更合适的人选。很多情况下，面试失败并不是"你不好"，而是"有人更适合"，企业的招聘需求是动态变化的，有时候他们可能更倾向于某种特定背景或能力的人，而不是你综合能力不足。

第二种，你的表现不一定是决定性因素。有些岗位的竞争极其激烈，可能几十个人甚至上百个人抢一个名额，你的表现已经很好了，但仍然有人更符合 HR 的期待。这种情况下，你并不是不优秀，而只是没有达到那个"最匹配"的状态。

第三种，有些面试官的主观判断影响了结果。面试官也是普通人，他们的判断并不总是 100% 客观的。也许你的性格、沟通方式，甚至当天的状态，恰好和面试官的个人偏好不匹配，这并不意味着你在其他地方也会遇到同样的问题。

从上面我们可以看出，面试失败有很多原因和不确定因素，许多原因甚至不是我们自己的问题。换个角度，即使确实是我们能力不足，沉浸在挫败感里不会给我们带来好的 offer，而找到问题优化自己，让下次的表现更进一步，才能最大程度地帮我们拿到更好的结果。

很多最终拿到顶级大厂 offer 的人，他们的求职之路往往不是一帆风顺的，而是经历了大量的失败。

比如我们曾辅导过一位同学，他在最初的面试中被五家头部公司拒绝，甚至有一次，面试官当场打断他说："你的思路不清晰，建议你再多准备一下。"他一度很受打击，但最终，他决定把每一次面试都当作训练场，不断优化自己的表达方式，提升自己的行业理解力。

到最后，他拿到了汇丰银行、亚马逊、字节跳动三家公司的 offer，而曾经拒绝他的那几家公司，后来又向他发出了新的面试邀请。

这说明什么？面试的本质，其实是一个成长加速器。你经历的每一次失败，都是在积累经验，提升自己的能力。当你学会从失败中获取价值，最终的胜利只是时间问题。

8.2　面试被拒，高效复盘五步法

大多数人在面试失败后，会陷入两种极端：

第一种是"自我否定型"——"我是不是能力不行？是不是自

己不适合这个行业?"这种想法很容易让人失去信心,甚至开始逃避面试。

第二种是"自我安慰型"——"可能是面试官的问题,或者公司内定了人选,我其实表现还不错。"但如果不去分析失败的原因,只是一味地"再试试",那么同样的错误很可能还会再犯一次。

上一节,我们说到李然在收到某家知名互联网公司的拒信时,一开始,他以为是运气不好。但当他冷静下来,仔细回忆面试过程时,他开始意识到:这不是运气的问题,而是自己确实在某些地方没有准备到位。

他回想起面试官问他:"你能简单说一下,你在过往项目中是如何优化数据分析模型的吗?"他当时有些紧张,回答得很笼统:"我们使用 Python 处理数据,调整了几个参数,最终让预测精度提高了。"

面试官当时点了点头,却没有再追问细节。李然现在才明白,这其实是一个危险信号——面试官可能已经对他的回答失去了兴趣。

"如果我能更详细地讲解这个模型的优化过程,或者提供一些具体的数据,面试官是不是会更认可我的能力?"

这次失败,让他决定做一件大多数求职者都忽略的事情——系统性复盘面试。

面试结果不是结束,面试复盘才是结束。每一次面试后,进行系统性的复盘,把失败拆解成可以改进的环节,从而提高下一次成功的概率,才是我们应该做的,我们接下来讲一下系统复盘的方法——高效复盘五步法：

第一步：回忆面试全流程，找出关键节点。 复盘的第一步，是尽可能完整地回忆整个面试流程，梳理自己在哪些环节表现良好，哪些环节可能出现了问题。

我们可以问自己几个问题：

（1）进入面试后，我的自我介绍是否清晰、有吸引力？

（2）技术问题或行为面试环节，我的回答是否有逻辑？

（3）面试官是否在某些问题上对我的回答表现出不满或不感兴趣？

（4）我是否能够展现自己对岗位的理解，而不仅仅是"工具技能"？

我们带着李然回顾他的面试时，发现他有两个问题：第一是在回答技术问题时，他的描述过于笼统，没有用数据支撑自己的结论。第二是在业务面试中，他没有展示自己如何从数据中提炼洞察，导致面试官可能觉得他的商业理解力不够强。

如果他不做这次复盘，可能会把失败归结为"运气不好"，然后在下一次面试中继续踩同样的坑。

第二步：分析每个问题的回答，找出强项和不足。 复盘的第二步，是回顾自己回答过的每个问题，分析表现如何。可以按照以下逻辑拆解：

（1）这个问题的核心考察点是什么？

（2）我的回答是否精准匹配了面试官的考察点？

（3）我的表达是否清晰、有逻辑？有没有让面试官产生疑问？

李然回忆起面试官问他:"能否举一个例子,说明你如何通过数据分析帮助业务优化?"他当时的回答是:"在实习时,我们做了一个用户留存分析,发现一些用户在一周后流失,我们调整了推送策略,用户留存率提高了。"

但现在回头看,他意识到自己的回答有几个问题:第一,没有数据支撑:用户流失率是多少?优化后提升了多少?这些具体数据缺失,让回答显得不够有力。第二,没有展现分析过程:他只是描述了"发现问题——优化策略——提升数据",但没有说明自己如何分析数据,做出决策。第三,没有体现商业价值:企业希望看到数据分析带来的实际收益,而不是"做了分析就提升了数据"。

第三步:回顾面试官的反应,解读潜在信号。很多时候,面试官的反馈比你以为的更直白,只是你没有去解读。比如我们可以在复盘时回忆:

(1)面试官有没有追问你的回答?(如果追问,说明你的回答可能不够充分)

(2)面试官有没有突然沉默?(这可能意味着他们对你的回答不太满意)

(3)面试官有没有在你回答完后,迅速跳到下一个问题?(如果没有深挖,可能是因为你的回答没有足够的亮点)

李然记得,当他讲完用户留存的案例后,面试官只是简单点了点头,然后立刻换了一个问题,甚至没有追问具体细节。

这可能说明,面试官对他的回答没有太大兴趣,或者认为他讲得太浅,没有真正展现数据分析的价值。

第四步：总结核心问题，制定改进方案。找到问题后，关键是把问题转化为具体的行动方案。比如，李然意识到：

（1）案例回答需要更具体——下次回答时，一定要带数据，并说明分析方法。

（2）优化自己的商业表达能力——不仅仅是"做了分析"，而是"如何通过数据优化业务"。

（3）提升自己的 SQL 和 Python 技能——有些面试环节考察的是实操能力，不能只靠理论。

他决定从这三个方面入手，确保下一次面试不会再犯同样的错误。

第五步：持续迭代，形成"面试成长曲线"。面试的成长，实际上是一个不断积累的过程。李然开始在一个 Excel 表里，记录自己每次面试的公司、岗位、被问到的核心问题、自己的回答表现，以及下次需要优化的地方。

经过 3 次复盘和改进后，他终于在一次面试中流畅地回答了数据分析案例问题，并成功拿到了某家互联网公司的 offer。

从他的故事我们可以看出，面试的成功不是靠运气，而是靠系统性的优化和积累。求职者和优秀求职者的区别，不是"谁更聪明"，而是"谁更懂得从失败中学习"。如果你每次面试都只是去试试运气，那么失败的概率会一直很高；但如果你能像李然一样，每一次面试都认真复盘，优化自己的回答逻辑，那么你的求职之路一定会越来越顺利。

真正的胜利者，不是永远不失败的人，而是能不断成长、最终达到终点的人。

8.3 后面试阶段：入职前需要做的 10 件事

王雪坐在咖啡馆里，看着刚刚收到的邮件，手指微微颤抖着点开。

"恭喜你！经过最终评估，我们很高兴地向你提供正式录用……"

她的眼睛瞬间亮了，心跳加速。这是她过去几个月以来，面试了十几家公司后，终于等来的那封梦寐以求的 offer 信！她拿起手机，兴奋地想告诉家人和朋友这个好消息，但突然，她的心里又涌上了一丝不安——

"拿到 offer 之后，我接下来该做什么？"

很多求职者以为，拿到 offer 就意味着求职的终点。其实，这只是职场旅程的起点。如果你希望顺利入职并快速融入新环境，那么在正式上岗前，还有一些关键的准备工作需要完成。这一节，我们就来聊聊，在拿到 offer 到正式入职之间，你需要做的 10 件重要的事情。

第一件事，确认 offer 细节，确保所有信息准确。别急着开心地签字，先仔细确认 offer 的每一个细节，包括：

(1) 职位名称和工作地点（是否和面试时谈得一致？）

(2) 薪资结构（基本工资、奖金、福利等）

(3) 试用期时长（试用期薪资是否和正式期一样？）

(4) 入职时间（是否符合你的个人安排？）

如果对薪资或条款有疑问,可以适当与 HR 沟通。很多公司在 offer 阶段仍然有谈判空间,尤其是薪资、入职时间等方面。

第二件事,评估多重 offer,做出理性选择。 如果你幸运地拿到了多个 offer,别让"选择困难症"影响你的判断。理性分析每个 offer 的利弊,可以从以下几个角度考虑:

(1) 行业前景:这个行业未来 5—10 年的发展如何?

(2) 公司成长性:公司是否有潜力,还是已经到了发展瓶颈?

(3) 岗位匹配度:这份工作是否真正符合你的兴趣和职业规划?

(4) 薪资和福利:不仅看起薪,还要考虑成长空间、奖金、补贴等。

(5) 企业文化:工作氛围、加班情况、团队氛围是否适合你?

第三件事,弥补职场技能短板。 你是否在面试中发现了一些自己还不够强的技能?在入职前,这正是补充短板的最佳时机。

比如,如果你即将进入数据分析岗,可以提前巩固 Python、SQL;如果你要去快消行业,可以阅读一些市场营销案例,了解品牌运作逻辑。这不仅能让你更快进入角色,也会给你的上级留下好印象——"这个新人准备得很充分"。

第四件事,了解公司文化,适应未来的职场氛围。 不同公司有不同的企业文化,提前熟悉,能让我们更快融入,我们可以通过下面的方式了解公司的文化:

(1) 在 LinkedIn、脉脉等平台看看前员工的评价。

(2) 浏览公司官网、微信公众号,关注他们的最新动态。

(3) 如果有内部 mentor(导师),可以提前联系,询问一些入职建议。

别小看这个环节,很多人因为对企业文化不适应,最终选择离职。提前了解,可以帮助你判断自己是否真的适合这家公司。

第五件事,调整作息,进入职场节奏。 如果你习惯了在学校里自由安排时间,那现在就要开始调整了。很多应届生在入职后的第一个月,最痛苦的不是工作本身,而是从"自由"到"朝九晚六"的转变。

我们可以从这些方面调整自己:比如设定固定的作息时间,提前适应早起,训练自己的专注力,避免长时间刷手机、分心。与此同时,我们也可以提前练习一些职场沟通技巧,比如邮件写作、会议表达等,这些方式可以让自己在心理和生理上,逐步适应职场节奏,入职后会轻松很多。

第六件事,熟悉即将使用的工作工具和系统。 如果你的工作需要用到特定的软件或系统,可以提前熟悉。职场里,谁能更快适应工作,谁就能更快获得认可。提前做好准备,你的起点就比别人高。

第七件事,处理好实习、论文、离职等交接事项。 对于应届生来说,入职前往往还要处理很多琐事,比如毕业论文、实习交接等。如果你还在实习,提前告知公司,并做好交接,如果论文还没完成,合理规划时间,不要拖到最后一刻,如果涉及户口、档案、社保等问题,提前了解政策,避免入职后手忙脚乱。

第八件事,认识未来的同事,建立职场人脉。 很多公司会在入职前建微信群,让新员工提前熟悉彼此。别害羞,积极参与讨论,让自己提前融入团队。比如我们可以在群里简单自我介绍,让大家认识你,或者主动加 HR 或未来的直属上级的微信表达期待,一个良好的人际关系,会让你的职场起步更加顺畅。

第九件事,学会职场时间管理,避免"学生节奏"。很多刚入职的新人,往往会低估职场的节奏,尤其面对多任务、多项目进行时,容易手忙脚乱,甚至被上级批评"效率低"。那么在入职前我们除了了解公司和岗位之外,还可以学习一些时间管理的方法,比如四象限法。

第十件事,尽情享受这段入职前的"空窗期"。求职是个辛苦的过程,现在趁着入职前的这段时间,给自己放个假,去旅行、陪陪家人,做些让自己开心的事,这的确可能是你未来几年里最自由的一段时间,好好享受它吧。

拿到 offer 不是终点,而是新的起点。接下来的职场旅程,会有挑战,也会有成长,但你已经迈出了最重要的一步——成功上岸!

希望大家可以坚信,求职成功,不是靠天赋,而是靠持续的学习和调整。你能走到今天,说明你已经具备了优秀的潜力。

希望这本书能帮助你更顺利地开启职场生涯,也希望你在未来的日子里,不断成长,实现自己的理想!

加油,新职场人!